"湖北省社会科学院文库"资助

本专著得到湖北省社会科学基金项目（2011LJ015）的资助，是国家自然科学基金《粮食安全目标下我国粮食生产、流通与储备协调机制研究》的研究成果之一（70673027）

湖北省社会科学院文库

中国粮食流通市场主体利益协调研究

王薇薇 著

Zhongguo Liangshi Liutong Shichang Zhuti Liyi Xietiao Yanjiu

中国社会科学出版社

图书在版编目(CIP)数据

中国粮食流通市场主体利益协调研究/王薇薇著.—北京：中国社会科学出版社，2015.1
ISBN 978-7-5161-5488-5

Ⅰ.①中… Ⅱ.①王… Ⅲ.①粮食流通—流通体系—研究—中国 Ⅳ.①F724.721

中国版本图书馆 CIP 数据核字(2015)第 014346 号

出 版 人	赵剑英
责任编辑	徐　申
责任校对	古　月
责任印制	王　超

出　　版	中国社会科学出版社
社　　址	北京鼓楼西大街甲 158 号
邮　　编	100720
网　　址	http://www.csspw.cn
发 行 部	010－84083685
门 市 部	010－84029450
经　　销	新华书店及其他书店

印刷装订	北京君升印刷有限公司
版　　次	2015 年 1 月第 1 版
印　　次	2015 年 1 月第 1 次印刷

开　　本	710×1000　1/16
印　　张	13.75
插　　页	2
字　　数	233 千字
定　　价	50.00 元

凡购买中国社会科学出版社图书，如有质量问题请与本社联系调换
电话：010－84083683
版权所有　侵权必究

前　言

　　21世纪是中国迈进工业反哺农业、城市支持农村、建设和谐社会的崭新时期，我国农业、农村现代化以及农民问题得到有效解决将迎来一个重要的战略机遇。粮食安全作为国家战略安全的重要组成部分，是建设新农村、构建和谐社会的基础，一直是政府和学术界关注的焦点问题。从目前中国粮食生产形式来看，在各项农业政策的作用下，我国从2004年起粮食生产连续11年增产，国内粮食供需矛盾得到有效缓解。但不可否认的是，目前我国粮食安全仍然存在着许多问题：粮食流通体系不健全；粮食供求呈现区域性、结构性的矛盾；粮食核心生产区内售粮难、价格低迷等"增产不增收"现象时有发生；粮食主产区与粮食主销区间利益分配不均，区域经济发展差距不断扩大；产销区原粮与成品粮差价过大，生产者剩余与消费者剩余受损等。以上诸因素共同导致粮农生产积极性不高、粮食储备成本上升、粮食主销区抗风险能力降低等，中和了连年粮食增产带来的国家粮食安全系数的提高。

　　粮食流通是社会商品流通的重要组成部分，也是连接粮食生产与粮食消费的重要环节。根据马克思主义政治经济学理论，流通在市场中起着将商品资本转化为货币资本的作用。农民通过生产劳动用货币资本转化的生产资本生产出增殖了的粮食，而商品粮只有进入流通环节之后其价值才能得以体现，农民也才能获得增殖部分的货币资本。消费者的需求是引导粮食生产的根本动因，但是这种动因能否为农民所获取并将其转化为实际的市场供给则取决于粮食流通效率的高低。这正符合了流通经济学中将粮食流通视为基础性产业和先导性产业的观点。粮食流通对前决定着粮食产品的商品化、市场化程度，关乎广大消费者的切身利益；对后直接影响粮食生产、农业增效以及农民增收。从目前粮食市场运行利益分配来看，粮食流通中间商已经成为整个粮食产业链中最大的利益群，而粮食生产者与消费者的利益则被挤压。因此，粮食流通已经成为当前影响粮农收入增长、制约粮食核心生产区农业与农村经济发展、国家粮食安全保护的重要因素。

改革开放之初，国家顺应粮食供需变化对粮食流通体制进行了多次改革。1979年到1984年粮食统购统销退出市场，由计划调节向计划与市场相结合过度。1985—1997年的合同订购、市场收购和价格双轨制时期，粮食统销制度解体，粮食流通逐步放开，"保量放价"政策出台。之后是1998年以来的粮食购销市场化改革时期，尤其是2004年粮食收购市场的全面放开，粮食购销市场中的重要一员——粮食经纪人的地位得到了法律认可，同时，在全国范围内推行较高水平的粮食直接补贴，粮食市场化进程迅速推进。尽管如此，我国粮食流通市场中还存在很多问题：市场体系不健全、市场信息不畅通、粮食交易成本高等。

粮食流通体制市场化改革进一步深化时期，粮食流通效率的提升应该以市场自身的力量为主，政府则主要起引导和辅助的作用，为顺畅粮食流通创造有利条件。"十二五"时期是粮食流通体制市场化改革深化的攻坚期，能否有效解决现今粮食流通市场中的诸多问题将直接关系到"十二五"时期社会物价水平的稳定和国民消费水平的高低。市场经济条件下，粮食流通中的各利益主体是市场的决策者，只有其各自的利益得到了有效保障，才能保证粮食流通的各个环节形成完整的供应链体系，并实现粮食从核心生产区向主销区的顺利流转。但是受体制和经济发展不平衡等因素的影响，我国粮食流通中各主体的利益分配不合理，极大地阻碍了粮食流通的顺畅。从目前粮食市场利益分配来看，中间商已经成为整个粮食产业链中最大的利益群，而生产者和消费者的利益则有减无增。因此，为增加粮农收入、稳定粮食生产、平抑市场粮价、保障消费者利益，急需对粮食流通市场进行有效管控、协调粮食流通市场各主体利益分配。为解决这些问题，依托国家自科基金课题《粮食安全背景下的中国粮食生产、流通与储备协调机制研究》，在湖北省社会科学基金的资助下，我们立项从流通效率视角对粮食供应链微观主体的经济行为进行了专门研究，最终形成此书。

本书首先分解了我国粮食流通市场各利益主体及其相互之间的关系，从各主体的历史演进、利益博弈、粮食政策实施等多个层面探讨当前粮食流通市场中存在的问题。其次，构建双层市场模型，分析粮食流通市场各主体利益协调方式，从理论层面探寻影响粮食流通市场效率提升的深层次原因。同时，运用调研数据从实证角度测算粮食流通企业交易效率、技术效率、规模效率、全要素生产率，分析当前粮食流通市场交易效率和经营效率的现状及变化趋势。最后，在综合理论论证与实证研究结论的基础上，设计符合我国粮食生产、流通实际的协调粮食流通市场各主体利益的政策体系。

本书的主要内容为六个部分。

第一部分着重分析我国粮食流通市场的现状。在粮食生产能力渐趋稳定、粮食流通体制市场化改革不断深化的双重推力下，我国粮食供需安全的重心逐渐由总量安全转为依靠流通的区域供需安全。依据微观经济学理论，实现粮食流通安全的根本在于协调市场主体利益关系。现阶段，我国粮食流通市场主体利益协调尚存在诸多问题：一是市场主体发育不成熟，这种不成熟不仅体现在数量方面，还体现在利益主体的经济实力上；二是粮食购销市场与粮食生产协调不力，表现为粮食主产区与主销区利益分配失衡；三是政府政策目标与国有粮食企业市场化运行存在冲突，需要构建有中国特色的粮食流通体制调控措施。

第二部分为粮食收购市场各主体利益协调的经济学分析。运用双层市场模型分别探讨粮食收购市场中粮农、私营粮商、国有粮食收购企业等各利益主体的关系，并剖析粮食最低收购价政策的综合效应。粮食收购市场中，企业收购的粮食数量与其交易效率成正比，即企业交易效率越高，其可获粮源越多。粮食收购方交易效率低下，会产生以下几种不良影响：一是生产者剩余减少；二是粮食收购者给出的收购价格下降、收购量减少，其在收购市场中的竞争力下降，在销售市场中的利润有限，获得的总利润减少；三是市场有效供给不足、消费者面对的粮食价格高，消费者剩余减少；四是社会承担的粮食收购成本上升，国家粮食安全得不到保障。因此，降低市场交易费用、提高交易效率是协调粮食收购市场各主体利益、稳定市场秩序的突破口。

理论上，执行粮食最低收购价政策能取得较好的经济效益和社会效益。执行最低收购价政策对于消费者是不利的，但其经济损失不会太大；对于国家和整个社会来说，交易效率提高，交易费用下降，农民种粮积极性得到提高，粮食安全得到保障。该政策的实际执行也得到了社会各界的认可，但是，从笔者调研和实证研究的结果来看，粮食最低收购价政策的应有绩效并未充分体现、对粮食流通企业效率提升效果并不显著。因此，有待于从政策自身之外寻求答案。

第三部分为粮食销售市场各主体利益协调的经济学分析。该部分首先以粮食销售市场中粮食所有权的流转为线索探讨市场中各利益主体间的关系，然后运用交易费用理论分别分析市场粮源充足和市场粮源不充足两种情况下阻碍粮食跨区域流通的主要因素。研究显示：①在具有买方市场性质的粮食销售市场中，向粮食主销区提供粮食的大型粮食购销企业为了支付较少的交易费用往往倾向于降低粮食交易量；②在具有卖方市场性质的粮食销售市场中，随着粮食交易量的增加，充当粮食需求方的私营粮商支付的边际交易费用不断增加，其最终将拒绝购买更多的粮食，阻碍市场交易的完成。由此可见，促进两种情况下粮食交易顺利完成的切入点都在于降低粮食购销企业的交易费用。因此，降低购销企业的交易费用、提升企业交易效率是促进粮食在产销区之间顺畅流通的关键。

第四部分对粮食流通企业的交易效率进行测算和分析。该部分采用萨缪尔森的"冰山交易费用"模型推导出仅考虑商品价格因素的交易效率计算模型，用以测算湖北省21家粮食流通企业2006年到2008年三年间的交易效率。通过比较企业间交易效率值、企业年际交易效率波动、享受政策优惠企业的交易效率变动，得出如下结论：粮食流通行业整体交易效率处于较高水平且在不断提升，但是尚处于不稳定的曲折性提升中；企业之间的交易效率差距有不断缩小的趋势，但是单个企业交易效率的提升缺少稳定性，与行业整体交易效率水平的提升不协调；政府对个别粮食购销企业的优惠政策并未对其交易效率的提升产生明显的积极作用。

第五部分对粮食流通企业的经营效率进行测算和分析。运用DEA方法测算湖北省21家粮食流通企业从2006—2009年度的技术效率、规模效率、全要素生产率值。测算结果表明：多数粮食流通企业资源要素配置不合理，且企业对要素配置的优化过程比较随意；政府针对部分企业的政策优惠措施对行业效率影响力较小；政策倾斜和优惠有助于受惠企业效率的全面提升，但是这种正面影响缺乏持续性；随着时间的推移，粮食流通行业内企业之间的差距逐年拉大，包括经济实力和技术实力；粮食流通行业内基于技术效率增加的生产是可持续的，但是规模效率却呈逐年下降的态势；企业经营的可持续性是增强的，但是这种趋势并不稳定。

第六部分为粮食流通市场政策体系设计。该部分从市场主体利益协调保护角度提出建设粮食流通机制：政府宏观调控下的粮食流通体制的市场化改革，政府不直接干预市场但是对粮食市场具有绝对影响力。粮食流通政策体系以国家行政职能为依托，由法律法规、扶持农业合作组织、培育市场主体、建立粮食补贴政策体系四部分组成。法律法规的完善是政策体系作用图的第一层，为粮食流通体制市场化改革提供法制化环境，既有了法律执行的强制性又剥离了政府在市场中的直接干预，有助于解决粮食安全保护过程中的难点问题。扶持农业合作组织、培育市场主体、建立粮食补贴政策体系是次于法律法规之后的第二层，即国家制定的法律法规直接作用于这三项政策措施，推进政策措施的实施。第二层次内部，粮食补贴政策体系对农合组织发展和市场主体培育都有直接作用。

本书综合运用微观经济学、博弈论与信息经济学、计量经济学以及供应链理论，采用定性与定量、文献研究与调研相结合的方法，研究粮食购销市场中各主体的利益协调问题，探寻实现粮食流通市场效率提升、各主体利益协调的途径。创新点主要体现在以下三个方面。（1）研究视角上的创新。国内现有研究粮食流通效率的文献多从粮食流通通道建设、物流环境建设、制度建设与完善等宏观层面入手，从供应链的微观层面——企业效率提升角度研究粮食流通环节各主体利益协调的文献极少。本研究从企业效率和微观供应链交叉的视角研究粮食流通环节各利益主体的协调及流通企业效率提升问题具有一定新意。（2）研究方法上的创新。本书将多层市场模型引入粮食流通市场，确定了符合粮食作为大宗商品及我国粮食生产和流通特性的双层市场模型，并结合微观经济学相关理论，对粮食流通市场中的国有粮食购销企业和私营粮食购销企业的交易效率的差异及其对市场效率的影响进行了分析和论证，为实证研究提供理论依据。（3）研究提出了政府给予购销企业政策优惠绩效的不同见解。国内现有研究多认为政府对粮食企业的政策优惠是有助于提升企业经营效率及交易效率的。本书根据实证研究得出的结论提出了不同见解：政府对个别粮食购销企业的政策优惠并未对企业交易效率提升产生明显的积极作用；政府的政策倾斜和优惠有助于受惠企业经营效率的全面提升，但是这种正面影响缺乏持续性。

目 录

第一章 概述 …………………………………………………… (1)
  第一节 研究对象及范围界定 ………………………………… (1)
    一 粮食 …………………………………………………… (1)
    二 粮食安全 ……………………………………………… (1)
    三 粮食流通和利益主体 ………………………………… (2)
  第二节 粮食流通与粮食安全的关系 ………………………… (2)
    一 粮食流通的作用 ……………………………………… (2)
    二 粮食流通对粮食安全的作用与功能 ………………… (4)

第二章 粮食流通市场研究的理论基础 ……………………… (7)
  第一节 粮食流通系统优化基础理论 ………………………… (7)
    一 比较优势理论 ………………………………………… (7)
    二 产业组织理论 ………………………………………… (8)
    三 产权理论与超产权理论 ……………………………… (9)
  第二节 供应链相关理论 ……………………………………… (10)
    一 供应链概念 …………………………………………… (10)
    二 涉农供应链的发展 …………………………………… (11)
    三 我国粮食流通市场主体发展 ………………………… (13)
  第三节 制度变迁理论 ………………………………………… (18)
    一 制度变迁理论基本思想 ……………………………… (18)
    二 粮食流通体制改革 …………………………………… (19)
    三 粮食流通体制改革进一步深化 ……………………… (21)
  第四节 效率问题相关理论 …………………………………… (24)

一　效率的含义 ………………………………………………（24）
　　二　效率测算方法比较 ………………………………………（28）

第三章　粮食流通市场研究动态 …………………………………（30）
第一节　国内外粮食流通研究进展 ……………………………（30）
　　一　有关粮食产销区域协调的研究 …………………………（31）
　　二　有关粮食流通中政府管制的研究 ………………………（32）
　　三　粮食流通典型性研究 ……………………………………（33）
第二节　国内粮食流通市场体系构建研究动态 ………………（33）
　　一　粮食生产者 ………………………………………………（34）
　　二　粮食市场购销体系 ………………………………………（34）
　　三　粮食市场体系构建中的制度建设 ………………………（35）
第三节　粮食供应链效率研究进展 ……………………………（36）
　　一　农产品供应链 ……………………………………………（36）
　　二　粮食企业供应链研究 ……………………………………（37）
第四节　本章小结 ………………………………………………（39）

第四章　我国粮食流通市场存在的问题 …………………………（40）
第一节　我国粮食市场购销主体发育的历史分析 ……………（40）
　　一　新中国成立之初的粮食自由购销阶段（1949—1952年） …（42）
　　二　粮食统购统销阶段（1953—1978年） …………………（42）
　　三　合同定购、市场收购和价格双轨制时期
　　　　（1979—1993年） ………………………………………（43）
　　四　粮食流通体制市场化改革探索期（1993—2003年） ……（44）
　　五　粮食流通体制深化改革时期（2004年至今） …………（45）
第二节　现阶段我国粮食流通市场存在的问题 ………………（46）
　　一　从粮食市场各主体行为角度探析 ………………………（48）
　　二　从政府政策管理角度透析 ………………………………（59）
第三节　粮食流通市场问题产生的原因剖析 …………………（64）
　　一　粮食流通市场主体发育不够成熟 ………………………（64）
　　二　粮食市场体系建设和市场管理有待进一步完善 ………（69）
　　三　粮食产销区利益协调失衡 ………………………………（71）

四　政策目标与市场化运行存在冲突 …………………… (74)
　第四节　本章小结 ………………………………………………… (75)

第五章　国外粮食流通市场构建的借鉴与启示 …………………… (77)
　第一节　国外粮食流通市场与我国粮食流通市场的异同 ……… (77)
　　一　粮食流通市场利益主体的划分 ……………………… (77)
　　二　粮食流通体制的演变 ………………………………… (78)
　　三　粮食流通市场相似度比较 …………………………… (80)
　第二节　欧、美、日粮食流通市场典型政策分析 ……………… (81)
　　一　欧盟粮食流通典型政策分析 ………………………… (81)
　　二　美国粮食流通典型政策分析 ………………………… (87)
　　三　日本粮食流通典型政策分析 ………………………… (90)
　第三节　我国粮食流通体制市场化改革深化期政策取向 ……… (94)
　　一　国外粮食流通体制模式、政策启示 ………………… (94)
　　二　坚持并不断深化粮食流通体制市场化改革 ………… (96)
　　三　明确政府的市场定位及市场调控方式 ……………… (98)
　　四　完善调整粮食补贴政策 ……………………………… (99)
　第四节　本章小结 ………………………………………………… (100)

第六章　粮食收购市场各主体利益协调的经济学分析 …………… (102)
　第一节　粮食收购市场各利益主体定位 ………………………… (103)
　　一　粮食收购市场利益主体划分 ………………………… (103)
　　二　粮食收购市场利益主体关系分解 …………………… (105)
　第二节　粮食收购市场主体利益协调的比较静态分析 ………… (106)
　　一　基本假设 ……………………………………………… (106)
　　二　比较静态分析 ………………………………………… (107)
　第三节　粮食最低收购价政策对主体利益影响探析 …………… (109)
　第四节　本章小结 ………………………………………………… (112)

第七章　粮食销售市场各主体利益协调的经济学分析 …………… (114)
　第一节　粮食销售市场各利益主体定位 ………………………… (114)
　　一　粮食销售市场利益主体划分 ………………………… (114)

二　粮食销售市场中各利益主体关系分解 ………………… (116)
　第二节　假设一：市场粮源充足 ……………………………… (118)
　第三节　假设二：市场粮源不充足 …………………………… (120)
　　一　市场粮源局部不充足 ……………………………………… (122)
　　二　市场粮源整体不充足 ……………………………………… (123)
　第四节　本章小结 ……………………………………………… (124)

第八章　粮食流通企业交易效率测算 ………………………… (126)
　第一节　交易效率的影响因素：交易费用 …………………… (127)
　　一　交易效率、交易费用的界定 ……………………………… (127)
　　二　交易制度对交易效率的影响 ……………………………… (129)
　第二节　交易效率模型推导 …………………………………… (131)
　　一　交易效率公式推导 ………………………………………… (131)
　　二　交易效率对商品价格的敏感度 …………………………… (131)
　　三　交易效率的商品价格弹性系数 …………………………… (132)
　第三节　粮食流通企业交易效率测算及分析 ………………… (132)
　　一　研究样本选择 ……………………………………………… (132)
　　二　交易效率测算与分析 ……………………………………… (133)
　第四节　本章小结 ……………………………………………… (136)

第九章　粮食流通企业经营效率测算 ………………………… (138)
　第一节　研究样本及指标的选择 ……………………………… (139)
　　一　投入指标的选择 …………………………………………… (140)
　　二　产出指标的选择 …………………………………………… (141)
　第二节　模型选择 ……………………………………………… (143)
　　一　测算技术效率的 C^2R 模型（CRS） …………………… (143)
　　二　测算纯技术效率的模型（VRS） ………………………… (145)
　　三　企业规模效率的推导 ……………………………………… (146)
　　四　利用DEA前沿方法测算 ………………………………… (146)
　第三节　企业经营效率测算及分析 …………………………… (149)
　　一　技术效率 …………………………………………………… (149)
　　二　纯技术效率 ………………………………………………… (159)

三　规模效率 …………………………………………（164）
　　四　全要素生产率变动 …………………………………（167）
　第四节　生产前沿面上的投影分析 ………………………（169）
　第五节　本章小结 …………………………………………（170）

第十章　我国粮食流通市场政策设计与优化 ……………（175）
　第一节　研究得出的主要结论 ……………………………（175）
　第二节　粮食流通政策方案设计 …………………………（177）
　第三节　粮食流通政策体系架构 …………………………（178）
　　一　完善法律法规体系 …………………………………（180）
　　二　扶持农合组织 ………………………………………（180）
　　三　培育粮食购销市场主体 ……………………………（181）
　　四　完善粮食补贴政策体系 ……………………………（182）
　第四节　粮食流通市场硬件设施配套建设 ………………（182）
　　一　发展产区粮食加工业，促进粮食错季运销 ………（183）
　　二　合理规划粮食储备点、粮食批发市场布局 ………（183）
　　三　促进粮食运输途径多元化发展 ……………………（183）
　第五节　研究展望 …………………………………………（183）

参考文献 ……………………………………………………（186）

附件 …………………………………………………………（200）

后记 …………………………………………………………（203）

图目录

图 2-1　供应链网状结构示意图 ………………………………… (11)
图 2-2　粮食供应链 ……………………………………………… (13)
图 2-3　粮食政策随着经济发展而转换的过程 ………………… (20)
图 2-4　生产率、技术效率以及规模经济 ……………………… (26)
图 2-5　两个时期之间的技术进步 ……………………………… (26)
图 2-6　技术效率与配置效率 …………………………………… (27)
图 2-7　规模效率 ………………………………………………… (28)
图 4-1　粮食流程及市场主体分类简图 ………………………… (47)
图 4-2　政府与农民间的动态重复博弈树 ……………………… (62)
图 4-3　粮价过高时政府调控政策对生产者与消费者的影响 … (63)
图 4-4　2008 年不同类型粮食企业生产能力比较分析 ………… (66)
图 5-1　欧盟共同农业政策农产品价格机制 …………………… (83)
图 6-1　粮食收购市场原粮所有权流转流程图 ………………… (104)
图 6-2　粮食收购市场中粮农、私营粮商与国有粮食收购企业的市场均衡 ……………………………………………… (107)
图 6-3　实行最低收购价政策后私营粮商在收购市场中的粮源变化 …………………………………………………… (110)
图 6-4　实行最低收购价政策后私营粮商在收购市场中的供需关系变化 ………………………………………………… (111)
图 7-1　销售市场粮食所有权跨区域流转流程图 ……………… (115)
图 7-2　粮食销售市场中买方市场与传统市场供需曲线比较 … (119)
图 7-3　粮食销售市场中买方市场粮食供需图 ………………… (119)
图 7-4　粮食销售市场中卖方市场与传统市场供需曲线比较 … (121)
图 7-5　粮食销售市场中卖方市场粮食供需图 ………………… (121)

图 8-1　2006—2008 年 21 家受调企业交易效率增幅变动图 ……（135）
图 10-1　中国粮食流通市场政策设计方案 …………………（177）
图 10-2　中国粮食流通政策体系构成作用图 ………………（179）

表目录

表 2-1　中国农业劳动力资源条件 …………………………………（15）
表 2-2　2007—2008 年中国粮食期货交易情况 ……………………（18）
表 2-3　中国粮食生产区域性变化 …………………………………（22）
表 2-4　四种效率测算方法的特性总结 ……………………………（29）
表 4-1　新中国成立以来我国粮食流通主体发展阶段划分 ………（41）
表 4-2　1957—1978 年我国粮食收购量统计（单位：万吨）………（43）
表 4-3　1980—1992 年我国粮食收购量统计（单位：万吨）………（43）
表 4-4　中国粮食收购价格与粮食播种面积变动情况（1991—
　　　　2008 年）……………………………………………………（50）
表 4-5　粮食收购价格变动是否显著影响粮食播种面积检验表 …（52）
表 4-6　粮食播种面积是否显著影响粮食收购价格变动检验表 …（52）
表 4-7　全国粮食自主性收购与政策性收购情况 …………………（56）
表 4-8　全国粮食自主性销售与政策性销售情况 …………………（56）
表 4-9　全国国有粮食企业贸易粮购销量（1999—2008 年）………（57）
表 4-10　湖北省粮农售粮行为调查表 ………………………………（58）
表 4-11　2008 年粮食加工企业数量表（单位：个）…………………（66）
表 4-12　国有粮食购销企业粮食购销量变化情况（单位：万吨）…（68）
表 4-13　国有粮食购销企业改革情况调查表 ………………………（68）
表 4-14　分地区分品种粮食产量预测（单位：万吨）………………（72）
表 8-1　2006—2008 年全国粮食收购价格表（单位：元/50 千克）…（133）
表 8-2　2006—2008 年 21 家受调企业交易效率 ……………………（134）
表 9-1　投入指标与产出指标的相关系数 …………………………（142）
表 9-2　2006 年度 18 家粮食流通企业相对效率值 …………………（149）

表 9-3　2006 年度 3 家 DEA 无效企业投入指标与产出指标的
　　　　松弛变量(单位:万元) ……………………………………（150）
表 9-4　2007 年度 21 家粮食流通企业相对效率值 ……………（151）
表 9-5　2007 年度 4 家 DEA 无效企业投入指标与产出指标的
　　　　松弛变量(单位:万元) ……………………………………（152）
表 9-6　2008 年度 21 家粮食流通企业相对效率值 ……………（153）
表 9-7　2008 年度 9 家 DEA 无效企业投入指标与产出指标的
　　　　松弛变量(单位:万元) ……………………………………（154）
表 9-8　2009 年度 21 家粮食流通企业相对效率值 ……………（155）
表 9-9　2009 年度 12 家 DEA 无效企业投入指标与产出指标的
　　　　松弛变量(单位:万元) ……………………………………（156）
表 9-10　年际间企业技术效率变动 ………………………………（158）
表 9-11　21 家受调企业技术效率年际变化分布 ………………（159）
表 9-12　企业纯技术效率 …………………………………………（160）
表 9-13　年际间企业纯技术效率变动 ……………………………（162）
表 9-14　21 家受调企业纯技术效率年际变化分布 ……………（163）
表 9-15　企业规模效率 ……………………………………………（164）
表 9-16　年际间企业规模效率变动值 ……………………………（166）
表 9-17　21 家受调企业规模效率年际变化分布 ………………（167）
表 9-18　年际间企业全要素生产率变动值 ………………………（168）
表 9-19　企业全要素生产率年际变化分布 ………………………（169）
表 9-20　2009 年度 DEA 无效粮食流通企业在生产前沿面上的
　　　　 投影表(1) …………………………………………………（173）
表 9-21　2009 年度各粮食流通企业在生产前沿面上的投影表(2)
　　　　 ………………………………………………………………（174）

第一章 概述

第一节 研究对象及范围界定

基于研究需要，本书对粮食安全、粮食流通、利益主体等研究对象进行界定，旨在提升研究的严谨性。

一 粮食

受统计资料和调研数据可获性的限制，本书中所提的"粮食"仅指稻谷、小麦和玉米三大类（除特殊标注外）。原因有二：一是本书的主要研究对象是粮食企业，包括私营粮食购销企业和国有粮食购销企业，为了统一数据口径，根据私营粮食购销企业尤其是小型私营粮商经营的品种最终选定稻谷、小麦和玉米为本研究中"粮食"的内涵；二是本书实证研究部分选定湖北省粮食购销企业为调研对象，考虑到湖北省粮食产出品种及各个品种的产量，本研究中"粮食"仅限于稻谷、小麦和玉米。

二 粮食安全

粮食安全是一个常议常新的话题，尤其是2008年新一轮的全球性粮食危机爆发后，粮食安全再次成为全球性的热点问题。"粮食安全"概念首次提出是在1974年的粮食会议上：保证任何人在任何地方都能得到为了生存和健康所需要的足够的食物。1983年，联合国粮农组织对粮食安全概念进行了修正，提出"确保所有的人在任何时候既能买到又能买得起他所需要的基本食物"。1992年国际粮食安全大会确定粮食安全为"在任何时候人人都可以获得安全营养粮食来维持健康能动的生活"。1996年，联合国粮农组织在"世界粮食首脑会议"上重申粮食安全是指"人人都有权获得安全而富有营养的粮食"。2001年世界粮食安全委员会对粮食安全的概念进行了新的界定"所有人在任何时候都能够在物质上和经济上取得足够的、富有营养和安全的粮食"。中国国家粮食局于2004年提出"粮食安全是指一个国家满足粮食需求以抵御可能出现的各种不可测时间的能力",是一种危机意识下的粮食安全。

从粮食安全概念的演进来看,数量供给是基础,质量和营养保障是更高要求。2008年爆发的新一轮的粮食危机警示世人:粮食安全保护的基本目标"数量安全"尚没有达到。本书涉及的粮食安全概念主要着眼于粮食的数量安全,但这个"数量安全"指的又不是粮食生产数量安全,而是区域供需安全,强调粮食流通在粮食安全中的作用。因此,结合以上所述粮食安全概念以及本书的研究重点,本书是从保障粮食供给途径和机制的角度研究国家粮食安全保护。

三 粮食流通和利益主体

本研究以粮食流通市场为载体,研究我国粮食流通市场的效率问题。关于流通的表述有多种,目前公认的看法是:商品流通是以货币为媒介的商品交换(周小珍,1997)。粮食流通是以大宗粮食商品为对象的商品流通,是整个社会商品流通的重要组成部分。目前,国内对粮食流通的概念尚没有形成统一的理解。本书根据商品流通的定义以及粮食商品的特殊属性将粮食流通定义为:在大市场背景下,作为商品部分的粮食通过以货币为媒介的交换方式实现从生产领域向消费领域(包括生产性消费和居民生活消费)转移的全部流程。

粮食生产的季节性与消费的全年性间的矛盾、生产的地域性与消费的普遍性间的矛盾,以及粮食作为大宗商品的社会属性,都要求有中间商充当其从产区运往销区的媒介。本研究中,粮食生产者、中间商、消费者共同组成粮食物流的利益主体。其中"中间商"依据我国《粮食流通管理条例》第一章第二条之规定,指包括"从事粮食收购、销售、储存、运输、加工、进出口等经营活动"的个体或单位。

第二节 粮食流通与粮食安全的关系

一 粮食流通的作用

粮食流通是介于粮食生产和消费的中间环节,对促进粮食生产、平衡区域经济发展、稳定市场物价等均具有重要作用。

（一）高效的粮食流通有利于促进粮食生产，保护种粮农民积极性

粮食产地与销地间的空间距离阻碍了粮食商品的大量直销，流通成为连接生产者与消费者的纽带。高效的粮食流通体系一方面能加快粮食从产区运往销区的速率，迅速实现粮食商品的价值，即实现农户生产资金的快速回笼，帮助农民快速获得购买粮食再生产资料和生活资料的资金，为进一步扩大粮食再生产奠定了坚实的物质基础，符合我国农民分散经营、资金能力薄弱的实际需要；另一方面，高效的粮食流通体系有助于化解我国农民分散、小规模经营与大市场之间的矛盾、粮食增产与农民不增收之间的矛盾。

（二）高效的粮食流通有利于协调产销区利益、平衡区域经济发展

粮食主产区与粮食主销区利益分配不均是长期困扰粮食主产省区经济发展的重要因素。长期以来，受粮食比较效益较低、粮食价格长期低迷以及农业生产资料价格快速上涨的影响，主产区粮农的生产积极性受挫严重。与此同时，粮食主产区承担着维护国家粮食安全的重任，保证一定的粮食产量是这些区域政治上的硬性任务，间接加重了粮食主产区的财政负担。与之形成鲜明对比的是粮食主销区已经从效益低下的粮食生产中解脱出来，经济发展的重心放在比较效益较高的第二产业和第三产业。两者相比，产销区之间利益分配、区域经济实力的差异越来越大，而单靠政策力量平衡这种差距、协调这种关系是不可持续的。

粮食流通是联系粮食主产区与主销区的纽带，高效的粮食流通带来的利益公平分配不失为一种长期的、可持续的协调区域经济发展的市场手段。主产区与主销区的粮食差价决定了生产者作为粮食流通利益分配链中的弱势群体的客观事实。粮食购销链中利润率最高的当属大型粮食购销企业，这些购销企业多为跨区域的经济主体，而农民、粮食经纪人、小型粮食购销企业为利益代表的粮食主产区相较于以大型粮食购销企业为利益代表的粮食主销区就成了利益的低收入者。粮食流通的高效化以市场各主体利益协调为基础，高效的粮食流通即表示现有的获利弱势方有机会享受公平的利益分配机制，进而有助于提升粮食主产区的经济收益，改变现有的产销区利益分配方式。因此，高效的粮食流通有利于协调产销区利益、平衡区域经济发展。

（三）高效的粮食流通对于促进工业生产、稳定社会物价水平作用显著

粮食作为人们生活消费的基础性物资，需求弹性较小，但是以粮食为直接或间接原料的工业产品的需求价格弹性却较多，如食品加工业、饲料、养殖、酿造等行业，一旦粮食的区域性流通不畅或粮食供给出现短缺，这些产品的价格将出现较大波动，且这种波动往往是呈几何级的，不利于工业经济发展和市场物价的稳定。例如：2008年以来，我国原粮价格有了小幅上升，与之相关的食品行业、饲料行业、酿造业、粮食生产产前产后行业的产品价格均出现了较大幅度的上涨，在很大程度上助推了CPI指数的上涨。2010年9月我国居民消费价格指数同比上涨3.6%，创下23个月新高，国家发改委价格司副司长周望军解释这3.6%的构成中食品类涨价就占了75%。与该轮食品价格上涨相伴的是中国粮食主产区的秋粮丰收[①]，但农村的原粮销售价格却没有发生多大变化，由此推知利润被大量地集中在了商品的流通环节[②]，可见流通环节已经成为影响市场物价的关键因素。因此，通过提高粮食流通效率降低市场粮价的波动幅度及波动频率对于稳定社会物价水平是有显著作用的。

二 粮食流通对粮食安全的作用与功能

粮食是关系国计民生以及国家安全稳定的战略物资，粮食产品的这种特殊性及不可替代性，决定了不管探索何种形式的粮食流通方式，都必须基于粮食安全这一大前提，以维护粮食安全为出发点。

因此，从政府角度出发，粮食流通效率的高效化是除提高粮食生产水平之外的一种根本性的保障粮食安全的方式，因此，可以说粮食安全是顺畅粮食流通的终极目标，而粮食流通高效化是实现粮食安全的手段之一。

（一）粮食流通的高效化必须以保障粮食安全为前提

粮食购销市场化改革要发挥市场机制对粮食购销和价格形成的作用，这样就不可避免地带来粮价的波动，而粮食的部分公益性质又决定了其不可能完全依靠市场机制来扭转，必须辅以政府的宏观调控。以往的历次粮

---

① 截止2010年10月11日，全国已收获秋粮作物8.27亿亩，完成应收面积的71.3%，中稻和一季稻已经收获70%以上，玉米收割80%左右，大豆的收成接近90%，丰收已成定局。

② 农产品涨价集中在流通环节，中间商炒作引不满。新华网，2010年10月24日. http://fiance.qq.com/a/20101024/000255.htm.

食流通体制改革之所以接近了市场化的门槛而终未迈入，都是出于保护粮食安全的考虑。离开了粮食安全，粮食流通也就失去了基础。当前，中国粮食流通环境和国际粮食供需情况均发生了很大的变化，我们对粮食安全应该有新的理解，应该树立一种"大粮食、大市场"的观念。近年来，中国为着力推进粮食购销市场化改革采取了各种举措，包括稳定基本农田、保持综合生产能力，完善粮食储备制和风险基金制，发育、健全粮食市场，创造公平竞争环境，进一步改革国有粮食企业，培育新的市场主体；发展粮食产业化经营，搞好"订单粮食"；完善宏观调控，建立粮食价格稳定机制，按 WTO "绿箱政策"建立高效的粮食财政补贴和支持系统等。这些措施都没有背离粮食安全这一出发点，恰恰是粮食安全体系的完善及国家调控粮食市场流通能力的增强。粮食流通高效化是粮食购销市场化的关键，但是要防止出现因高效化改革带来市场粮价波动，因为粮食流通的高效化必须以保障国家粮食安全为前提条件。

（二）粮食流通高效化是现阶段实现粮食安全目标的重要手段

中国粮食供求已由供不应求转变为总量大体平衡、丰年有余，粮食市场已由卖方市场转变为买方市场，中国粮食综合生产能力已具备年产 5000 亿公斤左右的供给平台。虽然粮食播种增幅有所下降，但仍是稳中有升，粮食单产水平也不断创历史新高，粮食总产量连续 11 年增产，彰显了中国粮食综合生产能力的提升。面对粮食生产能力的提升以及国际粮食安全供需形势的转变，我国保障粮食安全的重点，应由生产安全转向流通安全，由产量安全转向区域供需安全。粮食市场化改革之前，政府用行政手段直接参与粮食流通的管理，极大地限制了粮食市场化的发展。推行粮食流通市场化改革之后，客观上为粮食这一特殊商品提供了广阔的市场空间，为实现粮食供求平衡增添了新的方式和途径。高效的粮食流通市场环境对于保护国家粮食安全的作用主要体现在以下几方面：第一，保护种粮农民生产积极性，稳定粮食生产。在市场经济条件下，要确保粮食的有效供给以及实现与此相连的粮食安全目标，只有一种办法，就是让种粮农民能赚到钱。通过放开粮食购销市场，鼓励多种所有制形式的粮食购销企业、加工企业直接到农村收购粮食，使粮食市场主体向多元化方向发展，并通过市场引导，让粮食价格反映粮食供求，有利于粮食商品价值的回归和拉动粮价的回升和保护广大粮农的利益和种粮积极性，进而稳定粮食生产。第二，有利于实现粮食供求动态平衡。虽然目前中国主要粮食品种产需基本平衡，但存在较严重的粮食生产与消费的地区结构性不平衡。实行粮食购销市场化改革，通过粮食资源的市场配置促使中国粮食的产销衔接并加快粮食的合理流动，实现优势互补，又有利于主产区粮食生产的稳定，也有利于主销区粮食供应的稳定。特别是在粮食生产和消费存在严重地区不平衡的中国，在确定粮食安全战略时，必须要重视区域间粮食流通对粮食安全的影响。第三，有利于发挥产区和销区各自的比较优势。实现粮食购销市场化，有利于粮食主产区和主销区充分发挥各自的区域比较优势，加快调整主销区种植业生产结构，为主产区粮食销售营造出市场空间；有利于建立粮食产区和销区自主衔接的经营机制，建立在比较优势基础上的区域间粮食贸易，给贸易双方带来净福利的增加，提高居民的购买力。

第二章 粮食流通市场研究的理论基础

第一节 粮食流通系统优化基础理论

粮食是大宗农产品,生产的地域性与消费的普遍性、生产的季节性与消费的全年性之间存在矛盾,流通是化解矛盾、保障粮食消费安全、稳定市场粮价的关键。基于我国粮食市场的特殊性及粮食流通体制改革的特殊时期,结合本书的研究重点,文中粮食流通涉及的理论主要有比较优势理论、产业组织理论、产权理论等。

一 比较优势理论

绝对优势理论认为一个地区之所以要输入其他地区的产品是因为本地区生产这些产品的成本太高,自己生产不如从其他地区购买;相反的,一个地区之所以向其他地区输出产品是因为该地区具有生产这些产品的绝对优势(亚当·斯密)。事实上,绝对优势理论无法解释现实中的很多现象。以我国粮食生产为例,许多粮食主销区都是发展粮食生产的自然最适宜区,可以看作是具有粮食生产与输出的绝对优势。根据亚当·斯密的理论,这些地方应该以粮食生产为主导产业。但是根据区域产业结构调整及国家宏观经济发展的需要,这些区域的粮食生产功能已经极度萎缩,成为粮食主销区。大卫·李嘉图在亚当·斯密绝对优势理论的基础上提出了比较优势理论。随后经过赫克歇尔、俄林等经济学家的发展,形成了完备的由比较成本理论、资源禀赋理论、贸易条件理论和动态比较优势理论四种基本理论组成的比较优势理论体系。比较优势理论中地区分工的基础不限于生产成本的绝对差别,只要在一个地区内存在着不同产品生产成本的差异,就会使各地区在不同产品的生产商具有比较优势,地区分工即成为可能。各地区都集中生产并向其他地区输出具有比较优势的产品,从其他地区输入不具备比较优势的产品，进而使得每个地区都能从分工中获得比较利益。

比较优势理论很好地解释了区域分工的存在原因。中国的粮食主产区、粮食主销区、粮食产销平衡区划分的依据包含经济因素（符合比较优势理论）和政策因素（尤其是粮食主销区的划分）两部分。作为重要的基础性国家战略物资，粮食生产和供给直接关系到国家社会的稳定。粮食主产区之所以成为主要的粮食生产基地，一方面是由于这些区域不具备发展其他产业的比较优势，虽然其粮食生产的比较优势也不一定十分显著，但是符合国家战略部署的需要。可见，大卫·李嘉图的比较优势理论很好地解释了区域在粮食生产及其他产业发展上的分工，也是粮食流通必然存在的基础。

二 产业组织理论

阿尔弗雷德·马歇尔在《经济学原理》中指出，扩大企业生产规模使企业生产效率得以提高的同时也会产生垄断，阻碍企业之间的竞争并遏制价格在资源市场配置中的作用。马歇尔的"规模经济与垄断的弊端"揭示了竞争活力与规模经济之间的关系，正是产业组织理论所要探讨的核心内容。产业组织理论的研究重点在于：如何充分利用一定数量的生产要素促进市场竞争，同时充分发挥规模经济效益，实现产业内部资源和市场的最优配置。

1933年，英国剑桥大学教授罗宾逊夫人出版了《不完全竞争经济学》，同时，美国哈佛大学教授张伯伦出版专著《垄断竞争理论》，标志着产业组织理论的正式创立。1959年，梅森的弟子贝恩出版了第一部系统论述产业组织理论的教科书《产业组织》，标志着产业组织理论逐步成熟起来。梅森和贝恩等提出、发展并完善了SCP模式（"结构—行为—绩效"模式），最后形成了以SCP为核心内容的产业组织理论，这一模式在20世纪的产业组织理论发展过程中一直居于主导地位。20世纪70年代后期，围绕反垄断政策的放松、批判和反对结构主义政策论的产业组织学派的理论观点也受到了重视（苏东水，2000）。

1995年，国务院针对我国国有粮食企业存在的体制僵化、机制不活、包袱沉重等问题对国有粮食企业实行"两条线运行"的改革，将政策性业务和商业性经营分开。2001年，国务院下发了《关于进一步深化粮食流通体制改革的意见》，决定在八个粮食主销区省份实行粮食购销市场化改革；2004年，国务院下发了《关于进一步深化粮食流通体制改革的意见》，全面放开粮食收购价格和收购市场，实行粮食购销化市场改革。至此，国有粮食企业在粮食收购市场中的垄断地位被彻底打破，形成了以国有粮食企业为主渠道、多元化主体相互竞争的新格局。粮食流通体制市场化改革进入全面展开的新阶段，粮食流通中的资源、要素在各主体之间按照趋利性原则合理分配，促进了资源要素的合理流动并在很大程度上提高了资源要素的利用效率。

三 产权理论与超产权理论[①]

产权论和超产权论是目前理论界关于国有企业经营绩效决定因素分析的两种不同的理论观点。产权论从产权界定、产权结构合理化及由此决定的利益激励机制探讨企业绩效的决定因素。超产权论从市场竞争和企业治理机制方面探讨企业绩效的决定因素。

（一）产权定义

产权不是指人与物之间的关系，而是指由物的存在及关于它们的使用所引起的人们之间相互认可的行为关系。阿尔钦认为"在本质上，经济学是对稀缺资源产权的研究……一个社会中的稀缺资源的配置就是对使用资源权利的安排……经济学中的问题，或价格如何决定的问题，实质上是产权应如何界定与交换及应采取怎样行使的问题"（卢现祥，2003）。

（二）产权理论

产权理论的基本思想在20世纪60年代由科斯等人提出，在七八十年代由威廉姆森、姆塞茨、张五常等人进行了丰富和发展。产权理论以交易费用为基本分析工具，把产权关系、交易费用、资源配置及其效率、市场运行结合起来研究产权及其结构和安排对资源配置效率的影响。科斯认为任何交易都会有成本，通过产权的界定和制度规则的建立可以降低交易费

---

① 本节主要参考：杨为民，蒲应燹，吴春霞：《中国蔬菜供应链优化研究》，中国农业出版社2007年版。

用进而提高资源配置效率。科斯权利中性定理（Liability Neutrality Theorem）指出只要产权清晰、交易费用为零，资源配置的最终结构与权利的初始配置无关，即只要产权清晰，资源配置将达到最优状态（Dahlman，1993，P47）。产权理论的核心思想包括剩余利润占有思想、资产拥有理论和私有化思想三方面（王玉兴，2008）。

（三）超产权理论

1997 年，英国经济学家 Martin 和 Parker 通过研究英国各国有企业私有化后的经营成效发现：在竞争比较充分的市场上，企业私有化后的平均效益显著提高；垄断市场上，企业私有化后的效益改善并不明显，即企业效益与产权的归属变化并没有必然的因果关系。随后，两人据此提出超产权理论（Beyond Property-right Theory），认为市场竞争是利益激励机制驱动经营者努力工作的先决条件（刘勺佳，李冀，1998）。

超产权理论注重考察企业外部环境对企业的影响，认为在市场竞争中，企业产权归属与企业治理机制是可分离的，而影响企业效率更多的是企业治理机制，完善的市场机制通过竞争对企业产生作用，并通过其自身激励机制的改变来适应环境，提高效率。王玉兴（2008）认为国企改革的重点是建立自由竞争的市场，通过竞争使企业完善治理机制（尤其是摆脱企业政策性负担），从而提高企业效率。

第二节　供应链相关理论

一　供应链概念

"供应链"来源于英文"supply chain"，最早于 20 世纪 80 年代初提出，而供应链管理逐渐被学术界接受是在 90 年代（Simon Groom et al.，2003）。供应链管理为企业降低交易成本提供了资源整合方面的技术手段，成为一种新的面向整个业务流程的经营管理业务管理模式和供应链成员（利益主体）之间的联系方式。

J. L. Gattorna 和 D. W. Waiters（1996）认为如果物流管理要在战略方面施加较大影响的话，就需要一种结构化和正式的方法来实现，这个结构化的方法就是通过供应链的概念来实现的。Robert B. Handfield（1998）将供应链定义为包括了产品从原材料阶段一直到最终用户手中这一过程中各种物料的流转和转化,以及伴随的与信息流动有关的所有活动。国内大多数学者比较接受的描述是:供应链(supply chain,简称 SC)是围绕核心企业,通过对信息流、物流、资金流的控制,从原材料采购开始,制成中间产品以及最终产品,最后由销售网络把产品送到消费者手中的将供应商、制造商、分销商、零售商直到最终用户连成一个整体的功能网络结构模式(如图 2-1 所示)。随着对供应链研究的深入,供应链理论也逐渐成熟,很多国家都组建了供应链协会,如美国供应链协会(Supply Chain Council Inc)研究开发了 SCOR 模型,为企业供应链运作提供了较好的指导。

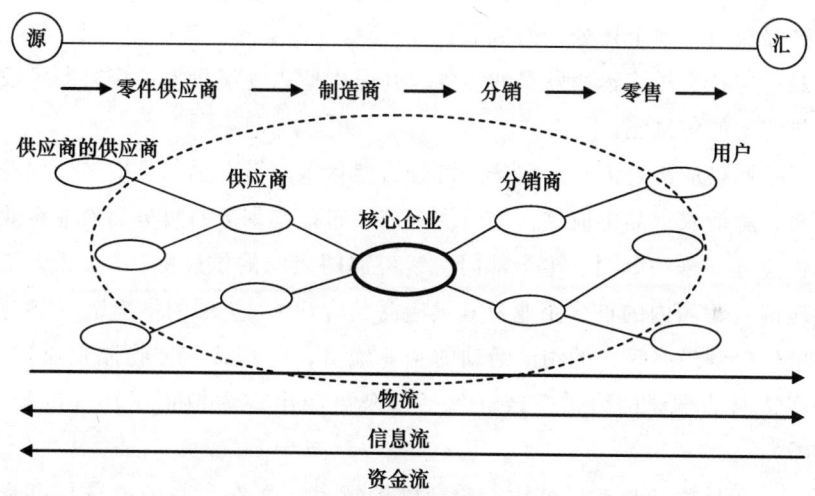

图 2-1 供应链网状结构示意图

注:核心企业指制造商、零售商等。

资料来源:杨兴龙:《玉米加工业的效率与竞争力研究》,中国农业出版社 2009 年版。

二 涉农供应链的发展

农产品供应链开始于最终消费者,通过零售、加工、分销等环节与农产品生产者相连,形成一个垂直网络系统(W. D. Downer, 1996)。进入 21 世纪,我国许多学者将供应链管理理论应用到农业领域的研究。张晟义(2003)指出涉农供应链是以农业原材料作为后续阶段生产加工和运销主要对象的供应链的总称。王凯(2004)对我国农业产业链管理的理论和实践进行了总体研究,并给出了农业产业链管理的定义:农业产业链管理(Agricultural Chain Management)是供应链理论在农业领域的具体应用,它是将农业生产资料供应、农产品生产、加工、储运、销售等环节链接成一个有机整体,并对其中人、财、物、信息、技术等要素流动进行组织、协调和控制,以期获得农产品价值增值的活动过程。张敏(2004)认为中国国内农产品供应链与工业品供应链最大的不同在于流通环节。从供应链管理的角度来看,农产品供应链可以以批发市场为界分为两部分,一是"生产—流通"环节,即从农户到批发市场;二是"流通—消费"环节,即从批发市场到消费者,此外,还提出一个论点:在以批发市场为核心的流通体制下,农产品供应链必然是一条断裂的链,造成了目前中国农产品流通基本上还处于时间长、消耗大、效率低、效益差的低层次上,很难适应社会经济迅速发展的需要,其根本原因在于批发市场阻断了农产品供应链的信息流。

按照供应链物流对象划分,可分为粮食供应链、油料供应链、棉花供应链、鲜活农产品供应链;按照供应链分布范围划分,可分为农业企业内部供应链(采购部门、生产部门、销售部门之间的供应链)、农业大集团供应链(集团内的许多企业及其供应商和客户)、扩展的供应链(参与从农资供应到最终客户的物流活动的企业增多,包括第三方物流企业)、基于因特网的全球网络供应链(包括未来可能出现虚拟企业)(刘爱军,2007)。

农产品生产具有区域性、季节性的特点,而农产品的消费具有普遍性和分散性的特点,生产和消费上的这种空间和时间上的差异决定了农产品供应链特殊的特点:①需要专业化物流管理以降低农产品在物流过程中的损耗。农产品普遍具有鲜活、易腐败的生物特性,生产与消费在时间和空间上的差距要求物流过程中有更加专业的措施以降低中途损耗。②利益主体谈判力量的悬殊,供应链缺乏稳定性。目前我国绝大多数农产品生产还是以分散的农户为主,处于供应链首端的农户主体在市场谈判中对价格只有接受权,而没有定价权,进而造成了供应链的不稳定。③农产品供应链中信息传递失真、难以把握。一方面,由于农产品生产的分散性、区域性以及消费者的分散性,人们对市场的供求信息、竞争者以及合作者的信息难以把握;另一方面,农户掌握市场信息能力较弱,又处于"牛鞭效应①"的最末端，缺少正确的市场分析指导，农户盲目跟风安排农业生产，极易陷入蛛网困境（朱毅华，2004）。

据初步统计，2008 年我国已取得粮食收购资格的粮食经营者 7.76 万个，其中国有粮食企业 2.16 万个，多元粮食市场主体 5.6 万个，主体数量之庞大、构成之复杂导致粮食流通业的发展必须通过粮食供应链的优化来实现。目前，粮食供应链的概念在理论界尚未形成统一认识。洪岚（2005）认为粮食供应链有广义和狭义之分，本研究中粮食供应链属于狭义的，是指粮食企业（包括粮食流通企业和粮食加工企业）与其供应商、分销商、物流服务提供商建立最佳合作伙伴关系，在粮食产品到达最终用户的过程中，积极建设以粮食产品的物流为中心的一条供应链。根据这一定义，粮食供应链的流程如图 2-2 所示：

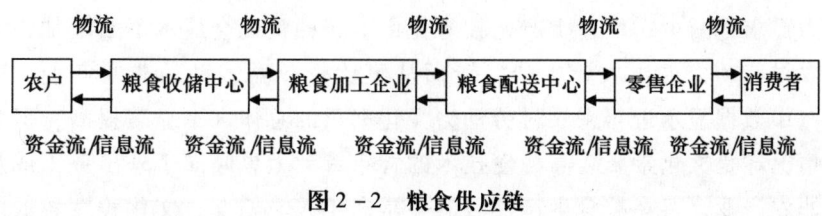

图 2-2 粮食供应链

资料来源：崔晓迪，田源，程国宏：《信息化的粮食供应链管理》，《中国储运》2005 年第 5 期，第 50 页。

三 我国粮食流通市场主体发展

粮食市场主体是事关粮食购销渠道通畅与否的重要载体。粮食流通市场中，粮食流通主体包括粮食生产者（分散的农户、种粮大户、粮食经济合作组织）、粮食中间商（国有粮食购销企业、粮食加工企业、粮食产业化龙头企业、粮食批发市场、个体粮食经销商）和消费者。这些市场主体按照传统的粮食生产、加工、收储、销售等环节在粮食流通产业中的功能定位可以大致分为：生产功能由粮食生产者承担，包括分散的农户、种粮大户以及各种规模的粮食经济合作组织；加工功能主要由粮食加工企业和粮食产业化龙头企业承担；粮食收购功能由国有粮食购销企业、粮食

---

① "牛鞭效应"即"需求变异加速放大原理"。Towill（1996）通过模拟和正式分析发现：生产商从中间商处获得订单后对市场需求的变化预测幅度几乎是初始波动的 8 倍之多，美国的供应链管理专家李豪（Hau L. Lee，1997）将这一现象归结为牛鞭效应。

加工企业、粮食产业化龙头企业和粮食经纪人共同承担；粮食储运功能则由国有粮食购销企业承担，处于销售环节的主体主要有国有粮食购销企业、粮食批发市场和粮食经销商等。这种功能的划分也不是一层不变的，随着粮食产业化链条以及粮食供应链的发展和不断完善，越来越多的市场主体已经开始"身兼数职"，经营范围由利益链的一点向多点渗透（聂振邦，2008）。

（一）粮食生产者

目前我国粮食生产的主体还是以分散的农户为主，在我国劳动密集型为主要特征的粮食生产活动中，劳动力的数量和质量是决定粮食生产能力的关键因素之一。从劳动力数量来看，随着我国人口的增长，农村劳动力数量增长趋势明显，但是农业劳动力却在减少（表2-1）。主要原因在于：粮食生产中农业机械、化肥等投入不断增加，粮食生产对劳动力需求量减少；粮食生产比较效益低下，种粮机会成本不断增加，大量农村劳动力退出农业生产，转而从事比较效益较高的非农产业。表2-1中数据显示近年来农村劳动力文化素质的总体水平显著提高，但实际情况却是文化素质较高、懂技术的青年劳动力更倾向于外出务工或从事非农产业，留在粮食生产领域的多是老年人、妇女、文化程度较低的劳动力。从总体上看，目前从事粮食生产的农业劳动力在数量、体力以及素质等方面均有不同程度的下降，远远不能满足粮食生产现代化发展的需要。

种粮大户是一定范围内的粮农中的规模粮食生产者，对推进适度规模化经营、推广农业生产技术、稳定粮食生产具有重要作用。据调查，种粮大户的生产收益较高，究其原因：一是种粮大户具有规模效益优势；二是具有较强的技术优势；三是具有充分掌握市场环境的优势（吴娟等，2009）。湖北大治市大箕铺镇后畈村种粮大户侯安杰，2008年种粮1100多平方公顷，全部种植优质稻新品种，单产达到6000千克/平方公顷以上，产粮680万千克，全部由黄石市国家粮食储备库订单收购，收购价2.6元/千克，总产值为1768万元。在生产投资和农用生产资料价格上涨的情况下，每亩投资约为770元，总投入达到1309万元，纯收益为459万元，每公顷纯收益4050元。笔者在湖北省鄂州市调查，2008年种植水稻3.3平方公顷以上的种粮大户，年均经营性纯收入均在3万元以上。

表 2-1　　　　　　　　中国农业劳动力资源条件

年份	乡村劳动力（万人）	农业劳动力（万人）	比重（%）	非农劳动力（万人）	比重（%）	劳动力中文盲半文盲（人/百人）	劳动力中小学程度（人/百人）	劳动力中初中程度（人/百人）
1990	42010	33336	79.4	8673	20.6	20.7	38.9	32.8
1991	43093	34186	79.3	8906	20.7	16.9	39.5	35.2
1992	43802	34037	77.7	9765	22.3	16.2	39.1	36.2
1993	44256	33258	75.2	10998	24.8	15.3	38.2	37.4
1994	44654	32690	73.2	11964	26.8	14.2	37.2	38.9
1995	45042	32335	71.8	12707	28.2	13.5	36.6	40.1
1996	45288	32260	71.2	13028	28.8	11.2	35.5	42.8
1997	45962	32435	70.6	13527	29.4	10.1	35.1	44.3
1998	46432	32626	70.3	13806	29.7	9.6	34.5	45
1999	46897	32912	70.2	13985	29.8	9	33.7	46.1
2000	47962	32998	68.4	15165	31.6	8.1	32.2	48.1
2001	48229	32451	67.3	15778	32.7	7.9	31.1	48.9
2002	48527	31991	65.9	16536	34.1	7.6	30.6	49.3
2003	48971	31260	63.8	17711	36.2	7.4	30	50.2
2004	49695	30596	61.6	19099	38.4	7.5	29.2	50.4
2005	50387	29976	59.5	20412	40.5	6.9	27.2	52.2
2006	48090	32561	67.71	15529	32.29	6.6	26.4	52.8
2007	47640	31444	66	16196	34	6.3	25.8	52.9
2008	47270	30654	64.85	16616	35.15	6.1	25.3	52.8

数据来源：中国农业发展报告 2009。

农民粮食经济合作组织是在农村家庭承包经营基础上，粮食生产经营者或粮食生产经营服务的提供者、利用者，资源联合、民主管理的互助性经济组织[①]。农民粮食经济合作社以其成员为主要服务对象，提供相关生产资料的购买、粮食的加工、运输、储存、销售以及与农业生产经营有关的技术、信息等服务。这类组织对于提高粮农的组织化程度、提升粮食生

---

① 《中华人民共和国农民专业合作社法》，2007 年 1 月 1 日起施行。

产者在粮食供应链中的谈判能力、获取信息能力有积极作用,是未来粮食市场中的主要主体之一。

(二) 粮食经纪人

2004年,广泛存在于农村粮食收购市场中的"粮贩子"的地位得到了法律的认可,成为合法的粮食经纪人,正式进入我国粮食流通领域。随着地方粮食供销社逐渐淡出粮食收购,种粮农户更多的是选择将粮食售卖给上门收购的"粮食经纪人"。根据2006年笔者在湖北省荆州市沙市区岑河镇对分散农户的调查,22%的农户将粮食卖给国有粮食企业,72%的农户将全部粮食直接出售给私营粮商(包括加工厂、粮食经纪人),6%的农户将一部分粮食售给国企,一部分出售给私营粮商;在洪湖,粮农将粮食卖给粮食经纪人的现象更为普遍,92.5%的农户的粮食被粮食经纪人收购。2010年在随州了解到粮农将粮食全部出售给粮食经纪人的比例已经高达99%。一般情况下,粮食经纪人给出的收购价格比国家规定的粮食收购价要低,但是国家收购粮食要求保证较高的干燥度且是座仓等收,而粮食经纪人提供上门收购服务,节省了农民的运量成本,综合考虑,粮食经纪人开出的收购价格实际上是高于国家的粮食收购价的。粮食经纪人已经成为衔接分散经营的农户与粮食企业的桥梁,成为粮食购销市场中不可或缺的一环。截至2007年底,全国已经取得粮食收购资格的粮食经营者近7.3万个,比2004年增加近3倍,其中非国有的多元经营者占到70%以上。

(三) 粮食企业

粮食加工企业: 粮食加工企业承担着小麦、稻谷、玉米、食用植物油料等粮油品种的加工,且多数为非国有企业。2006年全国报送的粮油加工业统计报表中有11719家粮油加工企业,其中民营企业10342家,占到88.2%;国有及国有控股1252家,占到10.7%;外商及港澳台投资企业125家,占到1.1%。

国有粮食企业: 2004年5月,《国务院关于进一步深化粮食流通体制改革的意见》下发,全面放开粮食收购市场,通过改制重组、国有民营、整合提升等措施,一些规模小、条件差的小型国有粮食企业被市场淘汰,国有粮食企业改制后,剩下的更多的是储备企业或购销企业。到2005年底,全国国有粮食购销企业从2000年的26010个减少到17714个。截至2007年11月底,全国国有粮食企业21854个,其中购销企业15380个,比上年末分别减少3320个和566个，比粮改初期分别减少31386个和15054个。同期，全国国有粮食企业的粮食产业化龙头企业1631个，其中购销企业987个。2007年度，全国国有粮食企业收购粮食2080亿斤，占全社会粮食收购总量的51%。企业竞争力明显增强，经济效益显著增加，2007年国有粮食购销企业盈利1.67亿元，实现自1961年以来的首次全行业盈利。2008年，国有粮食企业销售粮食3328亿斤，其中政策性粮食952亿斤。

粮食批发市场：经过十几年的发展，粮食批发市场经营规模不断扩大，交易行为逐步规范，初步形成了多元投资主体、多种业务模式、多种交易方式的多层式粮食批发市场体系。国家粮食交易中心承担储备粮、最低收购价粮等政策性粮食交易任务；商流粮食批发市场服务于各地粮食宏观政策、产销衔接和资源配置；大中城市成品粮批发市场是城市粮油供应的主渠道（聂振邦，2008）。截至2006年，我国有各类粮食批发市场600余家，年成交量占到社会粮食商品流通量的30%—40%。投资主体包括国有独资、民营、股份制等多种形式，其中国有独资占到64%，股份制和民营占到18%。到2008年底，国家粮食交易中心共18家，各类粮食批发市场553家，实现全国联网的批发市场23家，重点联系批发市场45家，其中，商流市场21家，成品粮市场24家（李经谋，2009）。2008年11月13日，国家发展和改革委员会公布了《国家粮食安全中长期规划纲要（2008—2020）》，提出要健全粮食市场体系，重点建设和发展大宗粮食品种的区域性、专业性批发市场和大中城市成品粮油批发市场；发展粮食统一配送和电子商务；积极发展城镇粮油供应网络和农村粮食集贸市场。

粮食期货市场：目前，郑州商品交易所和大连商品交易所拥有粮食期货交易业务。其中，郑州所经营的期货品种有菜籽油、小麦，大连所经营的期货品种有大豆、玉米、豆粕（2007年上市）、棕榈油（2007年上市）、豆油等。2006年我国粮食期货市场交易量达2.7亿手，同比上年增加4.8%；交易总金额达5.72万亿元，同比上年增加7.22%。2008年我国粮食期货交易市场交易量为6.8亿手，占到全国期货交易总量的49.86%，同比增长51.58%；交易额达到28.05万亿元，同比分别增长108.58%（见表2-2）。

表2-2　　　　　　　　2007—2008年中国粮食期货交易情况

交易所名称	品种名称	2008年累计成交总量（手）	2007年同期成交总量（手）	2008年累计成交金额（亿元）	2007年同期成交总额（亿元）
郑州商品交易所	菜籽油	12856486	1319052	6094.54	585.92
	强筋小麦	55017028	77956702	11407.17	15127.48
	普通小麦	328418	51438	59.57	8.51
	总额	68201932	79327192	17561.28	15721.91
大连商品交易所	黄大豆1号	227363100	94865442	95190.2	37440.63
	黄大豆2号	85582	40062	37.79	15.88
	玉米	119836920	118873484	21571.47	19821.83
	豆粕	162530878	129438932	54157.9	39138.73
	棕榈油	12604956	678350	8664.12	592.2
	豆油	89391986	26567732	83290.12	21735.87
	总额	611813422	370464002	262911.6	118745.14
全国粮油期货交易总额		680015354	449791194	280472.88	134467.05

资料来源：李经谋主编《2009年中国粮食市场报告》，中国财政经济出版社2009年版，第43页。

第三节　制度变迁理论

粮食不同于普通商品，除具备一般商品属性外，是关乎国际民生的重要国家战略物资，具有公共产品属性。因此，研究粮食流通市场的效率时必须将其放在制度层面进行考虑。同时，深入了解制度与制度变迁相关理论，对解读我国粮食流通制度变迁过程以及进一步推进粮食流通体制改革具有重大意义。

一　制度变迁理论基本思想

制度对经济绩效的影响是无可非议的，不同时期经济绩效的差异受到制度演进方式的根本影响也是无可争议的（偌斯，1994）。制度功能主要体现在五个方面：降低交易成本、为经济提供服务、为合作创造条件、提供激励机制、有利于外部利益内部化（赵新国，2008）。

制度变迁的诱因：追求外部利润是制度变迁的诱因，因为在已有的制度安排结构中相关经济主体无法获得期望的利润。新制度经济学家认为制度变迁主要是由于制度外收益的存在导致制度非均衡（没有达到帕累托最优），重新走向均衡（新的帕累托最优）的过程。即当现存制度不能满足相应的需求时，人们就会提出新的对制度的要求，使制度从一种状态进步到一个相对高效的状态，从而形成了制度变迁的过程。道格拉斯·偌斯（1991）认为制度变迁是制度创立、变更及随着时间变化而被打破的方式，结构变迁的参数包括技术、人口、产权和政府对资源的控制等，正是制度变迁构成了一种经济长期增长的源泉。奥利弗.E.威廉姆森（2002）认为交易成本改变是引起制度变迁的主要因素之一。姆德塞茨、舒尔茨等人则认为生产要素和产品的相对价格极易导致制度变迁。拉坦运用诱致性制度变迁模型解释了欧洲中世纪的农耕制度的变迁和19世纪运输和交通制度的变迁（谭向勇等，2008）。1989年，林毅夫指出诱致性制度变迁不能满足一个社会中制度安排的最优供给，因为诱致性变迁来自于社会个体或民间社会。基于以上分析，林毅夫提出了强制性制度变迁模型，指出在信息非对称的条件下，作为强制性变迁主体的政府与诱致性变迁主体的相互作用是促进社会稳定和经济增长的主要动因之一（林毅夫，1989）。

制度变迁的路径依赖：新制度经济学家还提出了制度变迁路径依赖的观点。偌斯认为路径依赖有两方面的原因：一是原有制度下形成了一些与这种制度共存共荣的既得利益集团，他们总是努力去维持和强化现有制度；二是意识形态、文化传统等非正式制度的影响和制约（赵新国，2008）。从辩证的角度看，制度变迁包括有效的制度变迁和无效的制度变迁两种。有效的制度变迁是从非帕累托最优到新的帕累托最优，有效的制度变迁能降低总量的交易费用，总量的交易费用包括市场型交易费用、管理型交易费用、政治型交易费用等（卢现祥等，2007）。无效的制度变迁是从非帕累托最优到另一个非帕累托最优。

二 粮食流通体制改革

过去的30余年时间里，我国粮食流通体制改革是一个有效的制度变迁，粮食购销市场的经营效率得到了不断提高。1978年党的十一届三中全会拉开了我国改革开放的序幕，30多年来，我国粮食流通体制经历多次改革，得到不断完善和发展。1979年，国家大幅度提高粮食收购价格，启动多元化市场经营体制；1985年，形成粮食"双轨制"体制运行，改粮食统购为合同订购直至国家订购；1993年，实行"保量放价"，放开粮食销售；1998年，施行"四分开、一完善"和"三项政策、一项改革"等措施；2001年，放开销区粮食市场；2004年，全面放开粮食收购市场，实现粮食购销市场化和市场主体多元化，实行"放开收购市场、直接补贴粮农，转换企业机制，维护市场秩序，加强宏观调控"政策，标志着我国粮食流通市场全面市场化改革正式启动；2006年以来，我国粮食流通体制改革的政策措施不断完善，进一步深化市场化改革。

从我国粮食流通体制改革的历程来看，我国粮食政策走的是一条由掠夺性政策向保护性政策的道路，这与发达国际为维护农业生产、防止农业收入下降所采取的措施相一致。张来武运用达文思、布坎南和塔洛克、布雷顿等所倡导的政治经济学（economics of politics）阐述了这一过程（张来武，2009）（图2-3）。政治经济学将政策选择问题作为政治势力的均衡进行分析。图2-3中，横轴表示农业保护率，O点表示政策保护率为0，O点向右政策的保护率为正，O点向左政策保护率为负（即掠夺率为正）。纵轴表示在各种保护水平下，每提高单位保护率可以为政治决策者带来的预期利益的增量（边际收益）和每提高单位保

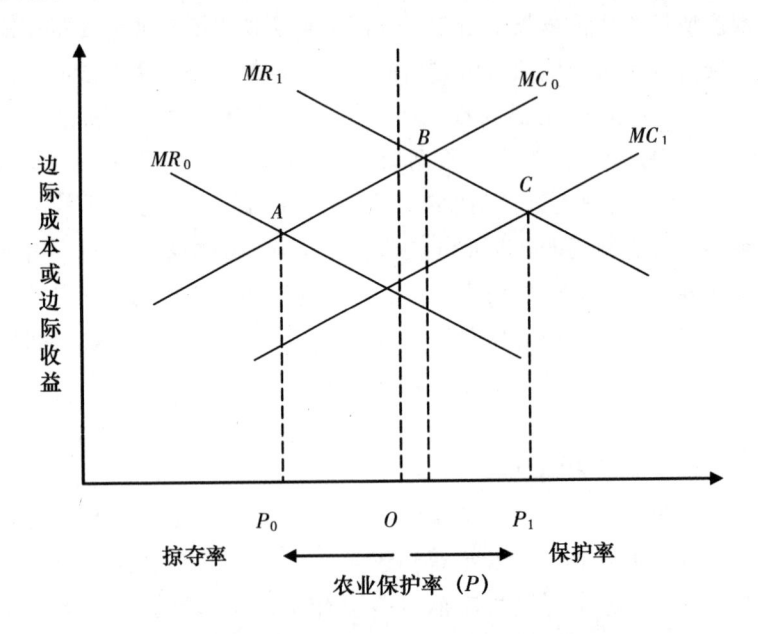

图2-3 粮食政策随着经济发展而转换的过程

资料来源：张来武．中国粮食研究培训中心编：《中国粮食安全发展战略与对策》，北京大学出版社2009年版。

护率政治决策者所必须支付的预期成本的增量（边际成本）。2004年以来，我国粮食市场实现了由掠夺性政策为主向保护性政策的转变，保护粮食生产的边际成本曲线 MC_0 下移，同时粮食保护的边际收益提高，政治均衡点由 A 向 B 移动。

那么 30 余年的粮食流通体制改革和粮食市场化改革究竟给我国粮食生产和消费以及国家粮食安全保护带来了怎样的改变呢？众多学者对这一问题进行了深入研究。结论表明：30 年的粮食流通体制改革是一次有效的制度变迁，极大地促进了粮食生产发展，粮食市场化改革保护了粮农积极性、促进了粮食流通市场的现代化进程、对我国粮食安全保护起到了决定性的作用。综合而言，粮食流通体制改革的作用体现在：建立了对种粮农民的利益保护机制；国有粮食购销企业改革迈出实质性步伐，国有粮食企业主渠道、市场主体多元化的粮食购销市场化格局基本形成；国家粮食宏观调控机制逐步完善；粮食流通基础和粮食市场体系建设明显增强；粮食市场监管逐步加强（聂振邦，2008）。

三　粮食流通体制改革进一步深化

经过多年的努力，我国粮食流通体制改革取得了骄人的成绩，有效促进了粮食生产发展、粮食储备体系的完善，但是进展还不平衡，尚未解决好的问题需要高度关注，诸如国有粮食企业财务挂账遗留问题尚未彻底解决、机制体制转换、粮食宏观调控有待进一步加强和完善、法制建设不健全、粮食生产与流通科技支持水平有待提升，等等。

制度变迁是强制性诱因和诱致性诱因共同作用的结果，各自的作用和目的不同。作为强制性变迁主体的政府，其目的在于保护国家粮食安全（包括粮食生产、粮食高效流通、粮食储备；作为诱致性变迁主体的民间个人或组织，其目的在于追求利益最大化（包括农民增收、企业利润、行业利润等）。粮食流通市场的帕累托有效是粮食市场的资源配置在不严格损害某些人利益的前提下使另一些人严格获益，即在不出现利益损害的前提下，提升主体利益。粮食流通体制市场化改革进一步深化就是通过不断改进政策体制和市场机制在保护各方利益的同时，实现粮食市场总效益的最大化。

（一）我国粮食本身的基本特性要求改革进一步深化

第一，粮食需求弹性小，供给弹性大。一方面，粮食是人们基本生活物资，处于物质需求层次的最底层，使用价值具有较大的不可替代性，需求弹性小；另一方面，我国粮食生产是典型的分散小规模经营，市场进入门槛和退出门槛均较低,且极易受自然气候因素影响,供给弹性较大。这种特点的市场具有典型的买方市场特点,尤其是我国分散经营的农民不具备抵御市场风险的能力,极易造成粮食"增产不增收"。

第二,卖粮难成为制约粮食产量增长的瓶颈。改革开放以来我国粮食单产、总产出现了质的飞跃,1984我国首次出现卖粮难,随后5年粮食产量徘徊不前。1996年实施保护价收购稳定粮农生产积极性;2004年全面放开粮食市场以扭转连续五年的粮食产量低迷。宏观政策对市场的调节很好地确保了国家粮食安全。2008年大部分粮食主销区粮价上涨,而黑龙江等粮食主产区却出现了"卖粮难"现象,这种产销区市场的差异说明粮食流通已经成为粮食区域供给平衡的瓶颈。

第三,粮食生产销售格局发生改变。随着各地产业结构调整和粮食市场化改革的推进,粮食生产区域性特点更为突出。从表2-3中可以看出:1996—2006年,粮食主销区粮食产量占全国粮食的比重日益下降,粮食生产向主产区集中趋势十分显著。主产区内部出现了粮食生产重心北移,由"南粮北运"转变为"北粮南运",能够调出粮食的省份由13个减少为7个(聂振邦,2008)。2004年后,国家支农政策取得了积极效果,主产区粮食产量及在全国的比重均显著上升。但是从整体上来看,粮食主销区与产销平衡区粮食产量在全国的比重均呈现下降趋势。说明粮食主产区承担着国家粮食安全的重担,区域间的粮食流通已经成为粮食安全保护的重要课题。

表2-3 中国粮食生产区域性变化

年份		1984	1996	2004	2006	2007	2008
全国粮食产量		40730.50	50453.50	46946.95	49747.90	50160.28	52870.92
粮食主产区	粮食产量(万吨)	29366.50	37129.10	34115.00	36824.20	37640.20	39917.50
	占全国比例(%)	72.10	73.59	72.67	74.02	75.04	75.50
粮食主销区	粮食产量(万吨)	5241.50	5176.60	3450.80	3522.70	3184.40	3244.90
	占全国比例(%)	12.87	10.26	7.35	7.08	6.35	6.14
产销平衡区	粮食产量(万吨)	6122.50	8147.80	9381.40	9400.90	9335.68	9708.52
	占全国比例(%)	15.03	16.15	19.98	18.90	18.61	18.36

数据来源:中国统计年鉴(1985—2009)。

（二）国际粮食供需形势发生深刻变化

生物质燃料产业的快速发展和粮食需求的刚性增长大大提升了世界粮食需求压力。第一，国际能源价格上涨，驱动许多国家寻找新的替代能源，燃料乙醇和生物柴油以其清洁可再生的特性受到各国的青睐。2000年世界生物燃料乙醇和生物柴油的产量分别为180亿升和不足10亿升，到2006年就分别达到了380亿升和60亿升。2007年，仅美国就有约24%的玉米用于燃料乙醇生产（冷崇总等，2008），目前该国以玉米为原料生产的乙醇占到全国燃料乙醇总量的90%左右。联合国粮农组织报告称，生物燃料的生产近一段时间"吃掉"了近1亿吨的谷物，成为谷物市场的重要消费源之一，其中用于生产燃料的玉米约为9500万吨，占世界玉米消费总量的12%。生物质能源的大规模使用将长期改变国际粮食市场固有的价格波动周期，强烈推动粮食价格上涨。第二，国际谷物理事会2008年3月公布：2007—2008年度全球所有粮食产量和消费量将分别达到16.59亿吨和16.76亿吨，缺口达0.17亿吨。近10年来，全球粮食产量增加5.81%，消费量却增长了11.7%。2050年，全球人口将从现在的62亿增长到95亿，世界银行预计：全球粮食需求量到2050年将比现在增加一倍。

全球粮食产能没有显示出与需求同步上升的动力和趋势。1975年以来，全球平均气温逐年升高，一方面，导致积雪消融、海平面上升，许多国家耕地面积萎缩；另一方面，粮食生产区域北移，适宜种粮和粮食高产的耕地不断减少。另外，水稻灌浆等生理阶段对温度极为敏感，气温升高将直接影响粮食的产量和品质，据美国与菲律宾农业研究部门联合研究资料显示，气温每上升1℃，粮食将减产10%（崔伟，2005）。近年来各种极端气候频发，也极大地影响了粮食产量。政府间气候变化组织（IPCC）的资料显示，到2025年，发展中国家因灾害性气候引起的粮食产量将减少3%—5%（亚洲国家将减少5%—8%）（崔伟，2005）。除此之外，发达国家及主要粮食出口国为增加农民收入、提升农业产值，人为地调整农业结构、鼓励农民由种植粮食转向种植产值高、外向型的经济作物；发展中国家在推进工业化、城镇化的过程中，耕地数量和种粮农民也正在迅速减少。

粮食需求刚性增长，而粮食产量却跟不上需求的增长，供需失衡，最终导致国际粮价上涨。2005年，全球玉米、小麦产量分别下降2.4%和1.3%，粮食总产量减少1.4%。根据美国农业部的统计和预测，2006—2007年度世界粮食（小麦、粗粮和大米三种谷物）期末库存量为3.36亿吨，比上年度减少13.57%；2007—2008年度世界粮食期末库存量降到3.09亿吨，比上年度减少8.74%。截至2008年3月底，世界粮食库存量已经降到53天，全球粮食库存处于历史低位，并有继续下降的趋势。2006年以来，国际粮食价格持续上涨，影响着世界各国尤其是发展中国家和贫困国家的粮食安全，引起全球的广泛关注。2007年全年，国际市场小麦、玉米、大豆、大米平均价格同比分别上升58.2%、44.4%、45.9%、6.2%。所有大宗粮食价格都创下了10年新高。据统计，世界主要粮食价格自2005年来已经上涨了80%，仅2008年前两个月，世界粮食价格就上涨了9%。2008年3月大米价格达到19年来最高，小麦价格则创下28年来最高。根据联合国粮农组织（FAO）的统计，泰国高品质100%B级大米1月的出口价格是每吨385美元，2月涨到483美元，3月攀升至546美元，较1月上涨42%，4月初已涨至854美元。可以预见的是这轮粮价上涨还存在时间上的持续性。

2008年世界粮食危机是国际粮食供需形势的重大转折，也给中国粮食安全保护敲响了警钟。面对国际粮食安全形势的深刻变化及近两年来国内粮食价格不断上涨的形势，继续将中国的粮食安全保护寄希望于国际市场已经不切合实际。如何保持粮食产量增长的良好势头和完善国内粮食流通才是实现国家粮食安全目标的根本手段。

第四节　效率问题相关理论

一　效率的含义[①]

效率即有效的程度，经济学中的效率概念最初来源于物理学，有两层意思：一是单位资源的投入产出比；二是单位时间的产出比。但是经济学中的"效率"描述各种资源使用的指标，指的是节约或更好的利用现有资源，即在既定的产出水平下追求成本的最小化，或者在既定投入水平下追求产出的最大化。最早系统研究经济效率理论的是Farrell（1957），他指出厂商效率包含两部分：技术效率[②]（technically efficiency）与配置效率[③]（allocative efficien-

---

[①] 本节图形来源：Timothy J. Coelli, D. S. Prasade Rao, Christopher J. O'Donnell 著《效率与生产率分析引论》（第二版）第二章与第三章。

[②] "技术效率"反映厂商由给定投入集获得最大产出的能力。

[③] "配置效率"反映厂商在分别给定的价格和生产技术下以最优比例利用投入的能力。

cy），这两方面的测量构成总的经济效率（economic efficiency）[1]。

生产率的定义起源于18世纪，定量研究起源于20世纪20年代。美国国家标准194《工业工程术语》定义生产率为产出与总投入的比值。从数学的角度进行描述，高效率就是实现"产出/投入"比值尽可能的大。但是效率与生产率不是等同的概念（图2-4所示）[2]，测算生产率是衡量效率高低的方法之一。经济学中提及的"生产率"是全要素生产率[3]（total factor productivity），是一种包括所有生产要素的生产率测量[4]。与全要素生产率相对应的是传统的生产率（如劳动力生产率、资本生产率、土地生产率等），称为部分生产率或偏生产率（partial measures of productivity）。

图2-4考察的是一个时期单要素的投入产出，不包含时间要素。考察两个或多个时期之间厂商的生产率时，生产率的变化和差异可能[5]是由技术进步引的，表现为技术前沿面的变动。图2-5中，F_0和F_1表示两个时期同一个厂商的生产边界，从技术层面来看，F_0到F_1表示技术进步，相反表示技术退步。

本节首先在规模报酬不变的假设下，解释技术效率与配置效率。图2-6中，SS'为完全效率厂商的单位等产量线，P点为厂商的生产点，则PQ为该厂商的技术无效率，即在产出一定的情况下所有投入按比例可能减少的数量。PQ/OP表示达到技术有效的生产点所需要减少所有投入量的百分比。由此，厂商的**技术效率**表示为：

$$TE = OQ/OP = 1 - QP/OP$$

距离RQ表示当生产处于要素配置有效且技术有效的Q'点，相较于处于技术有效但是配置无效的Q点所能减少的成本。因此，如果由等成本

---

[1] 本书使用的术语与近期文献中经常使用的一致，Farrel使用的价格效率而不是配置效率，使用总体效率而不是经济效率。

[2] 图2-4中曲线OF表示生产前沿面，其上每个点的厂商都是技术有效的（如位于C点的厂商、位于B点的厂商），而曲线下方的点都是技术无效的（如位于A点的厂商）。A、B、C三点的生产率分别是从起源于原点并经过该点的射线的斜率（y/x），从图中可以看出，三点生产率的关系是：$C>B>A$（C点的厂商是该生产前面上技术效率最高的厂商，即达到了最有规模）。结论：生产率与效率是不同的概念；一个厂商可以是技术有效的，但是仍可以通过寻找规模经济来提高自身的生产率（由B点到C点）。

[3] 1954年，希朗·戴维斯在《生产率核算》中指出全要素生产率包括所有的投入要素，且要考虑价格因素，进行静态和动态的计量。

[4] 多产出背景下也包括所有产出。

[5] 厂商年际之间生产率的变动有三种可能：效率提升、技术进步、寻找规模经济或者三者兼而有之。

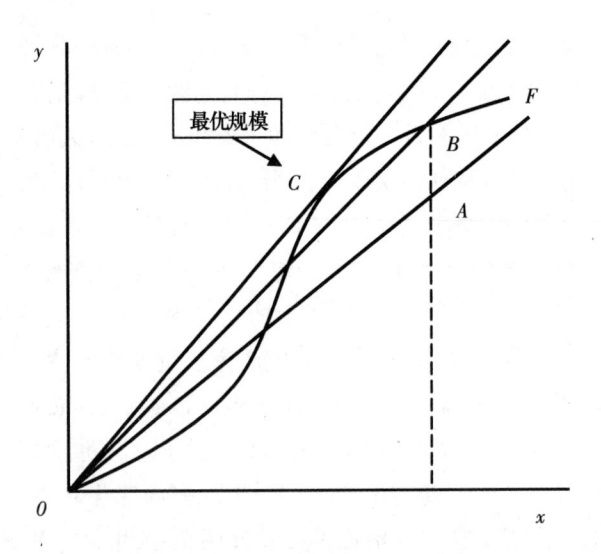

图 2-4　生产率、技术效率以及规模经济

资料来源：蒂莫西·J. 科埃利，D. S. 普拉萨德·拉奥，克里斯托弗·J. 奥唐奈著，乔治·E. 巴蒂斯：《效率与生产率分析引论（第二版）》，王忠玉译，中国人民大学出版社 2008 年版，第 4 页。

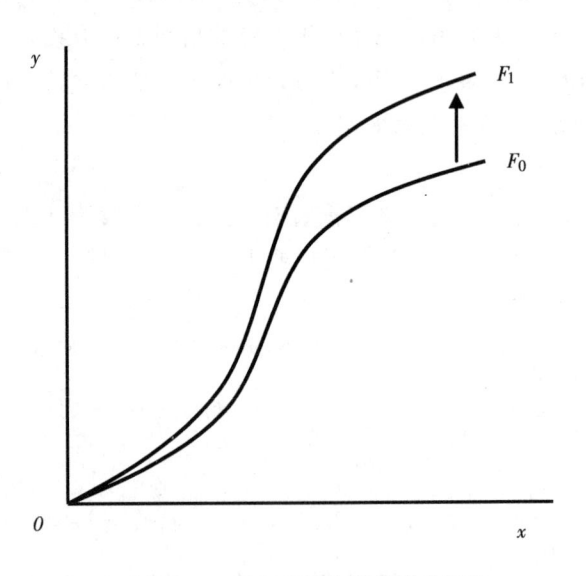

图 2-5　两个时期之间的技术进步

资料来源：蒂莫西·J. 科埃利，D. S. 普拉萨德·拉奥，克里斯托弗·J. 奥唐奈著，乔治·E. 巴蒂斯：《效率与生产率分析引论（第二版）》，王忠玉译，中国人民大学出版社 2008 年版，第 5 页。

线 AA' 斜率所表示的 x_1 与 x_2 的投入价格利率已知,那么 P 点的资源**配置效率**可表示为:

$AE = OR/OQ$

给定技术效率的测量,总的经济效率可以表示为技术效率测量与配置效率测量的乘积:

$TE \cdot AE = (OQ/OP) \cdot (OR/OQ) = OR/OP = EE$

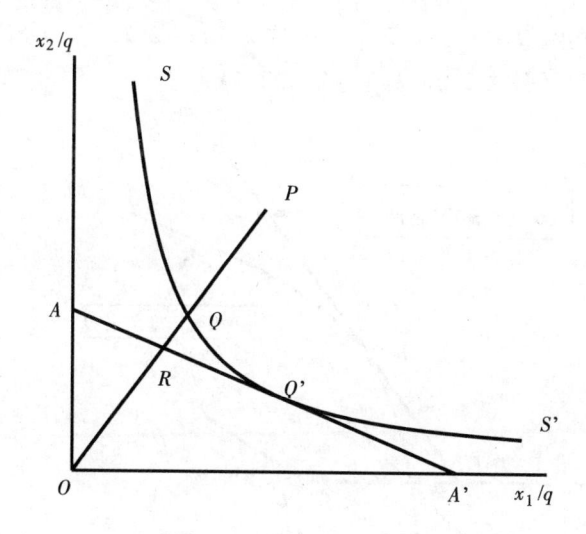

图 2-6 技术效率与配置效率

资料来源:蒂莫西·J. 科埃利,D. S. 普拉萨德·拉奥,克里斯托弗·J. 奥唐奈著,乔治·E. 巴蒂斯:《效率与生产率分析引论(第二版)》,王忠玉译,中国人民大学出版社 2008 年版,第 51 页。

以上是在规模报酬不变的假设下进行的分析,如果考虑厂商的规模变化因素,则上述技术效率可进一步分解为规模效率(scale efficiency)和纯技术效率(pure-technology efficiency)。规模效率用于表示厂商向运营于最大生产力规模时生产率所增加的量,纯技术效率测量是当规模报酬可变时,厂商与生产前沿面间的距离。

图 2-7 中 D 点为一个技术无效厂商的生产点,该厂商可以通过向 E 点(规模报酬可变前沿上的点)移动来提高自身的生产率,还可以通过由 E 点向 B 点移动做进一步的改进(这一过程实际上是在追求技术效率

不变下的规模最优，即去掉规模无效）。该厂商的各项效率指标表示如下：

技术效率：$TE_{VRS} = GE/GD$（规模报酬可变前沿） (2.1)

$TE_{CRS} = GF/GD$（规模报酬不变前沿） (2.2)

规模效率：$SE = GF/GE$ (2.3)

纯技术效率：$PTE = GE/GD$ (2.4)

根据以上公式，容易发现：①纯技术效率即为考虑了规模报酬可变因素的厂商的技术效率（公式2.1与公式2.4）；② $TE_{CRS} = SE \cdot PTE$ 即 $SE = TE_{CRS}/PTE$（公式2.2、2.3与公式2.4）

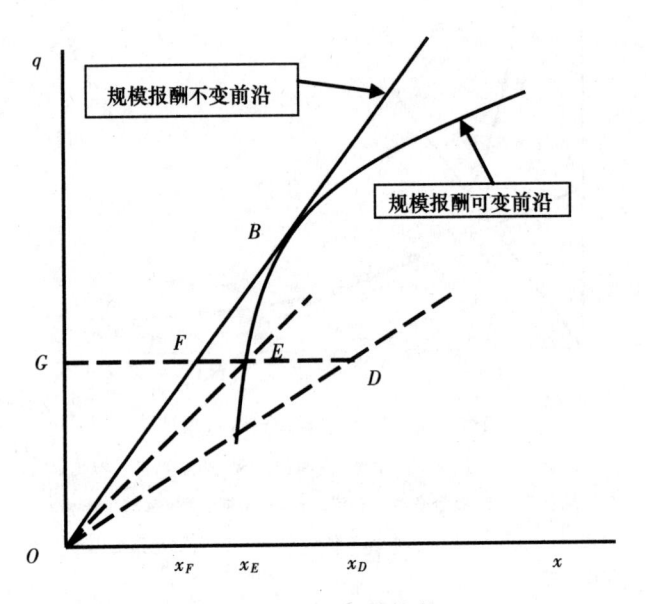

图2-7 规模效率

资料来源：蒂莫西·J. 科埃利，D.S. 普拉萨德·拉奥，克里斯托弗·J. 奥唐奈著，乔治·E. 巴蒂斯：《效率与生产率分析引论（第二版）》，王忠玉译，中国人民大学出版社2008年版，第58页。

二 效率测算方法比较

现有的测量效率的方法有经济计量生产模型的最小二乘法（LS）、全要素生产效率（TFP）指数（特恩奎斯特或费希尔指数）、数据包络分析法（DEA）、随机前沿方法（SF）。这四种方法各具特色（见表2-4）：

表2-4　　　　　　　　四种效率测算方法的特性总结

特征		LS	TFP	DEA	SF
参数方法		是	否	否	是
归结为噪声		是	否	否	是
测算内容	技术效率	否	否	是	是
	配置效率	是	否	是	是
	技术变化	是	否	是	是
	规模效应	是	否	是	是
	TFP 变化	是	是	是	是
数据形式	横截面数据	是	是	是	是
	时间序列	是	是	否	否
	面板数据	是	是	是	是
基本方法所需数据	投入量	是	是	是	是
	产出量	是	是	是	是
	投入价格	否	是	否	否
	产出价格	否	是	否	否

资料来源：蒂莫西·J. 科埃利，D. S. 普拉萨德·拉奥，克里斯托弗·J. 奥唐奈著，乔治·E. 巴蒂斯：《效率与生产率分析引论（第二版）》，王忠玉译，中国人民大学出版社 2008 年版，第 319 页。

现在测量效率较常使用 DEA 或随机前沿方法，两者之间的差异在于：①随机前沿方法可以解释噪声，并可以用来研究传统的假设检验；②随机前沿方法对于无效项要求设定其分布形式，需要对生产函数（或成本函数）设定函数形式。

第三章　粮食流通市场研究动态

第一节　国内外粮食流通研究进展

粮食是关系国计民生的大宗农产品,从2004年起我国已经实现连续11年粮食增产,但是粮食安全保护不容轻视,我国粮食安全形势应该归结为"近忧与远虑并存"(唐纳德·米歇尔,1993;Rosegrant,1995;马晓河,1997;朱泽,1998;陈锡文等,2004)。粮食产量与粮食供需水平是国家粮食安全的直观表现,但是在粮食安全体系中,粮食生产安全是基础,粮食供给安全是粮食安全的重要保证(帅传敏,2005)。且粮食生产与流通是相辅相成的、相互促进的,在抓粮食安全工作时,要确保粮食生产与粮食流通的协调发展(董富胜,1998)。目前,我国粮食流通不畅、市场分割严重,这将在长期内影响粮食经济安全(朱泽,2004)。

国外有关粮食流通的研究重点主要集中在物流供应链理论、加工增值、信息平台建设以及物流技术开发及应用等方面(赵福成,2010)。Yossi Sheffi(2005)研究指出通过区域预测、风险集中、缩短预测时间跨度、测试产品、合作、风险共担等六个步骤建立敏捷供应链最终实现粮食流通的高效化发展。也有研究提出通过组建管理团队、建立有效的互信机制和信息利用手段能更好的对粮食粮食供应链进行管理并维护粮食供应链的高效运作(大卫·伯特等,2003)。国外有关粮食流通的研究中,粮食集装箱运输理论是另一特色。Barry Prentice通过对比分析粮食流通相关技术指标,提出粮食集装箱运输是有比较优势的,并有其适用的特定范围,在此基础之上还构建了涵盖包粮运输、散粮运输和集装箱粮食运输共存互补的物流系统。澳大利亚Champ研究指出各国国有粮食企业逐步公司化,粮食物流对运输设备专业性的要求更高了,集装箱粮食运输将进入快速发展期。近年来,随着物流理论在我国的迅速发展,越来越多的学者将其引入粮食流通研究中,并认为粮食物流是粮食商品流通不可缺少的重要组成部分,构建现代粮食物流对传统的粮食流通将是一场新的革命(胡非凡,吴松娟,2007)。

国内外研究粮食流通的文献较多,从分析的切入点可分为三类:粮食产销区域协调视角、政府管制视角、典型性分析。

一 有关粮食产销区域协调的研究

粮食产销区间协调有利于主产区粮价回升、主产区缓解财政压力、提升农业产业层次、满足市场多样化需求、调整优化我国农业布局结构(赵宇红,傅立忠,2002)。事实上,我国粮食主产区每年都要将相当部分的财政收入用于补贴粮食生产,而绝大部分的粮食主产区都属于财政紧张地区,但是,补贴生产的粮食最后却转到经济发达的粮食主销区,极大地损伤了主产区政府的粮食购销热情,给我国粮食购销安全带来隐患(何蒲明,2006)。在市场经济条件下,完全的利益取向与市场机制的不完善,使产销区之间存在着严重的利益失衡现象:产销区之间存在"三难问题",即调粮任务难、粮质难保证、价格难商定(宁允祯,2001);粮食主产区粮食收购部门资金紧缺、周转率低,政策性亏损加剧,财政包袱沉重;粮食主产区减少了粮食加工和转化增值的机会,利益流失严重,长期"贫血",不仅农业没有摆脱弱质产业的地位,还限制了地方经济的发展(颜宏晖,1998)。龙方、曾福生(2002)研究指出政府调控不合理和市场机制的不完善导致我国产销区的合作出现不协调:责任分配不协调,穷省补贴富省;信息传导机制不协调导致粮食决策难度很大;利益分配的不协调使得供求矛盾严重;责权利不协调,粮食生产缺乏后劲。

高瑛(2006)提出建立粮食安全基金、加大政府补贴力度以及规范市场行为、建立国内一体化粮食市场,分别从生产者与消费者利益协调,产销区之间的利益协调以及生产者、流通企业和政府利益协调三个方面来构建我国粮食利益协调机制。曾福生(2005)提出应该加强主产区粮食供给及产业升级、粮食主产区与销区长期稳定购销协作关系新体系创建、主产区将产业优势转变为经济优势,以解决粮食大省与主销区的粮食供求矛盾和预期不一致问题。刘先才(2005)提出要理顺粮食产销之间的体制和机制,调动双方的积极性,稳定粮食购销关系,鼓励和支持主销区在主产区建立粮食生产和储备基地,实行订单生产、保护价收购,以引导粮食主产区和主销区实行有效对接。王玉斌、蒋俊朋（2005）运用变异系数法研究我国粮食产量波动规律，研究指出我国以省份为单位的粮食产量年度变动比全国整体水平粮食总产量的变动程度高，全国对风险的承受力也就大于省份对风险的承受力，系统的整体功能大于各个组成部分的功能，从而提出建立和完善粮食分配和流通体制是降低省际间粮食产量差异的关键。龙方、曾福生（2007）指出为了协调粮食产区与销区的利益关系，保障我国粮食安全，必须完善政府的宏观调控，健全市场机制，明确主销区的责任，提高农民的市场竞争地位。

二 有关粮食流通中政府管制的研究

粮食是关系国计民生的基础性战略物资，粮食安全是世界各国政府和社会追求的目标，因此，无论是发达国家还是发展中国家，都存在不同形式的、不同程度的政府管制（陶昌盛，2004）。国外有关粮食流通中政府管制的文献非常丰富：Johnson（1977）深入分析了政府在对粮食市场实行过度管制后若不给予生产者、粮商足够的补偿将会造成严重的危害；Ulrich（1987）以加拿大小麦生产为例研究得出政府对农业的管制会在一定程度上阻碍农业科技的推广与运用；Cramer（1993）运用 STPA 模型分析了影响世界大米市场贸易自由化的因素，并研究了大米进口国的粮食市场政策对其他国家大米生产和消费市场的影响；Otsuka（1985）通过局部均衡模型研究指出日本政府的管制大米播种面积、大米销售价格、限制大米进口等政策是有利于保护国内生产者利益的。针对政府管制的作用也有不同结论提出：Hosoe 运用一般均衡模型分析日本 1993 年粮食歉收时政府采取的政策管制的影响后发现政府的稻谷价格管制并未对国内大米生产、消费及价格的稳定和农民收入的增加产生积极作用，相反地，这种政策管制在稻谷歉收年份紧急进口大米极大地提升了国际市场大米的价格，给主要的大米出口国带来了丰厚的利润，对国内大米市场则有极强的反作用（Hosoe，2004）。

国内在政策管制方面的研究也颇为丰富，比较有代表性的是：柯炳生（1998）、宋则等（1998）、廖丹清（2000）、王德文等（2001）等着重针对我国粮食流通改革思路和政策展开了细致研究；仰炬（2008）研究了世界经济一体化背景下我国粮食市场政府管制的有效性问题，提出国内外市场不存在长期均衡关系是政府市场管制有效性的前提的命题。朱治国指出产区粮食企业库存居高不下的根本原因是分割的管理体制使粮食生产与流通脱节、内贸与外贸脱节而形成的粮食质次价高。我国目前农业生产、加工、流通、对外贸易管理脱节，地方封锁，行业和部门分割，市场运行秩序和交易行为不规范，在很大程度上制约了我国农产品在国际市场上的竞争力。按照WTO框架下《农业协议》要求，粮食政策对生产、流通和贸易的干预方式应该由直接的干预转变为间接的干预，主要是转向利用绿箱政策和黄箱政策来支持国内粮食生产的发展（王德文，黄季焜，2001）。

三 粮食流通典型性研究

国内外有关粮食流通典型性研究的文献多从粮食物流角度出发，总结已有研究结论，我国地方性粮食物流建设存在的问题主要有：粮食物流中心布局和选址有待改进；粮食物流资源如仓储、加工、运输等环节衔接配套不够；粮食流通成本高；粮食物流检测标准化程度及信息化水平较低等。

总之，我国粮食流通存在的问题主要体现在粮食产销利益协调不当、区域间粮食供需存在差异、粮食价格形成机制未实现高度市场化、政府管制措施有待改进等方面。针对这些问题，各位学者提出了建议：合理布局、建设粮食流通基础设施（王焰，1997）；继续发挥国有粮食购销企业的主渠道作用，建立规范的粮食交易市场（马进晓，2001）；充分发挥市场作用，促进粮食流通，包括培育多元化的市场主体、完善批发市场和现货市场、加强粮食期货市场建设、充分利用电子商务、粮食主产区与主销区建立长期稳定的粮食产销协作关系、完善粮食储备体系、加强国家宏观调控（邹凤羽，2005）；加强宏观调控，增强市场监控能力，确保粮食流通良好的市场秩序（唐建华，2006）；健全和完善全面开放的市场价格体系（邵立民，2007）。

第二节 国内粮食流通市场体系构建研究动态

充分发挥市场机制配置食物资源的基础作用，是确保我国食物安全的关键（丁声俊，2004）。从市场经济规律和我国国情相结合的原则出发，发展现代粮食市场流通体系，一要培育成熟的市场主体，包括国有粮食和食品企业、新兴的农业和食品产业化经营企业及广大农业生产者农民在内的各类市场主体；二要建立健全规范的市场秩序；三要建立完备的市场信用管理；四要健全结构完整的市场体系。农产品市场体系健全与否将直接影响农产品流通效率，建立健全农产品市场体系是提高农产品流通效率的重要途径（柯炳生，2003）。贺庆祝、王明哲（2005）提出构建粮食现代物流体系可以从粮食销售体系、粮食综合网络体系、粮食供应链体系等方面开展。

从粮食市场主体角度出发，我国粮食流通市场体系建设存在的问题主要体现在：

一　粮食生产者

我国农产品流通领域合作组织覆盖面小、发展不规范，市场作用没有得到充分体现（潘劲，2001），由此导致的我国农户组织化程度过低，是形成我国农产品过剩、卖难问题的深层次原因（刘召勇，冯先志等，1998）。销售组织化程度低造成农产品流通效率低下（李晓波，2004），客观上强调了粮食经纪人在粮食初级购销市场的重要地位。因此，在农产品流通环节建立高效率的流通合作组织是解决农产品流通困境的有效途径（陈阿兴，岳中刚，2003；习小林，2006）。

二　粮食市场购销体系

只有采取多元化的流通渠道战略才能有效提高农产品流通效率，才能发现真实的市场价格（石磊，2005）。农产品经营者的素质、交易方式、价格形成体系以及市场营销组织的健全程度直接决定了农产品市场营销效率的高低（崔晓文，1996）。要保证粮食供应畅销机制的有效运转，必须加快建立健全协调统一开放有序期货市场与现货市场有机结合的多层次粮食市场体系（王征等，2005）。纵观国际市场，发展粮食期货市场是发展粮食生产，稳定粮食价格，促进粮食安全的重要手段。期货市场的套期保值和价格发现的基本功能为宏观调控提供指针，并通过实物交割、吞吐轮换国家储备粮规避可能出现的市场风险（张雷宝，2002）。我国农产品期货市场交易品种少、交易不规范，没有发挥出其应有的作用，不能给现货市场以应有的支持（王秀杰，1999；荆林波，1999；张雷宝，2002）。刘爱军（2007）从企业角度研究农产品物流，提出我国要加强农产品物流创新，促进农业产业化龙头企业和连锁超市农产品物流发展，加快第三方物流发展，同时培育市场中介组织。王杜春（2007）指出营销型农业龙头企业对农产品流通具有极强的带动作用，并从营销型农业企业的内涵、特征出发，提出了营销型农业企业的判别方法，评价指标体系，评价方法以及发展对策。国有粮食企业是解决我国粮食问题的主力军，而政企不分仍旧是横亘在国企面前的最大绊脚石，因此要积极开动思维，从多方面、多角度去解决，并且要做好打持久战的心里准备（冀名峰，2001）。王静（2004）、范爱荣（2004）研究指出可以通过企业的横向和纵向协调来提高产品的流通效率（Amjiad Hadjikhani、Peter Thilenius，2005）。在企业的相互协调中，为了降低协调成本，必须有核心企业来支撑，企业化的批发市场是较好的选择（邓俊森，戴蓬军，2006）。李泽华（2003）指出粮食批发市场是我国粮食流通的枢纽，其发展重点在于建设区域性和全国性的粮食批发市场建设，形成企业化、专业化、外向型的市场格局，并辅之以一定数量的拍卖市场与公司制企业。同时，还需建立配套的服务设施，如商品检测体系、物流配送体系、加工服务体系、信息服务体系等，其中物流配送体系和信息服务体系是重中之重（王亚坤，王杜春，2008）。以上以农产品批发市场为核心的协同服务体系有利于提升农产品批发市场的功能，提高农产品流通的组织化程度，推动农产品流通的变革（邓若鸿等，2006）。

三 粮食市场体系构建中的制度建设

农产品流通效率增长受到信息、市场运销、产业组织和交易制度等多方面因素的影响（李春海，2005）。我国的农产品流通渠道缺乏稳定性（张闯，夏春玉，2005）、农产品产地市场发展数量不足、发展不平衡、配套服务落后、基础设施落后、信息化程度不高（胥爱贵，2002）都在很大程度上制约了我国农产品流通效率的提高。而粮食现代物流体系应由完善配套的流通基础设施、科学规范的管理方法、高效合理的运作方式和及时准确的信息服务所组成，是将现代科学技术和先进的管理手段应用到粮食流通的各个环节，优化粮食物流、商业流、资金流、信息流，共同构成一个协调高效低耗的粮食流通体系（刘遂宪，2008）。农产品流通体制改革是否成功，取决于农产品市场制度的完善程度（李炳坤，1999），因为加强农产品流通体系的制度建设，可以提高农产品流通效率（柯炳生，

2003），而制度建设应该贯穿于市场体系的每个环节，如农产品流通中介组织功能的发挥要以制度为基础，法制方面的建设是农产品流通健康发展的重要保障（汪凤贵，2005）；农产品批发市场作为连接农户与市场的桥梁，也应加强其制度建设（祝合良，2004；曹利群，2001；汪凤贵，2000）。同时，农产品市场体系制度建设应遵循正式制度与非正式制度改进相结合（虢佳花，2007），以渐进性市场诱导为主、政府强制性创新为辅（郭丽华，张明玉，2007）的原则。农产品流通组织制度的效率高低取决于组织的产权结构以及对成员"努力"与"报酬"的计量能力（罗必良，2000），因此，协调活动包括完全的整合体系（所有权整合）及各种契约协议，所有的协调活动旨在促进产业中参与者的竞争地位（Kiiebenstein and Lawrence，1995）。

第三节 粮食供应链效率研究进展

一 农产品供应链

农产品供应链主要是指围绕一个核心企业，对农产品从生产到消费过程中的各个环节所涉及的物流、资金流、信息流进行整合，将生产商、分销商、批发商和零售商等各方链接成一个具有整体功能的网络（李晓锦，2007）。虽然有研究认为农产品的自然属性和其特殊的市场需求会促使原有农产品链条重新整合，最终提高整个农产品供应链的效率和价值（Den Quded et al，1996），但是更多的研究结果显示农产品供应链上下游的合作对于提高市场的流通效率会更为有效（Andrew Fearne，David Hughes，1999）。Boehlje 和 Sehrader（1988）、Aeam Lindgreen（2003）提出将食品链的管理重点放在供应商、生产商以及加工商之间的关系协调方面较更能提高整体的效率。不断完善供应链的约束机制和利益分配机制或供应链的重新整合能促进供应链组织的发展并提高整个链条的效率（谭涛，朱毅华，2004）。在不确定市场条件下，供应链上游企业对下游企业的灵活性一定程度上决定于企业对供应商的关系管理机制（Borger，2005）。从交易成本角度，Frank、Henderson（1992）通过计算垂直协作指数考察交易成本对美国食品加工业垂直协作程度的影响，验证了交易成本是食品产业垂直协作方式决定因素的观点。Hobbs（1996）运用计量模型实证分析肉牛生产行业中交易成本对垂直协作的影响，因为交易成本不像生产成本那样容易从其他管理成本中分离出来,故交易成本对垂直协作影响的实证分析十分有限。Gaucher(2003)以糖业为例,从提高供应农产品供应链的效率出发,认为农产品供应链内的各节点应构建新的协作方式。任迎伟(2005)研究了在农产品供应链中小型生产组织改善其弱势地位的对策。郭丽华、张明玉(2006)认为可以通过构建农产品供应链利润的形成与分配模型,来强化农产品供应链上非可控领域的协调机制,建立内外在机制相结合的供应链改善模式。采用垂直的一体化发展战略的原因是为了进一步节省生产成本和交易费用。江波(2008)提出完善的农产品供应链内各参与者的协作,其主体不仅仅是农户与消费终端,更重要的是包括大量的农产品加工企业,它与上下游企业之间的协作对农产品供应链的建立于完善将起到决定性的作用。刘秀玲(2005)研究提出提高农户的组织化程度、协调主体多元化、优化激励措施、构筑合作伙伴关系等协调策略是解决我国农业产业化经营中农产品原料供应链的协调障碍的根本途径。

二 粮食企业供应链研究

供应链理论应用于粮食流通时间尚短,理论界对粮食供应链还没有统一的界定。洪岚等(2005)认为粮食供应链有广义与狭义之分,狭义的粮食供应链是指粮食企业与其供应商、分销商、物流服务提供商建立最佳合作伙伴关系,在粮食产品到达最终用户的过程中,积极建设以粮食产品的物流为中心的一条供应链。崔晓迪等(2005)将粮食供应链定义为围绕粮食核心企业,通过对产业的物流、信息流和资金流的控制,将粮食及其产品生产和流通中涉及的农户、粮食收储中心、粮食加工企业、粮食配送中心、零售商以及最终消费者连成一体的功能网络结构模式。王常伟(2006)提出粮食供应链是以粮食大企业为核心的,基于对上下游资源整合的网链结构及业务流程,包括有形物流、无形价值流及信息流、资金流等。

国外供应链理论运用于粮食流通的研究较多,但大多将粮食企业归入农业或食品行业领域,或是单独对粮食大企业进行典型性研究。比较有代表性的是:Barkemas从消费者需求变化的角度强调粮食行业需要通过纵向合作快速了解顾客需求化,并发现契约和整合使顾客需求沿着链条上溯向粮食生产者传递的能力得到增强;Alan McKinnon(2003)对英国食品供应链运输效率进行了分析;Boehlje和Schraders主张将粮食供应链的研究重点由市场转移到链条的纵向协调上来，例如研究链条中纵向整合的限制因素，以及实施整合的主体等（张波，2007）；哥伦比亚大学的W. D. Heffernan（1990）以三大国际农业粮食企业 ADM、RGILL、CONAGRA 的集中度、实力为研究对象，指出三大粮食集团对农民和食品行业带来了深远影响，在此基础上还进一步研究了当前全球粮食食品行业的发展趋势；Lidia Norlina 和 Williame Bailey 研究了俄罗斯粮食行业供应链中的平衡与评价问题，指出粮食大企业在供应链体系中占据重要地位；Bing Li（1986）通过研究 20 世纪 90 年代以来南北美洲大豆加工企业的发展，得出粮食大企业应该加紧全球化战略的结论；Spencer Henson et al（1995）研究了粮食政策和粮食供应链，指出政治体制、政策性质、利益集团和它们的相对优势决定共同决定粮食系统决策过程。

近年来我国对粮食企业管理及发展的研究正在不断增多，但以国有粮食企业改革方面的研究居多。王常伟（2006）通过典型性研究得出基于供应链的粮食大企业发展是符合理论要求与优秀粮食大企业现实经验的科学发展方式。朱传福（2008）从供应链整合角度研究我国粮食流通，指出我国粮食行业经营竞争异常激烈，且大多企业盈利能力微薄，市场资源闲置浪费严重，粮食企业要发展必须走供应链整合的道路。吴志华（2007）研究发现在我国粮食总量基本平衡的情况下粮食供求关系仍然存在脱节，2003 年和 2006 年粮食涨价出现的粮食牛鞭效应不同于一般时期的牛鞭效应，并把这种较严重的粮食牛鞭效应定义为粮食超牛鞭效应。赵攀英（2010）通过分析黑龙江粮农余粮销售情况，发现粮食价格上涨时农民没有得到合理的利润比例，严重影响了农民的种粮积极性，提出通过供应链协作定价集成方法改变粮食生产者的劣势地位，以提高供应链长期竞争优势。冷志杰（2005）以黑龙江垦区粮食供应链为研究对象，运用四维网络模型研究了集成化大宗农产品供应链优化模型及其应用，提出了包括生产商的优化生产模式、供应商折扣定价策略和政府有效集成策略等的大宗农产品供应链的研究框架。李仁良等（2009）指出各相关方的利益协调对整个粮食产业链有重要影响，并从利益协调机制的构成入手，探讨了江西省粮食产业化中的利益分配模式和利益协调管理策略。孙宏岭、高詹（2007）提出供应链节点企业之间的链接和合作是粮食供应链管理的关键。与此同时，有研究指出我国粮食物流和供应链建设存在基础设施建设不足、法规不完善、粮食供应链节点分散等问题，政府应在政策、规划和投资方面发挥主导作用，在资源配置、资金投入和人才建设等方面积极实行市场化政策，同时要注意防止粮食流通中政府和市场双失灵（杜文龙，2006）。高莹（2008）以黑龙江垦区粮食供应链物流体系为对象，运用层次分析法分析得出制约粮食物流发展的关键因素包括储、运、包、加技术、基础设施建设、信息化水平、资源整合程度，提出应在政府、企业和研究机构相互协作的背景下组建以加工企业为核心的供应链、培育第三方物流企业成为核心企业，以提高黑龙江垦区粮食供应链的竞争力。

第四节 本章小结

（1）近年来，我国有关粮食流通的研究逐渐增多，研究的视角主要集中在粮食流通体制改革、政策演变以及国有粮食企业改革等宏观政策层面，相对的，研究企业绩效提升及行业供应链效率提升的文献较少，且多为定性分析，与国外研究成果形成鲜明对比。本书采用理论推导和实证研究相结合的方法研究粮食流通企业的交易效率和经营效率，在研究视角和研究方法上有一定新意。

（2）国内现有研究粮食流通企业的文献多以国有粮食企业为研究对象，以私营粮食企业为对象的定量研究极少。本书以粮食流通市场中国有粮食企业和私营粮食企业为研究对象，从市场经济角度探寻协调各市场主体利益的途径，以顺畅粮食流通、保护国家粮食安全。在研究内容和研究对象上有一定新意，并提出了不同见解。

第四章　我国粮食流通市场存在的问题

粮食安全一直是党和政府关注的热点，连续七个"一号文件"均以提升粮食综合生产能力、保护粮农生产积极性、稳定粮食生产为核心任务。"十一五"期间我国粮食产量以年均2.3%的速度递增，成为"八五"以来增速最快的时期。与此同时，粮食安全保护的重心由之前的总量供需安全转为依托流通的区域供需安全，顺畅粮食流通业逐渐成为粮食安全保护的关键。但是，2008年国际粮食危机背景下我国东北粮食主产区出现的"卖粮难"现象、2010年出现的产销区粮食差价不断扩大等问题都不同程度地预示着我国粮食在产销区之间的流通并不顺畅，现行的粮食流通市场体系不利于保护农户和消费者利益。基于此种现象，本章从粮食供应链利益主体这一微观视角出发，审视我国粮食流通体制化进程及粮食流通市场存在的问题。

第一节　我国粮食市场购销主体发育的历史分析

从1949年新中国成立以来，我国粮食市场大致经历了四个阶段的巨大转变（见表4-1），其中十一届三中全会确立的粮食流通体制改革开启了粮食流通市场化改革的新纪元。30余年来，我国粮食流通体制经历多次变革和调整，得到了不断完善、市场化进程亦不断加快，与粮食流通体制改革相伴的是市场中利益主体的转变，主要体现为粮食购销市场主体的演进。

表4-1　　　新中国成立以来我国粮食流通主体发展阶段划分[1]

阶段	时期（年）	体制改革内容	流通主体
新中国成立之初的粮食自由购销阶段	1949—1952	多种经济成分并存 制定粮食挂牌收购价格	个体、国营粮食商业（主导地位逐渐体现）、私营粮商（作用重大）
粮食统购统销阶段	1953—1978	对粮食流通实行统购统销政策	国营粮食购销企业、供销合作社（私营粮商作为国有购销机构的附属存在）
合同定购、市场收购和价格双轨制时期	1979—1984	计划调节向计划与市场调节相结合过渡	国有粮食购销企业、供销社、粮食批发市场、私营粮商等（前两者依然处于主导地位，但垄断地位不断萎缩）
	1985—1990	取消粮食统购制度，实行合同定购与市场收购并存，粮食价格"双轨制"形成	
	1991—1993	改"合同定购"为"国家定购"（90秋），"保量放价"政策出台（93），粮食保护价制度确立（93），粮食价格进入由市场供求关系决定阶段	
粮食流通体制市场化改革探索期	1994—1997	回归双轨制，粮食经营实行政策性和商业性业务分离，明确"米袋子"省长负责制	国有粮食购销企业、供销社、粮食批发市场、私营粮商等（前两者处于主导地位，垄断地位进一步萎缩）
	1998—2003	以"四分开、一完善"为原则，"三项政策、一项改革"为工作重点的粮食购销市场化改革。保护价收购的范围逐步缩小、价格水平逐步调低	
粮食流通体制深化改革时期	2004年至今	实行"放开收购市场，直接补贴粮农，转换企业机制，维护市场秩序，加强宏观调控"的政策，最低收购价制度确立并不断发展	鼓励多种所有制市场主体从事粮食经营活动，继续发挥国有粮食企业的市场主渠道作用

---

[1] 本表中阶段划分主要参考：刘颖《市场化形势下我国粮食流通体制改革研究》（博士学位论文），华中农业大学，2006。

一 新中国成立之初的粮食自由购销阶段（1949—1952年）

新中国成立之初，粮食市场中多种收购主体并存，实行自由贸易，私营粮商占据重要地位，但是，从该阶段施行的粮食收购政策已经能够看出政府已经注意到发挥国有粮食商业（国有粮食购销企业、供销社）在粮食收购中的主导地位。到1952年，我国粮食收购量为3903万吨，其中供销社和国营购销企业收购的粮食有3101万吨，差额部分由私营粮商收购。新中国成立之初的粮食供需紧张需要私营粮商的存在以活跃粮食流通，这从此阶段内国内四次物价上涨可以看出。农民在完成公粮任务后，可以在市场上自由出售剩余的粮食，出售对象包括私营粮商、消费者等。

粮食市场购销主体：国营购销企业、供销社、私营粮商等。其中国营粮食购销企业在政府相关政策的支持下不断壮大，主导作用逐渐凸显。同时，从活跃粮食流通考虑出发，国家鼓励私营粮商参与粮食收购，以活跃粮食流通，但是，其经营行为受到了一定程度的限制。

二 粮食统购统销阶段（1953—1978年）

经历了1949年10月到1950年3月5个月内的4次物价上涨，国家为稳定市场粮价付出了巨大的代价。随着国家进行大规模经济建设，对商品粮的需求日益增长，国内粮食供需矛盾凸显，为了顺利征用农民的余粮，国家决定从1953年开始在全国范围内有计划、有步骤地实行粮食计划收购和计划供应，即粮食统购统销政策。"统购"是指生产粮食的农民应按照国家规定的收购粮种、收购价格和计划收购的分配数量将余粮售给国家。此阶段，所有私营粮商、加工厂一律不准经营粮食或加工粮食，农民手中的余粮除储存和自己使用外只能卖给国家粮食部门、合作社，或是在国家设立的粮食市场进行交易。实质上是否定了粮食作为商品的自然属性，粮食的商品属性没有得到充分发挥，极大地限制了粮食的正常流通。粮食价格由政府制定，交易价格已经不能正常反映市场供求关系。历史上几次调整统购价格，都是在粮食价格已经十分不合理的情况下才采取的补救措施（罗守全，2006）。该阶段内，长期实行粮食购销价格倒挂，使得政府的财政负担越来越重。

表4-2　　　　　　1957—1978年我国粮食收购量统计　　　　（单位：万吨）

年 份	粮食收购量	国营粮食企业和供销合作社粮食收购量
1957	4544	4544
1962	3242	3218
1965	3922	3922
1970	4649	4649
1975	5262	5262
1978	5072.5	5072.5

数据来源：中国农村统计年鉴1985，1989；中国统计年鉴1981。

如表4-2所示，这一阶段内全国销售的粮食几乎全部被国营粮食企业和供销合作社收购，即全部控制在政府手中。1962年，表中数据存在24万吨的差额，这主要是由于受三年自然灾害的影响，全国陷入食物危机，政府不得不在1962年9月允许国家粮食收购部门和农民在当地市场交换余粮。

粮食购销市场主体：主要是国营粮食购销企业和供销合作社，私营粮商作为国有机构的附属存在，帮助执行国家制定的某些业务，如加工和零售等（马凤才，2008）。

三　合同定购、市场收购和价格双轨制时期（1979—1993年）

1978年家庭联产承包责任制的实施使得我国粮食生产得到空前发展，粮食生产的激励问题得到有效解决。随后，粮食流通政策发生一系列深刻变化。1979—1993年我国粮食流通体制改革实际上经历了三个阶段：1979—1984年的由计划调节向计划与市场调节相结合的过渡阶段；1985—1990年的合同定购与市场收购并存、统购统销制度解体、粮食价格"双轨制"确立阶段；1991—1993年的"保量放价"政策出台，粮食保护价制度确立，粮食价格进入由市场供求关系决定阶段。

表4-3　　　　　　1980—1992年我国粮食收购量统计　　　　（单位：万吨）

年 份	全国粮食收购量	农民对非农居民零售量	国营及供销社收购量
1980	6129	310	5707
1981	6845.5	360	6323.5

续表

年 份	全国粮食收购量	农民对非农居民零售量	国营及供销社收购量
1982	7805.5	425	7208.5
1983	10248.5	450	9673.5
1984	11724.5	475	1074.8
1985	10762.8	550	9061.6
1986	11516.2	630	9614.8
1987	12092	661	10202
1988	11995.3	672	10201
1989	12138.1	618	10381
1990	13995	604	12256.4
1991	13635.5	710	11627.5
1992	13246.4	802	11146.1

1979年之后，政府正式允许农民在自由市场上出售粮食产品，私营粮商也被获准进入粮食市场。随后五年时间里，我国粮食自由市场迅速发展，粮食经营量由410万吨增加到840万吨（谭向勇等，2001）。从表4-3中可以看出，1980—1992年这段时间，国营及供销社在粮食收购中仍然处于主导地位，但是不再处于绝对垄断地位。另一方面，非国有收购的粮食数量不断增长，这一部分粮食在1992年已经达到1980年的4.98倍，说明国营及供销社的垄断地位正在萎缩。同时，为促进国内粮食区域间的整合，政府建立了四个全国性的稻谷批发市场。

1979—1993年是我国粮食流通体制改革的重要转折期，改革的核心是将市场机制引入粮食购销市场，打破了统购统销僵化的体制，是政府恢复市场经济运行的信号。市场购销主体再一次丰富起来，包括国营粮食购销企业、供销社、粮食批发市场、私营粮商等，甚至出现了生产者将粮食直接出售给消费者这一新的形式，市场主体之间的联系更加丰富、复杂。

四 粮食流通体制市场化改革探索期（1993—2003年）

1993年到2003年是我国粮食市场化改革的探索期，经历了一系列重大改革：1993年建立粮食风险基金；1994年出台"保量放价"政策；1994年6月起回归粮价双轨制运行；1995年2月实行"米袋子"省长负责制；1996年确定订购价收购；1997年按保护价敞开收购农民余粮；1998年的"三项政策、一项改革"[①]；2000—2003年放开销区、保护产区、省长负责制、加强调控等。

1998年出台的粮食流通体制改革的目的在于通过市场化改革减轻政府的财政压力，市场化改革的重点对象是国有粮食企业。1996年，国有粮食企业新增亏损挂账197亿元，1997年新增挂账猛增至480亿元，1998年一季度就新增了270亿元，增势迅猛。据审计部门披露，到1998年3月底，粮食收购贷款余额5431亿元，而粮食库存只有3291亿元，亏损挂帐和挤占挪用加起来是2140亿元（李成贵，2005）。《国务院关于进一步深化粮食流通体制改革的决定》（国发［1998］15号）指出国有粮食企业改革已经到了非改不可、不改不行、刻不容缓的时候。从1998—2003年，粮食保护价政策的价格水平逐步下调，实施范围逐步缩小，部分地区还规定了保护价收购量的上限。与此同时，国有粮食企业保护价粮食收购量逐步缩小，企业按市场价收购的粮食则不断增加。到2003年底，全国已有18个省（自治区、直辖市）完全放开了粮食购销市场，其他地区也在一定程度上实施了粮食购销市场化改革。

这一阶段粮食市场主体的种类基本没有什么变化，但是市场化程度较前一阶段有了明显的提高。冀名峰对2001年全国排名前40名的稻谷大县的稻谷产量在全国稻谷产量中所占比重进行分析，得出我国大米市场在2001年已经成为充分竞争的市场的结论（冀名峰，2003）。说明这一阶段市场主体之间的竞争关系更加透明、公平，主要体现为私营粮商的经营实力得到了扩充。

五 粮食流通体制深化改革时期（2004年至今）

2004年是我国粮食流通体制市场化改革的又一个重大转折点，当年5月国家出台了《国务院关于进一步深化粮食流通体制改革的意见》，要求从2004年全面放开粮食收购市场和粮食价格，实现粮食购销市场化和市场主体多元化的目标，实行"放开收购市场，直接补贴粮农，转换企业

[①] "三项政策，一项改革"是指按照保护价敞开收购粮食余粮、粮食企业实行顺价销售、粮食收购实行封闭运行三项政策，一项改革是指国有粮食企业自身改革。实际上，按照保护价收购的政策在1993年就出现了，当年粮食产量达到9130亿斤，粮食价格开始下跌，为保护农民种粮积极性，国家制定了保护价政策，但是实施范围仅限于国家订购和专项储备的粮食。

机制，维护市场秩序，加强宏观调控"的政策。在粮食收购政策上，坚持市场机制在粮食价格形成中的基础作用；鼓励多种形式的所有制收购主体参与市场粮食收购；根据需要在部分地区对部分粮食实行最低价收购政策。该《意见》的出台标志着粮食全面市场化改革进入快速发展时期。

该阶段粮食购销市场主体的一个最为重大的特点就是"粮食经纪人"的地位得到了法律认可，成为购销市场的重要成员。到2010年，粮食经纪人已经成为市场中不可或缺的一环，根据笔者在湖北省的调研，几乎99%的粮农将手中的粮食卖给粮食经纪人，再由粮食经纪人转卖给加工厂、私营粮商或粮食储备库等。一方面是由于国家粮食收购站不再向农民收粮，另一方面在于粮食经纪人的经营方式更为灵活、符合粮农售粮的实际需要。

粮食购销市场利益主体：主要包括粮食生产者、粮食经纪人、粮食运输户、粮食加工企业、粮贸公司、地方粮库、国有粮食购销企业、粮食批发市场、超市、粮油经销店、消费者等。

第二节 现阶段我国粮食流通市场存在的问题

如上节所述，现阶段我国粮食流通市场中的利益主体已经呈现多元化特点，包括粮食生产者、粮食经纪人、粮食运输户、粮食加工企业、粮贸公司、地方粮库、国有粮食购销企业、粮食批发市场、超市、粮油经销店、消费者等。为便于分析，本节首先对以上主体按属性进行分类（见图4-1）。

图4-1中上半部虚线框部分为市场中粮食流程简图，其中粮食在"生产者——消费者"之间的直接流通只占粮食总交易量的很少部分，且多存在于粮食主产区，这种形式的大宗粮食交易在我国目前尚不存在（台湾地区近年已经出现这种粮食的直销形式）；虚线以外部分为市场主体的分类。从图中可以看出，私营粮食企业的经营范围已经渗入粮食市场的各个环节，成为粮食流通市场的主要组成部分。相对的，国有粮食企业的经营范围相较于粮食流通体制改革前期则正在逐渐缩小。需要说明的是：①国有粮食企业多以大型粮食企业存在，以中粮集团为例，其业务涉及粮食流通的全过程，并形成了较为完整的产业链，旗下包括中粮粮油、中国粮油、中国食品、中国畜牧、中粮海南、中粮肉食、中粮屯河、中粮

包装、蒙牛乳业等。因此，多数情况下，一个大型的国有粮食企业就包含了粮食加工企业、粮贸公司、粮食购销企业等可能涵盖的所有业务。②图中的"粮库"与企业因业务发展需要建设的粮库是有区别的。目前我国粮食储备库分为四级：国家级、省级、地市级、县级。民间也存在一部分私有粮库，以仓储设备出租为主营业务。③近年来，我国粮食批发市场发展十分迅速，粮食市场体系建设进一步强化。根据全国粮食市场体系建设和宏观调控的需要，国家粮食局在重点联系市场的基础上，又陆续批准组建福州、长春、银川、成都、南昌、太原、西安、通辽等8个国家粮食交易中心。截至2008年底，我国粮食交易中心达18家，全国各类粮食批发市场达553家，实现全国联网的批发市场23家（李经谋，2009）。④为便于后续研究，本节中未将市场中实际存在的各种形式的股份制粮食企业单独作为一个主体列出来，而是根据公司股份的分布直接将其归为国有粮食企业或私营粮食企业。

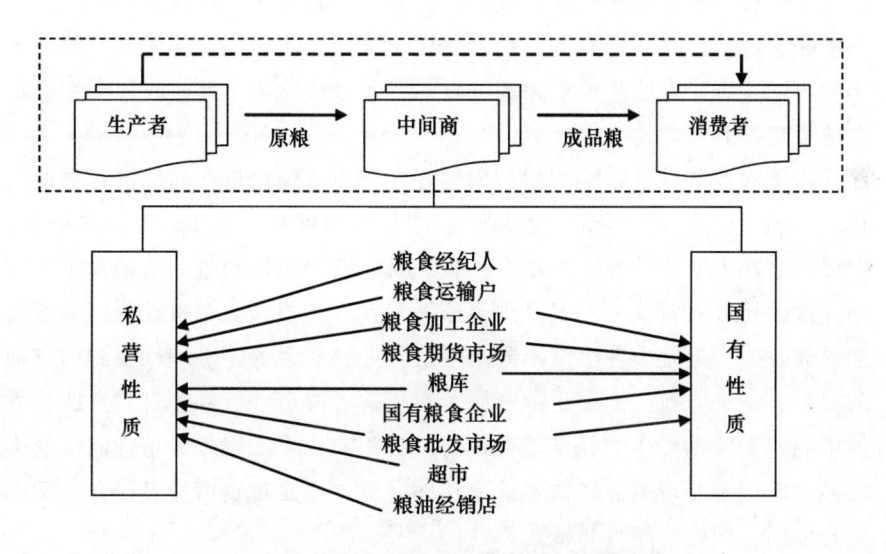

图4-1 粮食流程及市场主体分类简图

粮食生产者、中间商、消费者和政府（中央及各地政府）等行为主体将粮食生产、流通与储备连接起来，三大领域的协调以及粮食安全保护在很大程度上源于各主体之间的利益协调。各利益主体为了达到各自的利益最大化具有不同的行为特点，且联系紧密。理顺这些复杂的联系、挖其中的关键因素是提升整个粮食市场效率的切入点。其中，政府与消费者行为可以结合政府政策调控层次进行分析，因此，本节中有将政府政策部分单列出来进行分析。

一　从粮食市场各主体行为角度探析

（一）粮食生产领域主体经济行为

1. 粮食生产者的经济理性

20世纪50年代有经济学家提出传统农业社会的农民对经济刺激不能做出正确反应，其经济行为缺乏理性，因此认为农民的行为是"非理性"的，追求利益最大化的"经济人"假定是不适合农民的。基于这种理论的指导，许多发展中国家的经济发展陷入"李嘉图陷阱[①]"。西奥多·威廉·舒尔茨在1964年发表的《改造传统农业》中对"农民非经济人"观点进行了驳斥，他利用社会学家对危地马拉的帕那撒尔和印度的赛纳普尔这两个传统农业社会进行的详细调查得到的资料证明了传统农业中农民并不愚昧，他们对市场价格的变动能够做出迅速而正确的反应，并且通过多年的摸索实践使农业生产要素的配置达到了最优化。由此，农民理性经济人的假定得到了理论支撑。

传统农业条件下，粮农的行为偏好在于追求粮食生产的经济利益最大化。按照"经济人"假设，若粮食生产是有利可图的或比较效益显著的，农民自会加大生产性投入并尽力扩大规模以获得更多利益；若粮食生产利润微薄或比较效益低下，农民则会压缩粮食生产投入或调整经营方向以增加总体收入。但是农业生产不同于一般行业，农民的经济理性受到两方面的限制：一是农业生产受土地资源、水资源、季节、气候等自然资源要素的影响，即使粮食生产经济效益极显著，粮农也可能因外界条件的限制无法最大限度地实现其经济效益最大化的目标；二是粮食消费者存在一定的生理极限，因此，粮食是缺乏弹性的商品。

在现代农业阶段，农民在粮食生产中不像传统农业中那样处于绝对的被动地位。粮食生产受自然条件的约束可以在一定程度上通过新技术、新

[①] "李嘉图陷阱"也即"李嘉图定律"。李嘉图认为资本主义是最有利于生产力发展和社会发展的一种生产方式，但它却是和构成整个这一发展基础的工人群众的利益相矛盾并以牺牲后者的利益为代价的。也就是说，人类和动植物界一样，种族的发展是以牺牲个人利益来为自己开辟道路。不过他相信最终应该克服这种对抗，生产和社会的发展同每个人的发展相一致。

品种以及增加投入化解。另一方面,在人们生活达到小康水平之后,人均粮食直接消费量会下降,但是间接粮食消费量却迅速上升(王薇薇,王雅鹏,2008),最终粮食总需求是增加的。2008年的全球性粮食危机、2009年以来的我国多种农产品轮番价格上涨似乎也都在一定程度上预示着粮食供给弹性的变化(排除农产品炒作因素之后,粮食本身的价格弹性还是比较小的),特别是考虑到存在着土地等资源性要素没有得到充分有效利用的情况下,粮食生产供给有可能就不会缺乏价格弹性。但是,结合中国目前的国情,随着城市化进程的加速以及耕地有偿转租的实施,耕地已经成为制约粮食生产和供给的关键因素。因此,面对目前的粮食价格不断攀升,尽管粮农有扩大生产规模、追求利润最大化的行为选择,也会因为耕地资源稀缺、土地成本高最终导致粮食供给缺乏弹性[1]。

作为理性经济人,农民将根据利润率的高低调整农业生产结构,可以选择种植粮食作物,也可选择种植经济作物;销售粮食时,可以选择将粮食卖给国有粮食购销企业,也可将粮食出售给私营粮商。从理论上讲,理性的农民售粮时会尽可能抬高价格,以获得更多的生产者剩余,而现实中,农民没有定价权,大多只能被动地接受市场价格。粮食的需求和供给均缺乏弹性在一定程度上已经成为约束农民生产偏好和选择的一种制度安排。虽然这种约束不会对粮食的供求关系产生很大的影响,但是粮农作为理性经济人追求生产者剩余最大化的行为偏好以及售粮对象选择却会对粮食流通产生较深远的影响。

2. 粮食生产的发散型蛛网困境难以打破

我国农民进行生产决策时普遍遵循以下规律:粮食价格高涨、粮食市场行情见好时,粮农就加大粮食生产投入,扩大粮食播种面积;粮价低迷、种粮收益较低时,粮农就会选择降低生产投入、缩减粮食种植面积。蛛网模型是指在市场自发作用下农产品价格与产量偏离均衡状态以后的波动趋势,假定农产品的本期产量取决于前期价格。而粮食作为基本生活必需品,需求弹性极低,在市场机制作用下,其供给弹性又极大,理论上应该属于发散型蛛网:若上一年粮价上升,则下一年粮食产量大增;反之,若上一年粮价下降,则下一年粮食产量会减少。

---

[1] 此处针对的是中国粮农总体进行的分析,即总体而言,中国粮食的供给弹性较小,但是并不代表单个农户的粮食供给弹性较小。

本节用1991—2008年我国粮食收购价格环比指数反映粮食价格变动，用粮食播种面积环比指数表示农民生产粮食决策的变化，考察我国粮食价格与播种面积的变动是否符合发散型蛛网模型。根据蛛网模型衡量的指标，反映的是生产者根据 $t-1$ 期的价格决定 t 期商品产量的行为，其体现在我国粮农的生产决策中则可表示为是否根据上年粮食产品的价格变化决定下一年的粮食播种面积，反映在统计数据中就是上年粮食价格变动与下一年粮食播种面积变化之间是否存在因果关系。在指标选择上：一是用粮食市场收购价格变动率表示粮食产品价格的变化；二是用粮食播种面积变动率表示粮农生产决策，相较于选择"粮食产量"更好地剔除了因外界因素导致的粮食产量变动带来的误差。为了尽可能地剔除因行政因素导致的农民调整农业内部生产结构行为，本节选择1990年之后的18年数据进行研究，因为从我国粮食流通体制变革过程来看，有了1991—1993年的"保量放价"政策和粮食保护价制度的确立，粮食价格才进入由市场供求关系决定的阶段，即行政力量在农民生产决策中的作用相对弱化了。

表4-4　中国粮食收购价格与粮食播种面积变动情况（1991—2008年）

年份	粮食收购价格指数（上年=100）	收购价格比上年升降幅度（%）	粮食播种面积（千公顷）	粮食播种面积指数（上年=100）	播种面积比上年增减幅度（%）
1991	93.8	-6.2	112314	99.0	-1
1992	105.3	5.3	110560	98.4	-1.6
1993	116.7	16.7	110509	100	0
1994	146.6	46.6	109544	99.1	-0.9
1995	129	29.0	110060	100.5	0.5
1996	105.8	5.8	112548	102.3	2.3
1997	90.2	-9.8	112912	100.3	0.3
1998	96.7	-3.3	113787	100.8	0.8
1999	87.1	-12.9	113161	99.4	-0.6
2000	90.2	-9.8	108463	95.8	-4.2
2001	107.61	7.6	106080	97.8	-2.2
2002	96.16	-3.8	103891	97.9	-2.1
2003	104.48	4.5	99410	95.7	-4.3

续表

年份	粮食收购价格指数（上年=100）	收购价格比上年升降幅度（%）	粮食播种面积（千公顷）	粮食播种面积指数（上年=100）	播种面积比上年增减幅度（%）
2004	126.21	26.2	101606	102.2	2.2
2005	99.08	-0.9	104278	102.6	2.6
2006	102	2.0	104958	100.7	0.7
2007	110.26	10.3	105638	100.6	0.6
2008	109.6	9.6	106793	101.1	1.1

资料来源：第一栏和第三栏数字分别摘自《中国农产品价格调查年鉴》（2009）和《中国统计年鉴》（2009），（2）栏数字据（1）栏数字计算，（4）栏数字据（3）数字计算。

注：受数据获得限制，2001年及以后各年粮食收购价格指数实际为粮食生产价格指数。

表4-4展示了我国1991—2008年间粮食收购价格变动与粮食播种面积变动关系。不难看出，17个上下年度组合中，除1992—1993、1993—1994、1997—1998、2001—2002、2005—2006年这5个年度组合外，其余组合均符合如下规律：若上一年度粮食价格上升，下一年度粮食播种面积就扩大；若上一年度粮食价格下降，则下一年度粮食播种面积就缩减。即粮农生产决策行为符合发散型蛛网模型的假定。五个不符合该假定的年度组合有其特殊原因。1992—1993年度组合：1993年全国农作物总播种面积比上一年减少1266千公顷，而粮食播种面积与1992年持平，说明粮食播种面积相对量实际是增加的。1993—1994年度组合：1993年种粮收益低于生产水果和蔬菜，直接影响了1994年农民的生产决策。1997—1998年度组合：政府于1994年、1995年大幅提高粮食收购价格，种粮比较收益显著提升，其后续影响扩展至1998年，致使即使1997年市场粮价下降了，1998年全国粮食播种面积仍出现了增加，因此，从更宽的范围来看，该年度事实上也是符合发散型蛛网模型的假定的。2001—2002年度组合：从2001年起，农业生产资料价格出现超水平上涨，且上涨幅度高于2001年粮食市场价格的上涨，超出粮农预期，最终导致2002年粮食播种面积下降。2005—2006年度组合：该年度组合出现上年粮食收购价格下降，而次年粮食播种面积增加的情况，主要源于2004年国家的全面取消农业税政策及各种补贴政策的实施，极大地刺激了农民的种粮积极性，惠农政策的实施实质上是扩大了农民的利润空间，其作用等同于粮食收购价格的

提高，因此该年度组合也是符合蛛网模型的假设的。

根据以上分析，1991—2008年17个年度组合均是符合传统蛛网模型关于生产者价格预期行为及商品生产决策行为的假定的。为进一步判定粮食收购价格变动与农民生产决策之间的关系，本书对1991—2008年我国粮食收购价格指数与粮食播种面积进行格兰杰因果检验。

Granger因果关系检验的基本思想是：假定变量X的变化是变量Y发生的原因，则变量X的变化应时间上先于变量Y，而且变量X在预测变量Y具有显著性，即在预测Y的回归模型中，引入变量X的过去观测值作为独立变量应该在统计上显著地增加模型的解释能力；并且，变量Y预测变量X在统计上不显著。其检验模型为：$y_t = c + \sum_{i=1}^{p} \alpha_i y_{t-i} + \sum_{j=1}^{q} \beta_j x_{t-j} + \varepsilon_t$。

检验零假设为：X是Y的非Granger因，即$H_0: \beta_1 = \beta_2 = \cdots = \beta_q = 0$。由于Granger因果关系检验对滞后阶数非常敏感，通常可以依次多滞后几阶，考察结果是否具有同一性。

表4-5　粮食收购价格变动是否显著影响粮食播种面积检验表

因果关系假定	Lags	F-Statistic	Probability	检验结果（5%）
粮食收购价格变动不是播种面积变动的Granger原因	1	5.06904	0.04094	不接受
	2	1.56195	0.25288	接受
	3	3.40334	0.07371	接受
	4	3.58868	0.09681	接受

表4-6　粮食播种面积是否显著影响粮食收购价格变动检验表

因果关系假定	Lags	F-Statistic	Probability	检验结果（5%）
粮食播种面积变动不是粮食收购价格变动的Granger原因	1	0.45916	0.50906	接受
	2	1.15804	0.34961	接受
	3	1.15464	0.38491	接受
	4	113.233	4.3E-05	接受

表4-5、表4-6结果显示：在5%的显著水平下，粮食收购价格变动是次年粮食播种面积的Granger原因，且是单向Granger原因。进一步验证了我国粮食收购价格指数对次年我国粮食播种面积的引导作用是显著

的，即我国粮农的生产决策行为符合发散型蛛网模型的假定。

中国农民的分散性、规模小、组织化程度低以及获取市场信息不充分，导致农户之间的博弈属于信息不完全的动态博弈，无法达到纳什均衡。应该通过政府引导、农民组织提高粮农获取信息、参与市场公平竞争的能力，使得农民的生产决策尽可能的靠近纳什均衡：市场行情好转时，粮农适当扩大生产规模，以期尽可能的增加生产收益；市场行情恶化时，适当缩小生产规模，以尽可能的减少生产损失。

(3) 农民的售粮决策易导致粮食生产与市场需求脱节

作为理性经济人，粮农的售粮行为与一般商品市场中商品供给方的行为相一致，主要取决于以下三个方面：一是粮食市场价格变动；二是农民对未来粮食价格的预期；三是农民手中的资金流充裕程度。以上三方面共同形成粮农售粮决策的依据，根据不同的市场情势可分为以下几种情况：第一，若市场供求大体均衡、粮食价格稳定，农民售粮可获收入与预期相差不大且农民预期未来市场粮价变动可能性较小，则会出售全部剩余粮食（扣除口粮、饲料用量和种子用量），粮食生产供给为现货市场供给；第二，若市场中粮食供给大于需求，粮食价格逐步走低，或者农民售粮所获收益低于原来预期，则农民的售粮行为将取决于农民对未来粮价预期：如果预期是悲观的，将抛售所有剩余粮食；如果预期是乐观的，将出现"惜售"情况；第三，若市场粮食供给小于需求，粮食价格逐渐走高，农民将根据现有信息对未来价格走势进行判断：若预期是悲观的，将抛售所有剩余粮食；如果预期是乐观的，将出现"惜售"情况；第四，若市场粮价急速上涨、供需严重不平衡，农民的"惜售"行为将会更加明显；第五，粮农的"惜售"行为能否实现受到农民手中资金流充裕度的影响，因为在我国绝大部分农村地区，粮食销售收入在家庭经济收入的比重仍较大，且粮食销售收入直接关系到粮食再生产。

以上分析说明农民的售粮决策取决于其对未来市场粮价的预期。农民掌握的信息的充分程度、农民运用信息分析市场经济走向的能力直接关系到农民制定的售粮决策正确与否。而在我国实际存在的农民分散性经营、组织化程度低、农民文化程度普遍不高等直接决定了导致粮农获取市场信息难、运用信息分析能力较弱。因此，为实现农民正确制定生产决策、销售决策，需要相关部门和政府采取多种措施帮助其搜集、整理、处理市信息。

(二) 流通领域主体经济行为

自 2004 年粮食收购市场放开、国有企业机制转换以来，粮食流通市场主体呈现出多元化趋势，各主体尤其是私营粮食购销企业发展迅速。国有粮食企业在粮食购销中的主导地位依然明显，为保护国家粮食安全，这一发展方向在一段时间内还将持续。基于此，本节以国有粮食购销企业在流通领域中的地位和经营行为为切入点进行研究。

(1) 国有粮食企业在流通领域的地位

中国粮食流通体制改革的核心是国有粮食企业改革，改革的主要目标是获得足够的商品粮以保证稳定的市场供给、有效解决国有粮食企业效率低下问题、实现较为彻底的政企分开以减轻国家财政负担、提高粮食市场的运作效率和稳定性、增强国家对粮食市场的宏观调控能力、促进粮食流通现代化。但是，1995—2004 年的历次改革均未取得根本性的成功，政府依然在不断为国有粮食企业埋单、企业持续低效运行。2004 年，国家实行的粮食收购市场全面放开、转换企业机制以及推进私营粮食企业发展政策是国有粮食企业改革的重大突破，国有粮食企业"三老"问题得到了较为彻底的清算，企业经营制度、产权逐步明晰，大部分国有粮食企业走上了公司化治理的道路。但是与私营粮食购销企业、合资企业相比，其经营效率、交易效率是否已经实现了追平甚至超越呢？国家提出的国有粮食企业在粮食购销市场中的主渠道作用如何在兼顾市场公平、稳定的前提下得以实现？如何避免因发挥主渠道作用而使国有粮食企业乃至中国的粮食市场走回头路？这些问题与国有粮食企业的定位、未来发展方向息息相关，与中国粮食流通体制市场化改革密不可分。

在实现粮食购销体制市场化改革的同时，不能一味地强调推进国有粮食企业的市场化转变，因为其不仅仅是市场的一部分，还是保障国家粮食安全的重要媒介，是具有政治色彩的企业。实践证明，国家在处理和调整粮食流通领域国家与农民、消费者、商人以及地方政府的关系时主要还是依托国有粮食系统。地市级及其以上粮食系统的主要责任是制定和督促粮食政策的贯彻落实、调拨和分配。实际上，地市级以上的粮食系统、大中城市的粮食系统的企业，部分早已在放开销售的政策环境下走向了市场，成为了普通的国有企业。县以下粮食系统直接关系到每年国家储备粮数量，其主要责任是收购和具体执行国家的粮食政策，主产区县级国有粮食系统所承担的粮食收购任务近年来基本上没有变化。

(2) 国有粮食企业的经营行为分析

自新中国成立以来，我国国有粮食企业的经营行为一直介于政企合一与自主经营之间。国有粮食企业改革的核心在于改变企业的经营方式，实现国有粮食企业的自主经营、政企分开，将其培养成"自主经营、自负盈亏、自我约束、自我发展"的经营实体。但国有粮食企业承担着维护国家粮食安全重任，是带有国家政治经济双重任务的市场主体。

粮食流通体制改革尤其是2004年以后的粮食市场化改革中，国有企业改革的目标是实现政企分开，但是基于保护国家粮食安全、维护粮食市场价格稳定、确保国家对粮食市场的宏观调控等考虑，国家需要国有粮食企业代其执行，实际上是阻碍了国有粮食企业的政企分离进程。另一方面，国有粮食企业缺乏经营自主权，却承担着保护粮食安全的社会责任、政治任务。实际上，相当多的国有粮食企业也希望像私营粮食企业那样自主经营，但如果坚持国有粮食企业的改革方向，将其改造成为"自主经营、自负盈亏、自我发展的经营实体"，其就不可能承担缺少经济效益的社会责任。因此，处于国家的市场化改革与国家粮食安全保护方面双重目标下，国有粮食企业就是一个矛盾集合体。

1978—1998年，粮食流通体制改革经历了一个徘徊期，由计划经济向计划与市场相调节、到粮食价格"双轨制"的确立、到粮食价格市场决定、再到"双轨制"的回归。这期间，国有粮食企业获得了部分经营自主权，经营自主权和企业内部分配制度的改革使企业的利益与自主经营结果直接挂起钩来，逐步成为企业利益的主体部分。表4-7、表4-8说明国有粮食企业在这期间自主经营情况的变化。从两表中可以看出，1979—1998年国有粮食企业自主经营的粮食数量占其经营粮食总量的比重越来越大，体现出企业自主经营能力的提升。在自主经营所获利润分配方面，采取的是利润留存的分配方式，企业经营绩效与集体和职工的效益挂钩，极大地调动了员工的积极性。经营方式及利润分配方式的转变都证明了国有粮食企业自主经营活动的存在以及程度的加大。

表4-7　　　　　全国粮食自主性收购与政策性收购情况

年份	收购总量（万吨）	自主收购 绝对量（万吨）	自主收购 所占比例（%）	政策性收购 绝对量（万吨）	政策性收购 所占比例（%）
1979	5926	525	8.9	5401	91.1
1982	7368	1748	23.7	5620	76.3
1985	7925	1964	24.8	5961	75.2
1988	9430	4382	46.5	5048	53.5
1991	11420	5151	45.1	4749	41.6
1992	10414	5150	49.5	4534	43.5
1993	9234	3926	42.5	5066	54.9
1994	9226	4496	48.7	4464	48.4
1995	9444	4626	49.0	4618	48.9
1996	11920	4739	39.8	5013	42.1
1997	11535	6294	54.2	4549	39.4
1998	9655	5625	58.3	4020	41.6
2010	23815	12860	54	10955	46

表4-8　　　　　全国粮食自主性销售与政策性销售情况

年份	销售总量（万吨）	自主销售 绝对量（万吨）	自主销售 所占比例（%）	政策性销售 绝对量（万吨）	政策性销售 所占比例（%）
1979	5681	225	4.0	5456	96.0
1982	7710	797	10.3	6913	89.7
1985	8565	2048	23.9	6517	76.1
1988	10091	3317	32.9	6774	67.1
1991	10433	2995	28.7	7436	71.3
1992	9000	3896	43.3	4770	53.0
1993	6700	—	—	—	—
1994	7648	—	—	—	—
1995	7107	3256	45.8	3851	54.2
1996	5450	2784	51.1	2666	48.9
1997	4675	2796	59.8	1874	40.1
1998	4158	2419	58.2	1738	41.8

数据来源：①商业部编：《当代中国粮食工作史料》，中国商业出版社1989年版；②商业部：《中国商业年鉴（1986—1993）》，中国商业出版社1994年版；③宋文仲等编：《改革放开以来粮食工作史料汇编》，中国商业出版社2001年版。

表4-9为国家粮食局统计的全国国有粮食企业从1999年到2008年10年间的贸易粮购销量资料。从数据的波动来看，2004年是国有粮食企业经营的一个分水岭：1999年到2004年国有粮食企业的购销均呈下降态势，但是从2005年开始，国有粮食企业的粮食购销量迅速上升，到2008年已经远远超过了1999年的水平。2004年是我国粮食市场改革的重要年份，国有粮食企业粮食购销量的变化充分说明了2004年之后，其在市场中的经济地位逐渐壮大，在一定程度上可以归结为国有粮食企业改革的成效。

表4-9　全国国有粮食企业贸易粮购销量（1999—2008年）

年份	1999	2000	2001	2002	2003	2004	2005	2006	2007	2008
粮食收购量	12807.7	11695.1	11784.2	10826.3	9717.1	8919.5	11493.8	12256.5	10167.4	15470.9
粮食销售量	9353.3	12556.9	8528.7	12070.0	13453.7	11944.0	12138.3	12034.2	12958.7	15324.8

注：1999—2002年粮食购销数按照粮食年度统计，粮食年度是指当年4月1日至翌年3月31日。从2003年开始，粮食统计年度改为日历年度。

数据来源：中国粮食年鉴2009。

（3）粮食经营者行为造成粮食生产者与经营者利益失衡，导致粮食生产与市场脱节

粮食流通的两大行为主体是经营者和生产者。当前，粮食生产者是千家万户分散经营的农户，而经营者主要是国有粮食企业、私营粮食企业、粮食经纪人及少数的粮食生产者（新兴的粮食直销的代表）。生产者与粮食经营者在市场中的关系即为商品供给方和商品需求方，但是这种供需关系之间是一种信息不对称的畸形关系，属于不公平竞争关系而不是通常的公平合作关系。

供需双方之间简单的一买一卖，且农民具有选择不卖的权利，看似十分的公平合理，但实际情况是：①销售对象的单一限制了农民的选择权；②信息不对称普遍存在；③谈判地位悬殊。

第一，销售对象性质的单一化限制了农民的选择权。随着粮食流通体制改革的推进，农民销售粮食的对象也在不断发生着变化。市场化改革之

前,粮食由国家统一收购,生产的商品粮全部归国家所有,采购站及粮食供销社是主要的销售对象。市场化改革进程中,私营粮食购销企业参与进粮食收购市场,农民售粮有了选择。随着2004年国家承认粮食经纪人在收购市场中的合法地位以及国有粮食企业改革的深化,直接针对农户的收购主体再次变得单一,粮食经纪人成为分散经营的规模较小的农民售粮唯一的选择(农垦地区、种粮大户以及部分粮食主产区与国家粮食储备库或大型粮食企业签订了收购合同,但这部分在我国粮食产量中所占比例相对较小)。根据笔者近年在湖北省农村所做的调查,农民售粮对象呈现多元化但性质单一化的趋势(如表4-10所示)。

表4-10 湖北省粮农售粮行为调查表

年份	调查总数（户）	粮食销售对象		
		私营企业、粮食经纪人	国家	私营企业、粮食经纪人、国家
2006	260	203 (78.08%)	46 (17.69%)	11 (4.23%)
2007	190	160 (84.21%)	22 (11.58%)	8 (4.21%)
2010	150	147 (98%)	0 (0%)	3 (2%)

笔者于2006年、2007年、2010年赴湖北省洪湖、沙市岑河、随州、东西湖等地对农户售粮行为进行调研,调研对象多为分散的小规模粮食种植户(20亩以下),统计结果如上表所示。表中数据显示3年间,湖北省粮农售粮对象的性质发生了转变,由之前的国有、私有组合转为现在的私有为主,说明国有粮食购销企业从直接面对粮农市场中的退出,凸显了私营粮食企业尤其是粮食经纪人在初级粮食购销市场中的重要性。2010年参与调查的150户农户中有3户将部分粮食出售给国有粮食购销企业,这三户均为当地的种粮大户,与国有粮食企业签订了售粮合同。

2004年粮食经纪人在粮食购销市场中的合法地位得到了认可,随后几年其迅速发展壮大,成为衔接农户与市场的主要环节,甚至已经成为不可替代的一环。对于粮农而言,粮食经纪人降低了他们的售粮成本(交通运输费)、对粮食品质要求有所降低,粮农得到了实惠。但是从另一个层面来看,粮食经纪人以及私营粮食收购企业在初级收购市场中的近乎垄断的地位使农民失去了选择权,对于收购方给定的价格只有接受权。

第二，初级粮食收购市场存在严重的信息不对称。受文化程度及信息获取渠道不健全的影响，我国绝大部分粮农获取的市场信息存在失真的情况。根据笔者了解，相当部分农民对粮食价格变化的了解来自于活动于民间的粮贩子（粮食经纪人），即商品价格信息来自于商品需求方。同时，由于期货市场和批发市场网络及体系的不健全，市场信息的传递相对滞后，粮食收购方尤其是稍具规模的私营粮食购销企业并不承担与农民共享信息、共担市场风险的责任，甚至出于保护自身利益出发，以传递错误信息、压级压价的方式实现低价获取粮源的目的。

可见，农民掌握的信息存在滞后与预期偏差，个体预期偏差导致整个供需失衡，若有未来预期价格指标，则能显著降低整体供需失衡，大大缓解蛛网困境。

第三，谈判地位悬殊。农民的粮食生产相对分散，组织化程度低，分散的农户在粮食销售过程中缺乏有效的市场中介服务，在社会事务中没有任何交易谈判的地位和能力，所以农民在粮食生产与交换的过程中几乎承担了全部风险。悬殊的谈判地位加剧了粮食交易的不公平性，农民的利益得不到应有的保障，农民的生产积极性受到限制，导致对根据市场调整粮食生产结构缺乏主动性。

总之，粮食收购方与供给方之间的这种竞争而非合作关系决定了二者之间利益取向的差异和矛盾，客观上促成和放大了粮食供求之间的矛盾。以上三方面的原因导致农民在粮食生产品种和生产规模的决策上存在很大的盲目性，造成同一地区粮食品种纷杂，加大了粮食收储成本，梗阻粮食流通，最终造成粮食生产与市场的脱节。

二　从政府政策管理角度透析

政府通过制定和实施调控政策协调各方利益，包括保护国家粮食安全、保障生产者利益与消费者利益等，其中保护国家粮食安全是相关政策出台的基本依据。市场粮食供给小于需求、粮食价格有上涨趋势或已经上涨时，国家通过抛售储备粮、扩大进口以及相关财政政策平抑粮价，以稳定市场基本物价，保护消费者利益。同时，通过财政补贴、生产补贴政策，间接降低粮食生产成本、提高粮农生产积极性，提升农民利润空间进而促进粮食生产发展，保障粮食的有效供给。市场粮食供给大于需求、粮食价格出现降低趋势或价格已经下跌时，政府则通过提高粮食最低收购价提升市场粮食收购价格，保护粮农利益。

（一）政府与粮农之间的动态重复博弈①

随着粮食生产成本的快速上涨，而市场粮食收购价上涨幅度有限，与此同时，种粮比较效益逐年下降，种粮收益率的相对值和绝对值均呈降低趋势，于是在广大农村地区出现了较严重的抛荒现象。这种情况下，政府与农民之间就产生了矛盾，一方面，政府希望农民保证甚至扩大种植面积以保障国家粮食安全；另一方面，农民具有追求利润最大化的理性经济人属性，面对种粮效益降低的情况，必然选择缩减粮食播种面积，双方处于两难的境地，趋向于"零和博弈"。而最优的状态是转"零和博弈"为"正和博弈"，即双方采取合作的方式追求各自利益最大化。2004年开始，我国全面取消农业税，同时，国家不断加大种粮补贴，包括良种补贴、农机具补贴、粮食直补等措施，抛荒现象得到了一定遏制。因此，为了实现国家粮食安全目标、保证粮食产量、激励农民种粮积极性，就要给予农民一定的优惠，农业补贴就是其中一种。农民则根据补贴前后利益比较决定是否继续从事粮食生产。政府与粮农之间的这种关系上升到理论层次就是一个动态重复博弈，本节拟构建政府与粮农之间的单次重复博弈模型以研究达到"正和博弈"的条件。

A. 博弈方：政府与农民。政府指出台相关政策的中央政府。

B. 策略空间：政府通过补贴政策的出台与实施鼓励农民扩大粮食种植面积以保障国家粮食安全，因此，政府的策略空间为 S_g = ｛实施粮食直补，不实施粮食直补政策｝。农民根据政府政策变动可能带来的收益决定粮食生产行为，因此，农民的策略空间为 S_f = ｛扩大生产，缩减粮食种植面积，弃种｝。

C. 效益函数。政府的收益为因实施粮食直补政策而获得的国家粮食安全系数提高后的效用，支出为实施粮食补贴政策的成本。实施粮食补贴政策之后，农民的收益由两部分组成，一是种粮收益；二是粮食补贴收益，成本体现为机会成本：将耕地用于种植其他经济作物或放弃农业生产而获得的其他收入。

---

① 此节有参考王雅鹏，叶慧著《中西部城镇化加速期粮食安全长效机制研究》，中国农业出版社2008年版。

初始状态——政府收益为 g_0，农民收益为 f_0；

政府实施粮食生产补贴政策——农民选择扩大种植面积时，政府的收益为 $g_0 + u_g(\Delta a_1) - c$，农民的收益为 $f_0 + u_f(\Delta a_1, p) + c$；农民缩减粮食种植面积时，政府的收益为 $g_0 - u_g(\Delta a_3) - c'$，农民的收益为 $f_0 - u_f(\Delta a_3, p) + c' + m'$；农民放弃生产粮食时，政府的收益为 0，农民的收益为 m；

政府不实施粮食生产补贴政策——农民选择自发的扩大粮食种植面积时，政府的收益为 $g_0 + u_g(\Delta a_2)$，农民的收益为 $f_0 + u_f(\Delta a_2, p)$；农民缩减粮食种植面积时，政府的收益为 $g_0 - u_g(\Delta a_4)$，农民的收益为 $f_0 - u_f(\Delta a_4, p) + m'$；农民放弃生产粮食时，政府的收益为 0，农民的收益为 m。

其中：Δa_1、Δa_2：粮食播种面积的增加，通常情况下 $\Delta a_1 > \Delta a_2$；

Δa_3、Δa_4：粮食播种面积的减少，通常情况下 $\Delta a_3 < \Delta a_4$；

c、c'：粮食补贴成本，且 $c > c'$；

m：农民将全部耕地用于种植经济作物或放弃农业生产而获得的收入；

m'：农民将部分耕地用于种植经济作物或从事非农生产而获得的收入；

$u_g(\Delta a)$：因农民扩大粮食种植面积，国家粮食安全系数提高给政府带来的效用的提升，因粮食安全系数提高的效用不好量化，但跟粮食产量增加量有关，剔除影响粮食产量的其他客观因素，即与粮食播种面积增加量有关。注：$u_g(\Delta a) > g_0$ 是粮食生产补贴政策继续实施的前提条件，否则该博弈结果为"负和博弈"，且 $u_g(\Delta a_1) > u_g(\Delta a_2)$；

$u_g(\Delta a_3)$、$u_g(\Delta a_4)$：因农民缩减粮食种植面积，国家粮食安全效用的降低值，且 $u_g(\Delta a_3) < u_g(\Delta a_4)$；

$u_f(\Delta a_1, p)$、$u_f(\Delta a_2, p)$：因扩大粮食种植面积，农民获得的粮食收入的增加。农民收入的增加一方面取决于粮食播种面积，另一方面取决于市场粮食价格；

$u_f(\Delta a_3, p)$、$u_f(\Delta a_4, p)$：农民因缩减粮食种植面积而减少的粮食生产收入；

p：为市场粮食价格；

根据上述分析，政府与农民之间的博弈树如图 4-2 所示：

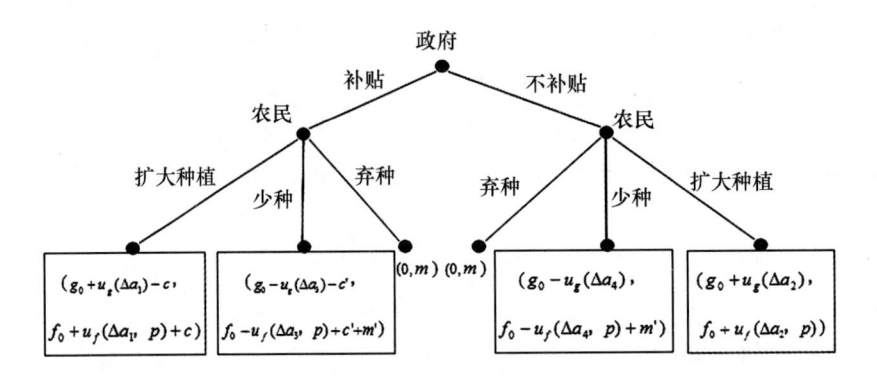

```
                              政府
                       补贴  /    \  不补贴
                         农民        农民
              扩大种植 /  少种  \弃种   弃种/  少种  \扩大种植
```

图4-2 政府与农民间的动态重复博弈树

假定：在不考虑贴现因素的前提下，政府和农民的总收益即为各方收益简单的加总。根据博弈树中政府与农户的效益分析，{补贴，少种}、{补贴，弃种}、{不补贴，少种}、{不补贴，弃种} 四种决策方案既无法实现单方利益最大化也无法实现总效益最大化，即无法达到该阶段动态博弈的子博弈完美纳什均衡。{不补贴，扩大种植} 方案下总收益为 $g_0 + u_g(\Delta a_2) + f_0 + u_f(\Delta a_2, p)$，{补贴，扩大种植} 方案下的总收益为 $g_0 + u_g(\Delta a_1) + f_0 + u_f(\Delta a_1, p)$，因 $u_g(\Delta a_1) > u_g(\Delta a_2)$，且 $\Delta a_1 > \Delta a_2$，则 $u_f(\Delta a_1, p) > u_f(\Delta a_2, p)$，因此，可以得出 $g_0 + u_g(\Delta a_1) + f_0 + u_f(\Delta a_1, p) > g_0 + u_g(\Delta a_2) + f_0 + u_f(\Delta a_2, p)$。由此可以得出 {补贴，扩大种植} 策略可以达到该阶段动态博弈的子博弈完美纳什均衡结果：政府实施粮食补贴政策，农民扩大粮食播种面积。于农民而言，可通过扩大播种面积获得粮食生产补贴，粮食产量的增加将促进农民种粮收益的增加，良种补贴以及农机补贴加大了粮食生产投入，有助于种粮经济效益的提升。于政府而言，种粮面积的扩大、粮食产量的增加帮助政府实现了粮食安全保护的目标，同时，农民收益增加。

如果政府的政策是长期的、稳定的，则农民的选择将不会发生改变，无限次重复动态博弈与阶段性的动态博弈均衡路径相同。

（二）政府政策调控难以兼顾生产者和消费者双方的利益

政府除了需要保证国家粮食安全、保障粮生产者效益，还要兼顾市场粮价的稳定进而保障广大消费者的利益。

在市场粮食供给出现短缺，粮食价格有上涨趋势或者已经上涨时，政府通过抛售储备粮缓解粮食短缺、平抑粮价,以保障消费者的利益。而农民组织化程度低,其通过控制粮食流通数量抵制价格下降的能力微乎其微,一旦政府抛售储备粮,粮食生产者对于市场粮价只有接受,农民必会变"出售"为"惜售"。

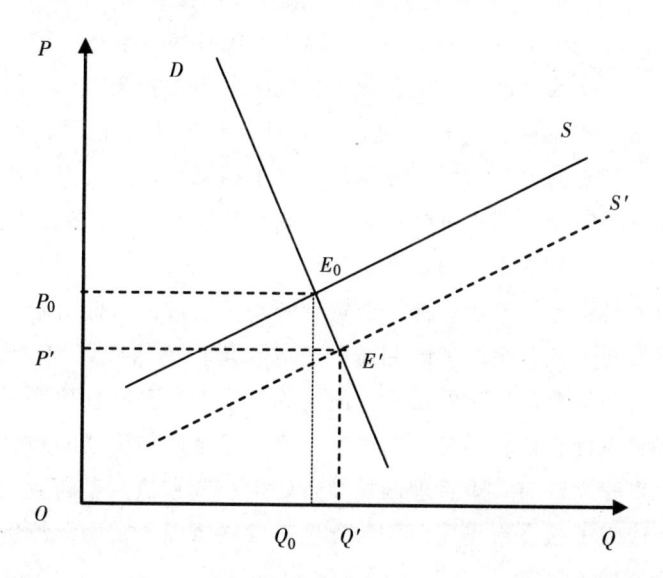

图 4-3 粮价过高时政府调控政策对生产者与消费者的影响

图 4-3 为政府调控政策对粮食生产者与消费者的影响图。根据粮食商品需求弹性小、供给弹性大的特点确定市场供需均衡点为 E_0,对应的市场价格为 P_0。政府为了稳定粮价,采取抛售储备粮的措施平抑粮价,则粮食供给曲线由 S 右移至 S',而市场需求保持稳定,此时,市场粮价降低为 P',达到了政府的稳定市场粮价的目的。市场均衡点由 E_0 变动至 E' 的过程中,消费者剩余增加了,增加量为 $P_0E_0E'P'$。图形中,总的生产者剩余是增加的,但是增加的部分不是由于农民的售粮行为产生的,而是政府行为产生的。降低对于单个农民而言只有价格的下跌,没有利益可言,且这种不利的影响是长期的(极有可能影响农民下一年的种粮收益),因此,对于单个的农民而言,其生产者剩余是减少的。

当市场粮食给大于求、价格过低时,政府会采取加大粮食直补力度、提高粮食最低收购价格。这些利农政策对于粮食生产者而言是有利的,但是会损害消费者的利益,由于粮食商品的需求弹性较小,因此,这种影响较小(其原理在第六章有详细介绍)。

因此,政府的调控措施往往难以兼顾生产者与消费者双方的利益,只能根据市场供需变动,保护利益损失较大的一方。

(三)生产者和消费者利益失衡造成粮食市场扭曲

政府通过实施粮食生产补贴政策,提高农民种粮收益率,进而提高其种粮积极性,保障粮食产量稳中有升,实现国家粮食安全目标。但目前国家的粮食补贴方式尚存在一些问题,诸如补贴标准不尽合理、补贴面太广、补贴面大带来的补贴力度不够等,增加了国家的财政负担,而且生产补贴政策并不能完全抵消因价格控制给生产者带来的利益损失,导致其对农民种粮积极性的刺激作用的效率也越来越小。

政府为了稳定市场粮价、保护消费者利益,通过抛售储备粮平抑市场粮价,进而损害了粮食生产者的利益,造成"增产不增收",使粮食生产者不愿过多的销售自己生产的粮食,而是到价格上升到心理预期时才选择出售,加大了粮食企业收储工作的难度,不利于生产与流通的顺畅运行。

从长远来看,政府政策管理调控导致的生产者和消费者利益失衡,在一定程度上造成了粮食市场扭曲,粮食生产发展缓慢,政府、消费者和生产者的利益都受到损害。

第三节 粮食流通市场问题产生的原因剖析

一 粮食流通市场主体发育不够成熟

多元化、成熟的市场主体有助于在粮食市场中引入竞争机制,有利于粮食市场的发育,有利于形成批发市场和零售市场相结合、现货市场和期货市场相结合的较完备的市场体系。而当前中国粮食市场的发展还受到主体不成熟的约束,在一定程度上限制了我国粮食流通体制市场化改革进程的推进,降低了资源要素的配置效率。

(一)粮食生产者组织化程度低

劳动密集型生产是我国粮食生产的主要特征之一。劳动力的数量、质量以及组织化程度是决定粮食生产能力、参与市场竞争能力的重要因素。随着我国人口的增长,农村劳动力数量增长趋势明显,但农业劳动力却减少了,同时,随着国家教育体系的不断发展,农村劳动力的文化素质水平显著提高，而留守农村从事农业生产的以老年、妇女等文化程度较低的劳动力为主。此种现象出现的原因在于粮食生产比较效益低下，而种粮机会成本却在快速增长，导致绝大多数文化素质较高、年轻、懂技术的农村劳动力外出务工或在农村从事非农产业。此外，实行30余年的家庭联产承包责任制强化了我国粮食生产的小规模、分散化特点。受粮农数量、质量及小规模、分散经营模式的影响，我国粮农作为市场主体参与市场竞争谈判的能力十分有限，市场弱势地位并未随着粮食流通体制市场化改革的深化有所改变。

粮农组织化程度低对粮食生产及农民利益保护带来的不利影响在于：（1）粮农抵御市场风险能力较弱。粮食购销市场放开后，除部分地区的部分品种受到粮食最低收购价的保护外，粮食价格形成于市场，粮农利益的保护必须依靠其自身对市场信息的准确把握。如前所述，目前从事粮食生产的农民普遍文化水平较低，他们对新技术、新品种接受能力有限，分析市场经济形势能力较弱，生产决策的制定缺少科学性。若粮农组织化程度较高，则对科技知识的获取、对市场方向的把握、制定生产决策的正确性就有了一定的保障。相对的，粮农组织化程度低必然导致其抵御市场风险能力较弱。（2）参与市场竞争能力不强。我国粮农在市场中长期处于弱势地位，一方面是因为农民缺乏粮食的定价权；另一方面在于其自身能力有限。在市场中，粮农对价格只有接受权，而无发言权。若农户联合起来，以农业专业合作组织的形式参与市场谈判，因掌握资源量大其谈判能力必将大大提升。

分散、小规模的家庭联产承包责任制在一定程度上已经阻碍了农民参与市场竞争和农民抵御市场风险的能力。在目前我国农业生产制度尚不可能出现重大变革的时期，通过鼓励种粮大户、支持农业专业合作社等形式提高农民的组织化程度，既有利于农民自身利益的保护，也有利于粮食流通体制市场化改革的推进。

（二）私营粮食企业经济实力有待进一步提升

私营企业是市场经济的产物，在中国粮食流通体制演进过程中发挥了积极作用。自2004年我国全面放开粮食购销市场之后，私营粮食企业快速发展壮大，并迅速成为参与粮食流通、竞争的市场主力。表4-11为2008年我国粮油加工企业数量表；2008年民营企业已经达到12204家，占到全国粮油加工企业总数的86.6%，成为粮食加工行业的中坚力量。

同时，从企业生产能力分布来看，民营粮食企业在各个生产段均占绝对比重，但在 1000 吨/天以上生产能力段企业数比重为 58.72%，相对较低。

表 4 - 11   2008 年粮食加工企业数量表   （单位：个）

企业类型	合计	生产能力规模（吨/天）						
		30 以下	30—50	50—100	100—200	200—400	400—1000	1000 以上
国有及国有控股企业	1515	214	256	478	327	165	41	34
外商及港澳台商投资企业	374	75	13	29	45	69	80	63
民营企业	12204	1745	1893	3751	2389	1215	1073	138
民营企业所占比重（%）	86.60	85.79	87.56	88.09	86.53	83.85	89.87	58.72

数据来源：国家粮食局统计资料。

随着国有粮食企业改革的不断推进，国有及国有控股企业越来越少的面向农户直接收购粮食。笔者在湖北省的实地调研中了解到，除个别种粮大户以订单农业的形式将粮食销售给国有粮食收储企业或代储企业，绝大部分粮农将粮食卖给粮食经纪人和民营企业。说明，近年来私营粮食企业在初级粮食购销市场中的作用和所占的市场份额越来越大，尤其是直接面向粮农的原粮收购、加工。

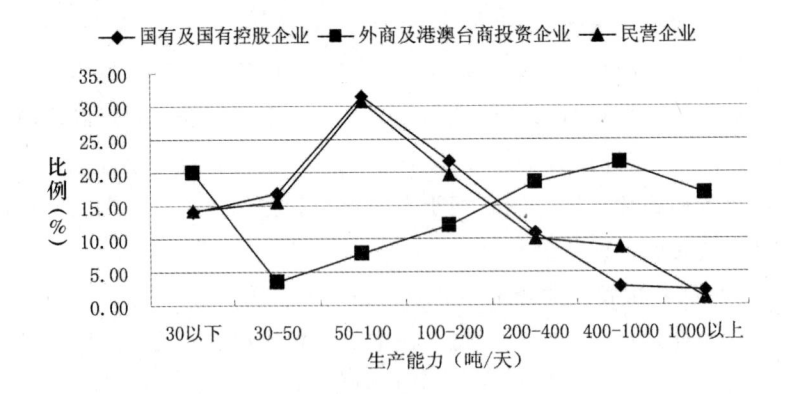

图 4 - 4 2008 年不同类型粮食企业生产能力比较分析

数据来源：中国粮食年鉴 2009。

图 4-4 是根据上表计算出的不同类型生产能力分布图。从图中线条的走势分析得出：(1) 国有及国有控股企业和民营粮食企业生产能力的分布十分相近。但是总体来看，国有及国有控股企业的生产能力略强于民营粮食企业，尤其是在 1000 吨/天以上生产段。在 400—1000 吨/天生产段上，民营粮食企业比例为 8.79%，而国有粮食企业在该段的企业为国有总企业数的 2.71%。(2) 国有及民营粮食企业主要生产能力集中在小规模生产上（50—100 吨/天），而外商及港澳台商投资企业的主要生产能力则集中在大规模生产上（400—1000 吨/天）。

以上数据分析说明两个问题：一是民营粮食企业目前的发展相对还比较弱，尤其是 1000 吨/天以上生产段；二是民营粮食企业壮大潜力大，从 400—1000 吨/天生产段的企业分布可以看出。由此可以判定，我国民营粮食企业发展非常迅速且势头较好，但是，这种良好的势头以数量取胜，企业经济实力相对于国有粮食企业和外商投资企业还有一定差距，有待于进一步提升加强。

(三) 国有粮食企业改革还没有完全到位

国有粮食企业改革是我国粮食粮食流通体制市场化改革的重要部分，经过 25 年的改革和发展，国有粮食企业经营模式逐步从垄断走向开放（刘颖，2008），企业产权结构由国有独资发展为投资主体多元化。尤其是 2004 年粮食购销市场完全放开后，国有粮食企业在粮食流通行业中实现了由"计划主渠道"向"市场主渠道"的转变。从 1985—1991 年的企业经营体制改革，1992—2000 年的企业经营机制转换，到 2001 年至今的国有粮食企业改革和发展的全面推进，国有粮食企业改革取得了显著成效（李经谋，2009）：(1) 实行政企分开，企业成为自主经营、自负盈亏的市场主体；(2) 基本解除企业历史包袱，企业负担大大减轻；(3) 推进企业战略性改组，企业布局和结构不断优化；(4) 企业经营管理得到改善，市场竞争能力显著提高。刘颖（2008）根据 1999 年到 2004 年国有粮食购销企业收购的粮食数量逐年减少的事实，得出其市场垄断地位不断降低的论断。本节根据国有粮食购销企业从 2006 年到 2008 年粮食购销量逐年增加的趋势得出随着粮食流通体制改革的深化，国有粮食企业参与市场竞争的能力逐年增强，市场主渠道作用越来越明显的结论（见表 4-12）。从国有粮食购销企业改革指标分析，国有粮食企业数量正在逐年减少、包袱不断减轻，同时，国有粮食企业中成为粮食产业化龙头的企业也在增加，说明国有粮食企业市场竞争能力显著提高（表4-13）。

表4-12　国有粮食购销企业粮食购销量变化情况（单位：万吨）

	收购			销售		
	2006	2007	2008	2006	2007	2008
原粮	13199.30	11039.30	17008.15	13209.30	14230.65	16635.40
贸易粮	12256.50	10167.40	15470.90	12034.15	12958.25	15324.80

资料来源：《中国粮食年鉴（2007—2009）》。

表4-13　国有粮食购销企业改革情况调查表

年份	企业数	改制企业数量		粮食产业化龙头企业	现有职工人数	安置职工人数
		小计	股份制			
2006	15946	12356	2704	754	627599	116195
2007	14778	14314	2724	987	547167	70173
2008	13562	2120	660	719	516139	42599

资料来源：《中国粮食年鉴（2007—2009）》。

国有粮食企业市场化改革取得显著成效的同时，改革过程中也不断出现问题。国有粮食购销企业改革的目标在于建立现代企业制度，即建设以"粮食商品化、购销市场化"为特征的现代企业制度。但是国有粮食企业作为国家实现粮食安全目标的重要媒介和工具，需要起到保护农民利益、消费者利益和银行利益（资金封闭运行）的作用，政府的政策保护极易强化其依赖性和投机性。同时，政府在强调粮食安全保护时，若过多的将注意力放在发挥国有粮食企业的流通主渠道作用，势必造成国有粮食企业的垄断倾向和市场化改革的倒退。

从目前来看，国有粮食企业改革不够彻底主要体现在产权制度改革上[①]：（1）国有粮食购销企业与附营企业的产权制度改革进展不平衡。国有粮食购销企业承担了粮食政策性经营业务，同时，因历史原因长期积累形成的历史包袱问题尚未彻底解决，使得其产权制度改革进展缓慢。而国

---

① 此部分主要参考：刘颖：《基于国际粮荒背景下的中国粮食流通研究》，中国农业出版社2008年版，第157—158页。

有粮食企业的附营企业因不承担政策性粮食经营业务,企业产权制度改革进展相对顺利。(2)产权制度改革动力不足。国有粮食购销企业历史包袱极重,造成企业改革成本较大,同时,地方政府在推动企业产权制度改革方面的力度不够、企业自身改革意愿不强。根据奥尔森和哈定的集体行为理论,当整个集团面临改革可能损失其既得利益时,集团就会团结起来影响政府决策,使决策向有利于本集团的方向变迁。(3)产权制度改革形式模糊。随着改革的不断深化,各地对国有粮食购销企业产权制度改革认识不相一致、对政策难以把握却又无法回避。如市场化改革过程中,国有粮食企业的国有产权能否退出、如何退出、企业性质如何定位、如何实现国有产权退出与国家宏观调控能力不被弱化双重目标等。(4)法人治理结构不完善。一是国有资本出资人不到位,缺乏真正责任的所有者主体,导致国有资本管理存在多头管理、无人负责和承担法律责任及经济责任的问题。二是政企未从根本上分开,国家一方面强化国有购销粮食企业自由的市场化主体地位;另一方面又需要国有粮食购销企业承担执行国家粮食购销政策、保护种粮农民利益等政策性职能,最终导致企业在实际经营尤其是粮食购销中缺乏经营自主权。(5)投资主体相对单一。从目前国有粮食购销企业的资本金构成来看,多数企业为国有独资企业,部分股份制国有粮食企业中中国资本所占比例相对较高,这种情况在一定程度上限制了国有粮食企业的活力及经济效益的产生,加大了政企分开的难度,直接影响企业法人治理结构的形成及作用的发挥。另外,表面上国有粮食购销企业改革已经基本完成,但是,有的国有粮食企业只是进行了人员分流置换,产权制度改革没有完全到位;有的企业实行了破产改制,法律程序没有终结,改制新成立的企业未实现正常经营。

总而言之,国有粮食企业历史包袱还未完全解决,产权制度改革还没有完全到位,发挥市场主渠道作用尚缺少必要的政策支撑,多渠道作用的发挥也需要统筹兼顾[①],企业经营活力、市场竞争力需要进一步提高。

二 粮食市场体系建设和市场管理有待进一步完善

完善的市场体系、规范的市场化管理是粮食流通体制市场化改革的必

[①] 聂振邦:《在纪念改革开放30周年暨粮食流通体制改革和现代粮食流通产业发展座谈会上的讲话》,中国食品产业网,2008年12月10日。

要条件。近年来，我国粮食市场体系不断完善，粮食批发市场、期货市场快速发展壮大，成为粮食购销市场中的主力军。同时，粮食购销市场管理也在不断向法制化、规范化的方向发展。但是，中国粮食安全形势的特殊性、粮食流通体制市场化改革的推进、国际粮食供需关系的深刻变化都对中国的粮食市场提出了新的要求。从目前形势来看，我国粮食市场体系建设和管理存在的主要问题体现在：

（1）粮食市场体系有待优化完善。改革开放以来，中国的粮食市场体系虽然有了很大发展，但由于市场建设起步晚，受计划经济体制影响大，发育程度还比较低，大多数农村缺乏专门的粮贸市场。粮食批发市场在地区间发展不平衡，商流、物流市场发展不平衡，市场准入存在明显的主体歧视，非国有粮食企业进入批发市场的障碍较多；粮食批发市场调节区域间粮食供求关系的作用受到较大限制。粮食期货市场交易品种偏少，现货和期货市场联动性不够，市场服务功能不全，在引导粮食生产、形成市场价格、调节粮食供求等方面的作用有待进一步强化。现阶段中国虽然已经形成了由粮食集贸市场、批发市场和期货市场三个层次市场组成的粮食市场体系框架，但各层次粮食市场脱节，市场之间定位不明，功能不清，相互之间缺乏联系和互动，没有形成一个有机整体，削弱了市场整体功能的发挥。

（2）粮食企业和农民面临的风险加大，对市场有序化管理的要求提升。首先，实行购销市场化后，更多的国有粮食企业不得不面向市场去求生存谋发展，粮食企业面临的风险加大，竞争进一步加剧。其次，私营粮食企业长期受到政策的打压，短时间内很难形成较强的市场风险规避能力，参与国际市场竞争能力十分有限。最后，我国的粮食生产方式以农户分散经营为主，这种数量多、规模小的经营方式抵抗市场风险的能力差。与此同时，受组织化程度低、文化程度不高因素的影响，农民获取科技信息、市场供求信息、粮食价格信息的能力较弱，加之现货市场信息本身的滞后性，使农民进行生产决策的风险进一步加大。因此，如何实现市场有序化管理，提升企业和农户在粮食市场中获取信息、运用信息的能力是抵抗市场风险的根本所在。

（3）政府实现粮食市场调控难度加大。市场化改革中，粮食生产、市场、价格实现三个放开，粮食资源配置方式发生了根本改变。一是粮食市场经营主体向多元化发展。以往粮食购销仅限于国有粮食企业，目前，粮食购销主体向多元化发展，特别是零售、加工环节，大部分都是民营企业。二是政府直接掌握和可以调控的粮源大幅度减少。在计划经济时期，粮食实行统购统销，国家掌握了绝大部分的商品粮。粮食购销市场完全放开后，国家可以直接利用的主要是储备粮，国有粮食部门已基本没有商品粮库存。三是粮食市场竞争更加激烈。在三放开的情况下，生产和购销供给方激烈的生存竞争极易挫伤生产者、购销供给方的积极性，导致粮食生产、供给的不稳定，最后殃及消费者，危及社会稳定。四是调控手段更加复杂。在计划经济条件下，国家通过单一的行政手段来调节粮食供求、保证粮食供应。而在市场经济条件下，政府对粮食市场的调节不可能再单纯依靠行政手段，需要综合运用行政、法律、经济和舆论宣传等多种手段，组织、协调国有粮食企业和其他各类粮食企业之间的关系，动员整个社会的粮食资源来调控市场、保证供应，这些变化相应地增加了政府宏观调控的难度。

总之，我国粮食市场体系不健全、粮食市场管理对政府的依赖以及市场主体抗市场风险能力弱，都在很大程度上限制了粮食流通体制的市场化改革进程。

三 粮食产销区利益协调失衡

粮食生产的集中性和粮食消费的分散性使粮食流通具有其特殊性，而且粮食生产的规模和布局在一定程度上决定了粮食流通的流量和流向。随着粮食流通体制市场化改革的不断推进，粮食生产与流通市场中的销售、加工等环节衔接取得了一定的进展，但是根本性的矛盾尚未解决，不适应市场发展的新形势。流通是熨平粮食区域供给失衡的方式，具有调剂市场余缺、稳定商品价格的功能，进而保证粮食安全。我国粮食生产连续11年增产，供求矛盾已经从数量层面转化为区域之间的粮食供求失衡，即转化为区域粮食供给的绝对不足与社会总供给相对充足之间的矛盾。

陈永福（2004）以中国30个省、自治区、直辖市（不包括台湾省）为研究对象（将重庆市归入四川省），对2010年、2015年及2020年四个粮食品种的供求进行了预测，见表4-14。

结果显示，中国大米供给潜力最大的地区是东北，其中又以黑龙江供给能力最强；其次是中南地区；粮食短缺最严重的是华南地区，其中以广东省为甚。华东地区将由剩余转为短缺，华北地区粮食短缺情况相对稳定，而西北和西南地区大米短缺将得到缓解。今后全国小麦供给主要由江苏、安徽、山东、河北以及西南地区提供，而主要的需求地主要集中东北、东南沿海以及西北地区。总体来看，未来玉米供给形势好于小麦供给，华北、东北和西北将是主要的供给区域，华东地区是玉米的短缺区域。另外，从全国来看，玉米需求得不到满足的形势有扩大的趋势。

宏观层面，粮食产销区利益协调失衡主要表现为粮食流通体系的发展不能很好的适应粮食生产格局的变化。因地缘、政策和时间等方面的诸多不平等，在客观上形成了南方（主要是东南沿海）经济发展优势区域将比较效益相对较低的粮食生产任务转移到了北方地区。区域之间利益协调失衡直接影响粮食在主产区与主销区之间的顺利流通。首先，粮食存量存在着地区性差异。河南、黑龙江等13个省份是我国粮食主产区，耕地面积占全国65%左右，年粮食产量占全国的70%以上。2005年我国粮食种植面积15.64亿亩，总计产粮约9680亿斤，增产的粮食中主产区增长约266亿公斤，占全国的91%左右。随后几年在直接补贴政策的推动下，增产的重心进一步北移，宁夏在2007年出现买粮难，陕西、四川逐步由产销平衡区转为粮食外销区。其次，粮食生产格局的潜在变化对流通体制提出了新的要求，产需格局失衡要求流通体系必须发达，但是我国粮食流通体系仅仅是随着国家经济社会的进步在不断地探索中寻求逐步的解决和改善。2008年全球性粮食价格上涨带动了国际粮食供需的深刻变化，我国粮食价格也是稳中有升。2010年以来，部分农产品价格上涨已经波及到粮食产品，但是根据笔者的调查，该轮粮食价格上涨并未给农民的粮食销售带来指导性的价格变动，大量的利益被截留在了流通环节。

表4-14　　　　　　　　分地区分品种粮食产量预测　　　　　　（单位：万吨）

	大米			小麦			玉米		
	2010	2015	2020	2010	2015	2020	2010	2015	2020
华北	-213	-210	-215	-362	-280	-221	602	452	250
北京	-55	-57	-59	-46	-46	-45	-80	-99	-119
天津	-27	-24	-23	-27	-20	-16	-19	-27	-35
河北	-54	-54	-57	8	53	85	-237	-424	-611
山西	-40	-42	-44	-178	-159	-153	256	272	264
内蒙古	-36	-33	-33	-119	-108	-92	682	730	751

续表

	大米			小麦			玉米		
	2010	2015	2020	2010	2015	2020	2010	2015	2020
东北	687	850	957	-459	-448	-432	1803	1717	1556
辽宁	36	73	98	-187	-184	-182	282	259	208
吉林	101	123	139	-80	-77	-73	850	791	698
黑龙江	550	654	720	-192	-187	-177	671	667	650
华东	-44	-7	19	183	222	-30	-2098	-2466	-2901
上海	-89	-100	-113	-25	-29	-32	-109	-121	-134
江苏	316	359	391	186	184	-86	-378	-423	-473
浙江	-152	-147	-145	-65	-77	-87	-244	-270	-302
安徽	121	134	143	124	142	151	-293	-312	-340
福建	-193	-196	-201	-59	-66	-72	-205	-220	-239
江西	-28	-41	-42	-17	-18	-19	-318	-337	-358
山东	-19	-14	-14	39	86	115	-551	-783	-1055
中南	187	207	238	-140	-154	-205	-575	-646	-776
河南	47	54	61	-29	-1	-22	239	215	149
湖北	128	142	160	-92	-131	-160	-234	-240	-261
湖南	12	11	17	-19	-22	-23	-580	-621	-664
华南	-485	-553	-578	-145	-166	-189	-664	-706	-768
广东	-510	-572	-600	-114	-132	-151	-439	-490	-551
广西	41	37	44	-29	-32	-36	-192	-181	-179
海南	-16	-18	-22	-2	-2	-2	-33	-35	-38
西南	-257	-175	-92	182	256	302	-268	-261	-396
四川	50	124	196	147	197	232	-274	-261	-342
贵州	-109	-95	-80	18	34	46	66	83	80
云南	-182	-185	-184	12	20	24	-46	-65	-112
西藏	-16	-19	-23	5	5	5	-14	-18	-22
西北	-10	1	3	-430	-270	-331	350	448	487
陕西	-24	-22	-24	-37	36	81	60	44	2
甘肃	-16	-16	-16	-299	-292	-304	152	248	347
青海	-8	-9	-9	-52	-46	-45	-23	-27	-32
宁夏	39	48	54	-15	-5	0	56	61	56

续表

	大米			小麦			玉米		
	2010	2015	2020	2010	2015	2020	2010	2015	2020
新疆	-1	0	-2	-27	37	-63	105	122	114
全国	-136	113	332	-1173	-915	-829	-852	-1460	-2547

资料来源：陈永福：《中国省别食物供求模型的开发与预测》，《中国农业经济评论》2004年第3期，第355—406页。

从以上分析结果来看，我国粮食供需形式不容乐观，不仅有总体数量上的欠缺，更有区域性的供需不平。粮食数量整体性的短缺，需要从粮食生产及国际贸易角度探寻，而区域性的短缺则只能依托于国内粮食流通环境的优化。面对粮食流通市场化改革的大背景，探寻流通环境的优化之路除了依赖于政策环境的优化、制度的不断完善，更为重要的和主动的优化动力则来自于市场内部——市场主体利益的协调。

四 政策目标与市场化运行存在冲突

粮食安全攸关国家政治、经济稳定，尤其是在人口众多、粮食供需处于紧平衡状态的中国，国家对粮食生产、流通、储备的关注不可能有任何松懈。从新中国成立以来，国家对粮食市场的历次改革中，强调政府的宏观调控是不变的纲领。但是，粮食流通体制的市场化改革在客观上要求降低政府对市场的行政干预。政策目标与市场化运行的冲突不可避免。从目前政府对市场的调控以及其在市场中的反应，政策目标与市场化运行的冲突主要表现在以下两方面：

（1）政府的调控政策扭曲了市场。一方面，在粮食价格持续低迷，粮农利益受到损害的买方市场背景下，政府通过指令性手段强制上移需求曲线，把偏低的市场粮价拉升到高于均衡点的保护价位，人为放大市场需求量，其价格水平并不反映市场供求关系，却反映了市场供求以外的变量趋势，使得价格所固有的引导市场供求、优化资源配置的自动调节功能严重弱化。高于市场价格的支持价格可能误导农户不顾积压盲目生产，导致粮食结构性生产过剩。农民过度依赖政府保护而不是按市场供求关系来提高种粮收入的做法，阻碍了粮食结构调整进程，加大了政府的财政负担。另一方面，为了保护消费者的利益，防止粮价上涨带来社会和经济问题，在粮食价格上涨时期，政府往往会启动储备粮抛售或粮食限价销售政策，人为地增加市场粮食供给量，把偏高的市场粮价压到低于均衡点的价位。2008年上半年，国际市场粮食价格飙升，为了防止国际粮价对国内的传导而产生负面影响，国家对粮食价格进行了控制，导致国内粮价上涨幅度不大。政府的限价政策，扭曲了市场形成价格的机制，减少了生产者的收益，表现为"谷贱伤农""增产不增收"。

（2）粮食市场管理和调控中行政干预力量强大。我国的粮食流通体制改革经过多次调整，但是，政府对市场的直接行政干预还是较强，这与我国的政治体制是分不开的：一是我国的粮食安全形势不容乐观，粮食安全保护不可能交由市场机制维护；二是完善的行政网络。新中国成立初期，我国为在粮食管理上实行统购统销，建立了遍及城乡的粮食管理部门、粮食经营企业、粮食经营门市部。国有粮食购销企业布局均按照行政区域设置。按照新制度经济学的观点，初始的制度选择会强化现存制度的刺激和惯性，因为沿着原有制度的既定方向前进，总比另辟蹊径要来得方便。为此，粮食流通体制中行政力量总是难以减少和规范，这也是我国粮食流通制度的路径依赖所特有的性质，因为决策者有利用、依靠行政手段配置粮食资源的传统、经验和惯性。我国目前的粮食流通企业市场化改革面临着错综复杂的矛盾，国有粮食企业的"三老"问题、企业补贴问题、粮食安全问题等都是粮食部门和农业部门需要应对的，而利用行政手段解决这些问题在短期内是最有效的。但这种行政手段属短期行为，且有自我增强的机制。行政手段的滥用将导致粮食流通体制市场化改革的停滞不前乃至倒退。

结合粮食安全保护和市场化体制改革的双向要求，笔者认为化解这种冲突的方式不在于哪种力量的退出，而在于政府对市场管理手段的选择。

第四节 本章小结

粮食流通体制市场化改革的推进有赖于粮食流通环节的高效化运行。高效的粮食流通对于保护粮农的生产积极性、协调粮食产销区利益、平衡区域经济发展、保护国家粮食安全进而稳定市场粮价均有积极作用。而粮食流通市场的高效化运行的动力来源于市场内部，即各市场主体利益的协调运行机制。本章首先从历史的角度分析了新中国成立以来我国粮食流通体制改革各阶段市场利益主体的组成及各主体在市场运行中的作用，得出粮食市场的活力与市场主体的组成密切相关的结论。随后，从市场主体行为和政府政策管理两个方面深入剖析了现阶段我国粮食市场中存在的阻碍粮食流通高效化运行的因素，发现市场价格形成机制、粮农的生产决策行为、国有粮食企业的相对垄断地位、私营粮食企业的不规范化发展、政府政策的多目标性等多方面的因素是相互交叉影响的，这种互相影响和制约导致各主体利益失衡、政府宏观调控政策失灵以及整个粮食市场偏离纳什均衡。究其原因，粮食流通体制市场改革初期阶段的各市场主体发育不成熟、粮食市场体系不健全、市场体系缺少规范性和法制化管理、政策原因导致的粮食产销区利益失衡以及政策对粮食市场的市场化运行的扭曲等是产生上述问题的原因。本章从微观角度进行更深层次的探究，发现粮农、中间商、消费者、政府等主体之间的关系及利益划分与协调才是根本出发点。基于以上分析，本章提出推进粮食流通体制市场化改革的深化在根本上依赖于市场各主体利益关系的协调发展。

第五章　国外粮食流通市场构建的借鉴与启示

粮食的基础战略物资特性，决定了其在各个国家都有着举足轻重的地位。各个国家为保证其政治、经济稳步发展，都试图建立一套切实可行的稳定粮食供需的体制，而粮食流通体制是其中不可或缺的重要组成部分。相对于我国粮食流通体制的发展，市场经济发达国家的粮食流通已经实现高度自由化。粮食市场的市场化是我国粮食流通体制改革的方向，因此，了解发达国家和与中国具有相似粮食供需特征国家的粮食流通政策历史沿革和其较为成熟的利益协调政策模式，总结体制改革中的经验和教训，对于推进、指导我国粮食粮食流通体制市场化改革、构建稳定的粮食购销市场秩序有着重要作用。

第一节　国外粮食流通市场与我国粮食流通市场的异同

市场化是我国粮食流通体制改革的方向和目标，因此，本章选定欧盟、美国、日本这三个已经实现粮食市场高度自由化的地区和国家作为研究对象。另外，这些国家和地区在市场主体构成、流通体制发展进程、采用的政策措施与中国均有相似之处，对中国的市场化改革具有一定的指导意义。

一　粮食流通市场利益主体的划分

尽管各国粮食市场所处的发展阶段不尽相同、体制上存在差异，但是参与市场中粮食流通的主体大致相同，主要包括以下几类：

（1）粮食生产者。随着市场化进程的不断推进，粮食生产者的规模和职能也在发生变化,由最初的小规模、分散经营向大规模、农场化、集中化经营转变,甚至会进入粮食流通市场成为流通主体。

(2) 中间商。生产的季节性与消费的全年性间的矛盾、生产的区域性与消费的普遍性间的矛盾使得作为大宗商品的粮食的流通必须经过中间商,这种情况普遍存在于各个国家。粮食中间商是以从事粮食商品流通中的交换活动为主的市场主体,包括国有粮食企业和私营粮食企业两大类。国有粮食企业是指由政府出资或政府占有绝对股份的企业,主要承担政策性粮食的购销和政府储备粮的保管,如巴西食品供应公司、加拿大小麦局、印度国家粮食公司等。私营粮食企业则由政府以外的企业或个人出资成立的主营粮食购销、加工等的企业,其最终目的在于追求利润最大化。

(3) 农业合作组织。农业合作组织是由农民创立、自愿参加并由农民自己控制的公司,主要为农民提供各种生产性服务和销售服务。美国、法国和巴西等国家的合作社组织发展较好,在粮食流通中发挥着重要作用。美国现有近2000个谷物合作社,控制着全美60%的谷物销售,并提供占出口量40%的谷物(罗守全,2005)。日本颁布了《农协法》,给予农协税收和投资建设方面的支持以鼓励农民合作社的发展,农协作为农民合作组织在日本农业发展中有着举足轻重的作用。

与发达国家粮食流通市场相比,中国粮食流通市场化进程尚处于初期阶段,市场主体的构成是其表现之一。在中国,以上三类市场主体均存在,但是各自在市场中所占的份额与欧盟、美国和日本相比仍存在很大的差距。中国粮食流通市场中,参与粮食购销流通的以中间商为主,其中私营粮食企业规模小、力量弱,国有粮食企业市场化改革未进行完全;粮食生产者几乎未参与市场竞争,对市场价格只能接受而无决定权,是市场竞争中的弱势群体;中国的绝大部分农业合作组织由政府牵头形成,且处于探索性发展阶段。

二 粮食流通体制的演变

欧盟——欧盟政府对粮食流通的调控主要是通过共同农业政策(CAP)实现。1957年欧共体成立之初,制定共同农业政策、形成农业共同市场就已经进入《罗马条约》;1962年共同农业政策正式提出,核心是对农业提供大量补贴、促进农业发展、保证农民收入、提升农产品在国际市场中的竞争力。40多年来,欧盟针对共同农业政策中存在的新问题进行了一系列改革,重点是解决生产过剩和共同农业政策引起的农业财政支出成倍增长等问题:1992年,改降低价格支持水平为对农民进行直接收入补贴,以缓解生产过剩问题;1995年建立乡村发展援助基金;1999年通过的《欧盟2000年议程》突出强调农业的多功能性和可持续性;2003年,补贴与产量之间的联系转化为补贴与动物和环境保护相挂钩。2005年,为给欧盟历史上最大规模的扩大做准备,欧盟开始实行新的共同农业政策改革方案:完全转变以往对农业领域的补贴方式,为农民按照市场需求自主生产提供支持,农业直接补贴与产量脱钩,更加重视环境保护。半个世纪以来,欧盟共同农业政策在保护粮食生产者利益、稳定市场农产品价格、有效促进欧盟粮食供给、保障欧盟整体的粮食安全方面意义重大。

美国——美国粮食流通体制的演变与农业政策演变密不可分的:一是《1933年农业调整法》时期的传统农业政策,其主要目标为增加农民收入;二是在全球经济一体化和贸易自由化趋势不断加强背景下提出的《1996年农业完善和改革法》,属于变革后的农业政策阶段;三是在美国国内孤立主义和贸易保护主义有所抬头背景下提出的新农业政策阶段,以《2002年新农业法》为标志。与农业政策演变同步,美国粮食流通产业经历了从原始、自给自足向高效、现代化的转变。目前,美国粮食流通市场实现了高度的市场化,但是政府也通过行政手段对粮食市场进行宏观调控,如美国联邦农业部农产品市场服务局(FSA)的职能就是以农产品流通为中心,通过各种有效服务,使政府的农产品流通分配政策得以实施(亢霞,2007)。

日本——日本农业政策调整和变化的主线是从以发展粮食生产和提高农民收入为导向转变为以发展现代农业和提高市场竞争力为导向(亢霞,2007)。从20世纪20年代初期的粮食自由买卖,到后来的国家统购统销,再到粮食流通双轨制,最后到20世纪90年代末期的完全市场化,日本的粮食流通体制经历了由政府直接管控到间接管控的演变,最终形成了较为完善的粮食供需宏观调控体系。1995年开始,日本以《粮食法》代替《粮食管理法》,较大幅度地修改调整粮食政策:1995年1月的《新粮食法》为主要粮食供需平衡及价格稳定的法律。1999年开始实施《食品、农业、农村基本法》,大米贸易的完全自由化标志着日本粮食流通基本实现市场化,国家全面退出粮食购销,只通过控制粮食储备间接作用于粮食市场。2007年实施"农业经营稳定对策"及农业补贴方法和补贴水平、政策实施步骤和措施。

欧盟、美国和日本的粮食流通体制演变在差别中存在较大的相似性，尤其是欧盟与日本：补贴政策贯穿粮食体制演变的始末；粮食供需缺口随着市场化程度的提高不断缩小，粮食流通自由化时期出现粮食生产过剩；政府对粮食流通市场的作用不可忽视，高度市场化后期政府的间接作用仍然存在，只是作用方式不相同。保护国家粮食安全是我国粮食流通体制改革的最终目标，市场化是实现目标的手段和方式。从三个国家和地区的流通体制演进可以推见中国粮食流通市场未来的方向，因此其改革中所采取的部分措施值得借鉴。

三 粮食流通市场相似度比较

（1）欧盟与中国

经历30余年的改革开放，中国的城市化、工业化已经进入快速发展阶段，粮食生产局面相对于1978年也发生了深刻变化：耕地的减少、生产区域北移、发达地区粮食自给能力迅速弱化，粮食主产区与主销区之间利益失衡导致了国内市场的分割问题。Young（2000）研究指出作为全球重要经济体的中国在区域经济共同体的建设中使得各大经济体内部经济一体化趋势日益加强的同时，导致严重的国内市场分割问题。Poncet（2005）利用各省的投入产出数据研究指出我国省级贸易流量是逐年下降的，分离出的"边界效应"指标呈上升趋势，得出我国省际间的贸易壁垒是不断上升、地方保护政策加剧市场分割的结论，中国的"边界效应"的等价关税甚至高于欧盟成员国之间的关税率。近年来，国内也有研究指出我国市场一体化程度较低，特别是在农业、纺织业等关系到地方就业和税收的部门市场（黄赜琳，王敬云，2006，2007；李秀敏，赵晓旭，2008；孙定东，2009）。

欧盟是多个市场经济国家的联盟，截至2009年1月，共有27个成员国，总人口达到4.8亿，农业人口占到总人口数的6.4%。欧盟内部成员国之间的经济关系与中国省级之间的经济关系较为类似。作为不同主权国家的联合体，欧盟市场一体化通过共同农业政策加强了农业问题和地区经济差距问题的解决，并取得了较好的效果。这种借助政策推进市场一体化的方式值得我国借鉴，以解决存在于省际之间、区域之间的市场分割。

(2) 美国与中国

美国人均占有耕地面积为 0.84 公顷，粮食耕地占全部耕地的四分之三。粮食产量和人均粮食占有量均居世界首位，粮食出口量约占世界粮食出口量的一半，库存约占世界粮食库存的 30%。不仅如此，美国还建立了一套较为完善的市场化粮食流通体制。美国粮食市场价格主要由拍卖市场决定，而这一价格因美国粮食在世界粮食贸易中的绝对比重和美国国内制度完善的农产品期货交易市场已经成为国际粮食市场的标杆，直接反应国际市场粮价的变化。

中国市场与美国市场在粮食生产、流通、消费各个环节均存在较大的差异。本章中将美国选为参照国之一主要是考虑到美国完善的粮食批发市场、成熟的价格形成机制以及流通市场高度的市场化对于指导中国粮食流通体制改革具有较强的前瞻性指导作用。

(3) 日本与中国

日本人均土地有限，客观上决定了其粮食在很长一段时间内不能自给。日本的粮食流通体制改革经历了由政府直接管控到间接管控的演变，最终形成了较为完善的粮食供需宏观调控体系。计划流通为主时期，粮食市场的主要矛盾集中在粮食供需缺口大，随着供求关系的好转，粮食流通体制不断放宽、放松，逐步形成了现在的高度市场化、国家通过储备粮间接调控的粮食流通体制。

中国是典型的人均耕地较少的国家，随着人口的增长、城市化与工业化的快速推进以及农业产业结构的调整，人均粮食耕地面积还在进一步减少。目前，中国的粮食供需处于一种紧平衡状态，粮食进口是平衡内部供需的关键，因此，在较长时间内，中国较难实现完全的粮食自给。另外，中国与日本饮食习惯非常接近，米、麦的生产和流通对日本的战略意义与对中国同等重要。饮食习惯的相似性与相似的粮食供需时期，决定了日本的粮食流通体制改革必然对中国的粮食流通体制改革提供经验借鉴。

第二节　欧、美、日粮食流通市场典型政策分析

一　欧盟粮食流通典型政策分析

欧盟是世界上主要的粮食生产区和消费区，其粮食安全体系是在备受争议的共同农业政策框架下构建的，对内通过巨额补贴维持价格稳定，对

外实行农产品贸易保护以维护其成员国农业及农产品市场，进而保证欧盟的粮食安全（尚军，2008）。1957年欧盟成立之初，大部分欧共体成员国都是农产品净进口国，共同农业政策的重点在于鼓励粮食生产。20世纪70年代初，欧盟粮食供求关系由长期的短缺转变为生产过剩，为顺应这一变化，共同农业政策的重点转为调整农业结构、鼓励出口，思路是降低价格支持水平，通过休耕等措施限制粮食产量，同时对农民实行直接收入补贴。

单一市场原则、共同体优先原则和共同财政原则是共同农业政策的基本方针（高瑛，2006），虽未写进法律文件，但已被普遍认可和接受。①单一市场原则：通过逐步取消成员国之间的关税和非关税壁垒以及妨碍自由竞争的补贴，实现成员国之间商品、劳动力和资本的自由流通，制定共同的市场经营法规、共同价格和竞争法则等。②共同体优先原则：各成员国必须给予共同体内生产的农产品以优先采购、进口和流通的权力。并实行进口征税与出口补贴双重体制，即当进口商品价格低于欧共体内部价格时，征收差价税，当欧共体出口商品价格低于共同体价格时，实行价格补贴。③共同财政原则：为确保共同农业政策的实施，共同农业政策所发生的财政支出由所有成员国共同承担。成员国农业部长理事会每年都对不同农产品定价，并于1962年建立了"欧洲农业指导和保证基金（EAGGF）"。

（一）价格制度

农产品价格制度是欧盟共同农业政策正常运行的关键，是该政策的核心部分。在共同农业政策中，统一的农产品价格是通过欧共体每年对农产品制定一系列共同价格而实现的，而这种共同价格与市场实际价格不同，仅仅是一种管理价格。在这种管理价格的规范下，各成员国农产品的市场价格被框定在一定的范围内，一旦超出欧共体规定的价格范围，欧共体就会进行干预，使其回归到限定价格范围内。

共同农业政策的价格体系由目标价格、干预价格、门槛价格三部分组成。三个价格相互结合，形成一个灵活的价格控制体系以应付市场供求关系的变化，在保证市场供给、稳定价格、提高农民收入、保护消费者利益等方面效果显著。

图5-1中描述了三个价格相互之间的关系，及其与进口征税与出口补贴措施的作用机理。目标价格 P_4 是欧共体农业生产者渴望达到的价格，

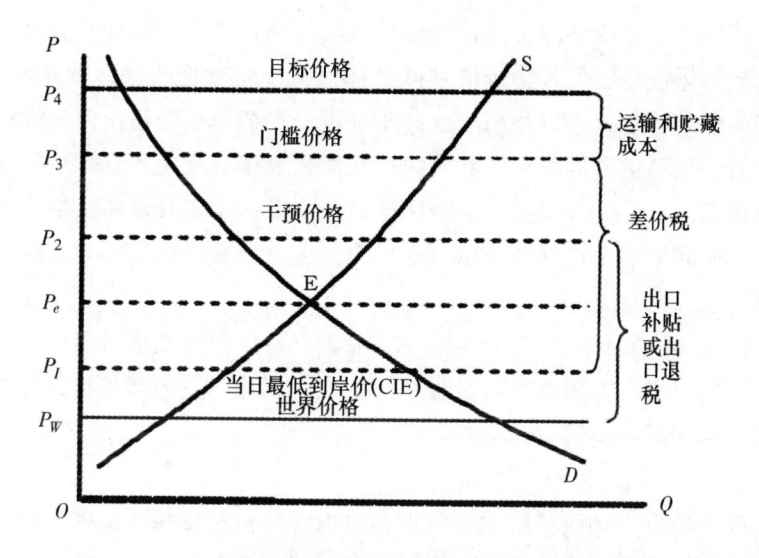

第五章 国外粮食流通市场构建的借鉴与启示　　83

图 5-1　欧盟共同农业政策农产品价格机制

资料来源：孙定东：《欧盟共同农业政策与地区政策及其经验借鉴》（博士学位论文），上海：上海社会科学院，2009年。

是市场最高价格。该价格的确定标准是欧共体中粮食最紧缺的德国鲁尔河谷的杜伊斯堡当地市场的粮食价格（包括粮食贮藏费和运输费），而贮藏费和运输费是变动的，因此，这个价格只供生产者和消费者参考用。目标价格的作用是作为生产者合理安排农业生产的指导价格、作为制订其他价格的基价并保护消费者利益（孙定东，2009）。单一的目标价格无法稳定整个欧共体市场的粮食价格，因为生产成本相对较低的国家和地区会凭借成本优势以低价出售自己的粮食（甚至倾销过剩的粮食），过度竞争的后果是欧共体粮食市场价格恶性循环，为避免这种情况的发生，欧共体制定了干预价格 P_2 以稳定市场价格。干预价格是欧共体农民出售粮食的最低限价，一般比目标价格低10%—20%（高瑛，2006），且随季节变动有所波动，该价格的确定标准是欧共体最大的余粮区——法国的奥尔姆市场。欧共体通过设在36个干预中心的收购或差价补贴实现干预价格的稳定，享受干预价格的14类农产品的品种、规格和生产限额由欧共体统一规定、审核并执行。干预价格的主要作用在于保护生产者利益，因此又称为保护价格或保证价格。门槛价格 P_3 是针对欧共体之外其他国家的农产品低价竞争而制定的，也是欧共体谷物进口的最低价格，该价格的计算方法为：

杜伊斯堡的目标价格减去鹿特丹到杜伊斯堡的运费，即从荷兰鹿特丹上岸的非欧共体成员国的谷物价格（欧共体对低价粮食征收进口差价税），在运抵杜伊斯堡后，应以相当于或高于杜伊斯堡的目标价格出售。施行门槛价格的结果是进口的粮食在欧共体内只能按照统一规定的目标价格在市场上销售[①]。图5-1中P_w为世界粮食贸易价格，欧盟对市场价格高于该价格的农产品采取出口补贴或出口退税等措施，以鼓励内部产量过剩农产品的出口。

欧共体共同价格体系的实施一方面确保自产粮食在成员国内部自由流通、交易，另一方面对进口粮食征收关税，以稳定其内部粮食价格的稳定并保护生产者与消费者的利益。

（二）市场政策[②]

欧盟粮食市场政策的主要特点是对内实行价格支持，对外实行贸易保护。欧盟的共同农业政策的市场政策包括以下几部分：

（1）收购干预。收购干预政策是欧盟实行内部干预的主要措施。当欧共体内部粮食价格下跌到干预价格水平时，政府的专门机构便进入市场进行收购，收购数量没有上限但有下限，一般规定卖给政府收购机构的粮食每批不少于180吨。该规定的影响是农民实际售粮价格要低于欧盟划定的干预价格，因为农民的单批粮食销量很难达到180吨，农民与政府收购机构之间多了一个中间商阶层。在欧盟，约有超过70%的农产品享受此类市场机制的调节。

（2）共同责任税。共同责任税是面向欧共体农民征收的粮食销售税，目的在于促进农民与政府共同解决粮食生产过剩问题。

（3）进口差价税。进口差价税等于门槛价格与世界价格之差，是对进口粮食征收的一种调节关税。当欧盟内部市场粮价低于门槛价格时，进口粮食无法进入欧盟市场，此时进口差价税的目的在于保护农民利益；当欧盟内部市场粮价与门槛价格相同时，国外粮食大量涌进欧盟市场，将对欧盟市场产生巨大冲击，进口差价税此时的作用在于稳定市场，使欧盟内部价格稳定在门槛价格之上；当欧盟内部市场价格高于门槛价格时，欧盟

[①] 2000年，欧盟提出免除对世界最贫穷的48个国家农产品的进口关税，但条件是保留其在大米、香蕉和蔗糖三种农产品大量进入欧盟时的限制进口权利。

[②] 7.2.2、7.2.3、7.3.1、7.3.2主要参考：刘颖：《基于国际粮荒背景下的中国粮食流通研究》，中国农业出版社2008年版，第35—40页。

将免征进口差价税。

(4) 出口补贴。对于内部生产过量的农产品，欧盟采取的措施是定期销毁或给予出口补贴鼓励其以低价出口。出口补贴的根本目的在于缓解欧盟内部生产过剩问题。

(5) 价格补贴。在《关贸总协定》[①] 的规定下，欧共体对一部分商品保持稳定的进口税率。在此情况下，为使该类农产品与农民收入保持一定的水平，也为了增强欧共体内部这类农产品的竞争力，欧盟对所有购买欧共体自产农产品的生产部门给予价格补贴。

(三) 直接补贴政策

共同农业政策的粮食直接补贴主要有按照作物面积补贴和粮食休耕补贴两种形式。

(1) 面积补贴。1992 年和 2000 年，欧盟对其共同农业政策进行了较大的改革，核心内容是分阶段大幅度降低农产品的干预价格水平，使欧共体内部市场农产品价格接近国际市场价格。欧盟 2000 议程规定：①对谷物继续保留干预价格政策，但是干预价格水平要逐步下降，实际上，2000—2002 年干预价格水平共下降 15%；②取消对油料作物、蛋白作物、纤维作物的干预价格政策。为了补偿因干预政策水平降低而带来的农民收入的减少，欧盟采取了与作物生产面积直接挂钩的直接补贴政策，但是，这种直接补贴只有上述提到的四类作物可以享受。每个成员国分别规定了享受面积补贴政策的基础面积数，超过部分则不能申请面积直补。

(2) 粮食休耕补贴。休耕补贴的根本目的在于解决共同体内农产品生产过剩问题，通过对农民进行补贴促进农田休耕的实现。享受休耕面积补贴的农场分为强制性休耕义务的农场和资源性休耕的农场。各成员国之间、不同生产区之间的休耕补贴均不相同，各地休耕补贴标准与当地谷物产量的面积补贴相当。

(四) 农业指导保证基金

农业指导保证基金（EAGGF）是欧盟的前身欧共体在 1962 年 1 月根据《罗马条约》的规定设立的，欧洲农业指导和保证基金是欧盟共同农

[①] 《关税及贸易总协定》（简称《关贸总协定》，General Agreement on Tariffs and Trade——GATT）是关于关税和贸易准则的多变国际协定和组织。它仅是根据《关贸总协定临时适用议定书》生效的临时协议，并不是正式生效的国际公约。

业政策的资金支持来源，是共同农业政策财政统一原则的具体体现。1962年7月到1963年6月的第一个财年，EAGGF由欧共体按照《罗马条约》规定的财政分摊比例向各成员国征收，随后的两个财年除分别从各成员国对欧共体外进口的农产品所征的差额税中提取10%和20%外，其余部分按比例分摊。1967年7月起，EAGGF主要为差额税扣除10%之余部分组成，不足部分按各成员国在欧共体国民生产总值中的比例进行分摊。1971年，根据欧共体新的财政规则，EAGGF纳入欧共体总预算，以"自有财源"制度取代各国摊派（孙定东，2009），占到总预算的60%—75%，20世纪70年代这一比例曾高达90%（高瑛，2008），现在有所下降。

农业指导保证基金包含两部分：一是用于农业结构改革的指导部分；二是用于农产品市场管理的保证部分。指导部分主要用于农业生产结构调整，包括在农业结构政策范围内采取的各项措施、理事会决定的诸如援助修复自然灾害造成的破坏及农场联合经营等特别开支、改进生产设施和农产品销售设施，约占EAGGF的5%—10%。这部分的开支采取共同投资的形式，其中区域性措施和结构性措施欧共体只承担25%（如涉及爱尔兰、意大利、希腊和葡萄牙的一些特殊项目时，欧共体承担部分可高达65%或75%），其余由成员国政府负担；其他措施则由委员会向有关个人和单位直接拨款。保证部分用于支持有关农业市场管理的措施，约占EAGGF开支的90%—95%，主要开支项目包括农产品的出口补贴、农产品干预收购政策以及因货币汇率波动引起的货币补偿金等。前两项约占保证基金的95%以上。保证部分资金在1967年7月以前由各成员国和农业基金共同承担，之后由农业基金单独承担。

从欧盟农业指导保证基金的筹集和开支来看，工业发达、农业生产不足的成员国对基金的贡献大，耗用的资金少，是基金的主要贡献国（英国、德国、意大利）；相对的，工业相对不发达、农业生产过剩的成员国对基金的贡献小，耗用的资金多，是基金的主要享用国（西班牙、法国、荷兰）。

共同粮食基金是指导保证基金中的一部分。欧盟通过建立共同粮食基金，能在很短的时间内提高粮食生产率、提高粮农收入并稳定粮食价格，确保欧盟粮食安全。该基金的作用原理在于通过资金的筹集与使用的非对称机理使粮食主销国的利益向粮食主产国转移，粮食主销国为其粮食安全买单，从而实现粮食主产国与粮食主销国之间利益的协调，最终熨平成员国之间工农利益的差距，确保欧盟整体粮食安全。

（五）共同市场组织

共同市场组织（CMOS）通过适当的机制支持市场，这些机制根据所覆盖的不同生产领域或不同产品的生产和销售条件而变化。根据不同的生产和销售条件，共同市场组织分为四种类型：①按照生产要素（如土地和牲畜）对生产者提供直接资助，主要包括谷物、菜籽油、蛋白质作物等；②按照生产水平的一定比例对生产者提供资助，涉及橄榄油、棉花、烟草以及某些被处理过的蔬菜和水果，在一定程度上还包括葡萄酒；③对农产品成本主要由消费者承担的产品提供支持，涉及奶制品和糖；④允许市场自身调节供求波动而只有极少的干预，涉及水果、蔬菜、高档葡萄酒、猪肉和蜂蜜等产品（赵昌文，2001）。从共同农业实施以来，欧盟陆续建立了多个农产品的共同市场组织，覆盖了大部分产品，约占欧盟最终产品的90%。

欧盟共同农业政策评述：自实施共同农业政策以来，欧共体国家已经基本实现农产品自给，尤其是粮食和肉奶类等生活必需品已经超过了市场实际需求量，达到了该政策制定之初的目的。运用共同农业基金在筹集和使用过程中的非对称机制实现了粮食主产国与粮食主销国之间的利益协调，促进了欧盟粮食安全保护和区域经济共同发展。另外，进口差价税和出口补贴制度，使其农产品市场免受世界市场波动的影响，且将其内部市场的不稳定因素转嫁给国际市场。这种制度引起各国的非议被指责为损人利己。

二 美国粮食流通典型政策分析

美国是世界上粮食生产最发达的国家之一，通过立法、政府、中介组织和农业行业协会等共同架构粮食流通模式管理国家粮食流通。美国农业部下设有若干事业局专职与粮食生产、流通、储备相关的工作，如粮食检验、包装和仓储管理局负责对美国谷物国内外的销售进行检验和计量，农业部下属的商品信贷公司负责贷款的发放和管理（罗守全，2005）。美国在国际粮食市场的地位首先得益于其拥有一套较为完善的市场化粮食流通体系[①]。

---

① 粮食收购体系、粮食储运及销售体系部分主要参考：刘颖《基于国际粮荒背景下的中国粮食流通研究》，中国农业出版社2008年版，第32—34页。

（1）粮食收购体系。在美国市场中，农民可以选择将粮食卖给临近的饲养农场，也可以出售给粮食公司。得益于美国粮食市场的高度自由竞争，一些大的粮食公司在产地均设有收购点，经过长期的市场化竞争，这些收购点和仓储点已经在竞争作用下自行构成了一个布局合理的网络。农民根据收购点的价格、服务、付款及运输条件自行决定售粮行为。从目前市场来看，这些粮食公司可以分为三类：私人所有者经营、农民合作社所有并经营、大型粮食公司或加工公司所有并连锁经营。

（2）粮食储运及销售体系。美国粮食储运和加工体系由产地储存库、中转储存库、出口储存库及加工厂组成，一般都为大的粮食公司所有。美国销售市场主体是经营各种业务的私人企业，按照商业活动性质，这些市场主体可以分为中间商、代理商、加工制造商和促进粮食销售机构[①]。

（一）价格支持政策

美国为了保护粮食生产者利益，在允许粮食自由购销的同时还保留了一定程度的政府干预。美国政府针对农场主的"营销援助计划"以及"反周期支付计划"就是对粮食流通的干预政策。

（1）营销援助贷款计划。营销援助贷款计划起源于1933年美国农业调整法中的支持价格政策，目的在于给农民提供一个最低保证价格，以保护农民的利益。2002年，美国新农业法颁布之后，支持价格政策正式更名为"营销援助贷款计划"。政府事先对各种农产品规定营销贷款率（相当于支持价格），如小麦的贷款率是每蒲式耳2.75美元、玉米是1.95美元，根据农场主库存农产品的数量多少对其提供期限不超过10个月的贷款支持。当市场价格高于贷款率时，农场主按照市场价格出售粮食，向农业部下属的商品信贷公司（简称CCC）归还贷款本息。当农产品市场价格低于贷款率时，农场主可将粮食抵押给商品信贷公司，从商品金融公库[②]获得一部分贷款。此时存在两种情况：一是如果粮食价格回升，并超过了贷款率，农场主可自主销售自己的粮食，并偿还贷款和利息；二是如果粮食价格一直低于贷款率，农场主可选择一直将粮食托在商品金融公库，同时，农场主也可选择放弃粮食所有权，方法是农场主自行以市场价销售粮食，低于贷款率的部分由国家补贴。

---

① 促进粮食销售机构一般不直接参与粮食的销售过程。
② 农场主将粮食预托给商品金融公库后，粮食的所有权仍归农场主所有。

(2) 反周期支付计划。2002年，美国新农业法继续实行直接补贴和营销援助贷款计划的同时，开始实行反周期支付计划（实质是对1998年"市场损失紧急援助计划"的法制化），其具体操作原理和之前实行的目标价格、差价补贴政策相同。反周期支付计划的预算占到美国整个农产品支持计划的三分之二。《新农业法》给每种农产品设定目标价格，同时，以直接补贴加上市场价格和贷款率较高者作为有效价格。当有效价格低于目标价格时，反周期补贴就开始生效，等于这两个价格的价差。即反周期补贴总额＝反周期补贴率×反周期补贴单产×基期面积×85%（李成贵，2004）。2002年，新农业法调低了部分粮食品种的目标价格，如1996年小麦的目标价格为4美元/蒲式耳，2002年该目标价格降为每蒲式耳3.86美元（肖海峰、李鹏，2004）。

(二) 直接支付政策（直接补贴）

美国的直接补贴制度是在1996年农业法中提出的，是适应乌拉圭回合谈判农业协议、减少财政支出的一种做法。2002年，直接补贴更换为直接支付，而直接支付政策实质上是1996年美国农业法规定的直接补贴的延续。

直接支付与营销援助贷款计划、反周期支付计划并称为美国保证粮食安全的三条保障线。直接支付计算方法：支付数额＝支付面积×支付单产×支付率。2002年美国的新农业法将支付基期由1991—1995年调整为1998—2001年，支付面积确定为农场基期种植面积平均数的85%，支付单产沿用1985年确定的标准，维持或适当降低直接支付率。《新农业法》中，支付品种增加了大豆、花生和其他油料作物。

(三) 对粮食期货市场的干预政策

美国期货市场粮食价格是世界粮食价格的风向标。为稳定国内粮食流通，美国政府采用期货交易所调节粮食进出口。当美国国内粮食供大于求时，政府通过补贴政策鼓励粮食期货交易所出口粮食，以消化其内部生产过剩的粮食：凡是在交易所内进行的粮食期货交易，只要合约卖出的对象是美国境外的交易商，政府就按照交易量给予交易所一定的财政补贴（杨道兵，2007）。

美国粮食流通政策评述：第一，美国制定的部分粮食流通政策是以法律的形式出台且多是提前公布，一方面，强化了政策的执行力和稳定性，具有稳定生产的作用；另一方面，有助于农场主形成稳定、合理的价格预期，具有稳定市场价格的作用。第二，完善的市场化粮食流通体制经过长期的自由竞争已经形成良性循环，有助于政府政策措施的制定与实施。第三，三线并行的粮食支持政策兼顾了粮农、中间商和消费者多方的利益。但是政府在生产和流通领域的全面干预也给美国政府带来了巨大的财政压力。

三 日本粮食流通典型政策分析

从20世纪20年代以来，日本的粮食流通体制大致经历了"自由买卖——国家统购统销——流通双轨制——政府间接调控的市场化"。日本粮食流通体系市场化起始于1995年的《新粮食法》实施，基本实现于1999年。纵观日本粮食流通体系的调整，粮食供求关系是体制调整的目标主线，尽管粮食供求关系的波动曾在不同阶段导致体制改革的局部反复，但逐步提高和加强市场化程度是政策取向。

目前，日本粮食自给率只有40%左右，除大米过剩外，大部分农产品都不能自给，大量依靠进口。其粮食流通体制由粮食不足时期的政府严格控制的计划流通体制，逐步发展为法律制度健全、组织系统配套、国家间接调控、适应市场经济发展的流通体制。日本流通体制转变过程中，粮食收购价高于销售价、没有粮食出口支持的粮食经济政策一直没有改变。

(一) 粮食价格政策

在日本，除大米以外大部分粮食都未能实现自给，国家对粮食价格管制极为严格，尤其是大米、麦类和大豆[①]。

(1) 大米

为刺激大米生产，日本政府大幅度提高收购价，同时为保护消费者利益，粮食销售价提高幅度较少，最终形成了粮食购销价格的倒挂。后来，随着国内大米自给率不断提升，这种购销价格倒挂的差距逐步缩小。1972年，日本政府废除了对大米销售价格控制的通知，但是大米的收购价格一直由政府统一制定。

日本的大米流通分为自主流通米、政府米和计划外流通米三类，各自的流通方式和价格形成机制均不相同。自主流通米是保证全年有计划地稳定供给消费者食用的大米，其流通渠道是：粮农将当年生产的经质检合格

---

① 日本对大米和麦类进行政府统一管理，对玉米和高粱则实行民间自由经营政策。

的大米委托给基层农协（市町村级），农协再委托给经济联（县级），经济联再委托全农[①]负责销售。政府米是国家储备米，其流通渠道是政府确定政策米价格后，由农林水产省所属的食粮厅出资委托基层农协从农民手中收购粮食，然后直接运往政府储备库。计划外流通米是生产者自主销售、自担风险的大米，流通渠道呈现多样化特点，多以产销见面的方式直接销售给消费者，价格由买卖双方自行商定。

为稳定大米的生产和购销，日本设定了大米生产稳定资金，类似于价格补偿机制（冯志强，2010）。第一种是对以自主流通米销售为主的普通粮农而言，稳定基金占基准价格的8%（政府出资6%，粮农出资2%）。当大米销售价格低于基准价格时，对农户给予差价的80%的补贴。第二种的对象是经市町村认定并且愿意长期从事农业生产的骨干农业经营者，稳定资金占基准价格的9%（政府出资6.75%，粮农出资2.25%），补贴标准为大米销售价与基准价格差额的90%。第三种针对计划外流通大米，稳定资金占基准价格的6%（政府出资4%，粮农出资2%），补贴标准为当年大米售价与基准价格差价的60%。

（2）麦类

日本麦类主要依靠进口，年进口量占到全年消费量的91%左右。2000年以前，国产麦一直由政府收购，实行购销价格倒挂。2000年之后，日本政府把麦类流通转入民间，政府退出收购市场（王玉峰，2002）。国产麦多采用签约生产的形式，播种前由买卖双方签订购销合同。因气候等非人为原因导致的粮食减产，收购方不得追究农户的违约行为；超过合同规定的粮食部分，则追加签约，直接交易。麦类的流通渠道为：生产者——基层农协——经济联——全农。

为提高国内麦类生产，日本政府设立了麦类生产稳定资金，该资金主要来自政府通过经营进口小麦盈利筹集。每年5—6月份麦类作物收获后，各地政府粮食事务所按照政府制定的补贴标准，通过农协系统将稳定资金拨到农户账户上。

（二）粮食补贴政策

日本对国内粮食生产实行高额补贴政策。日本国内大米实现自给之

[①] 全国农协联合会，简称全农，是日本国内法律规定的粮食自主流通法人。每年农协系统销售的大米数量占自主流通米的95%左右，其余5%由其他收购商收购。

前，补贴形式以生产、流通环节为主，大米实现自给之后，粮食补贴转向支持农民增收和促进农业产业结构调整（国家粮食局，2003）。目前，日本对粮食的补贴主要有以下几种形式：

（1）市场价格补贴。为了稳定粮食生产，增加粮农收入，日本政府建立了较为完善的主要针对大米、麦类和大豆的市场价格补贴，即上文提及的稳定资金。稳定资金由政府与农户按照3∶1的比例共同出资，当粮食投标价或者政府定价低于基准价格时，稳定资金就会按照一定的比例对农户进行补贴。另外，日本政府通过控制粮食进口，将赚取的进口差价利润用于补贴国内粮食收购，以提高国内粮食收购价格，提高农民收益。

（2）费用补贴。日本对国内大米和小麦的收购给予补贴，包括收购手续费、运费、保管费、事务性费用和利息。另外，全农和自主经营的粮食商人可以从政府得到包括促进销售费、促进流通奖励金、完成计划奖励和优质大米奖励金等在内的费用。

（3）生产性补贴。一是粮食生产投入补贴。日本极其重视农业生产基础设施建设，每年都会投入大量资金用于农田水利设施建设。例如，一般的农田改造项目，一经批准，中央财政直接补贴50%、地方财政补贴40%，农户只需承担10%。另外，政府对农民购买生产用机械设备也提供一定的补贴。二是保险补贴。政府对农户参与农作物商业保险的保费进行补贴，政府承担保费的50%—80%。三是自然灾害补贴。政府对因自然灾害引起的公共基础设施、农业设施及农地进行补贴，以提高农民抵抗自然灾害的能力。（肖海峰，李鹏，2004）

（4）对山区和半山区农民的直接支付制度。日本有40%的耕地位于山区和半山区，生产力水平较低、抛荒现象严重。政府于2000年出台《针对山区、半山区地区的直接支付制度》，对当地农民给予直接收入支付。补贴标准为山区或半山区与平原地区平均生产成本之差的80%，单个农户的补贴上限为100万日元（肖海峰，李鹏，2004）。

（5）对粮食储备进行补贴。一是对政府米储备费用据实补贴；二是对生产者在年度末还未卖出的粮食补贴部分储藏费用。

（三）国际贸易政策

基于人均耕地少、粮食供给缺口大的实际，日本在粮食国际贸易上的政策极为保守，实行严格的边境保护政策。

首先，日本没有任何粮食出口政策。其次，日本采取多种措施防止国际市场对国内市场形成冲击。日本对主要粮食的进口实行关税配额管理，配额外增收高额关税，尤其是日本对大米实行高度的保护政策，大米的关税等值高达406%（帅传敏，刘松，2005）。目前，日本国内的稻米市场与国际市场仍处于分离状态。再者，通过法律手段严格控制粮食进出口的数量和价格，日本的《主要粮食的工序及有关价格稳定的法律》规定对经营者从事粮食进出口数量要进行严格的审报。

日本依靠国际市场保证国内粮食供给的一种重要方法是鼓励各大商社到海外设立粮食公司，这些实力雄厚的商社除在国外开展正常的国际粮油贸易外，还受政府委托完成本土粮食进口任务。以丸红株式会社为例，其每年通过波特兰港口出口到日本及东南亚国家的粮食近400万吨（谢辉明，2003）。

（四）粮食流通组织体系

日本农林水产省下设的食粮厅是国家粮食流通行政管理部门，负责全国粮食的供求预测、制定生产调整指标和库存指标、管理粮食进出口（罗守全，2005），食粮厅在地方设有食粮事务所。

农协是日本粮食流通体系的基石，作为农民合作组织在日本粮食流通市场中发挥着举足轻重的作用。日本的农协是农业生产者的自治组织，具有高度的一致性和统一性，其管理层次、组织名称和运作方式都达到了相当规范的程度。农协组织按照行政区划级别分为基层农协、农协经济联合会、全国农协联合会三级。农协充分发挥了中介组织在政府与农户之间的桥梁和纽带作用，在协调两者关系、贯彻执行政府粮食政策、保护粮农利益两方面均起到了积极作用。同时，日本政府也给予了农协在税收和投资建设等多方面的支持，并颁布了《农协法》（刘颖，2008）。

日本粮食流通政策评述：日本粮食流通政策最大的特点在于：①根据国内粮食供需实际情况制定分类农产品的稳定资金制度，该政策极大的稳定了农民种粮积极性，是促进粮食增产农民增收的根本保障；②完善的粮食补贴政策体系。日本的粮食补贴政策涉及面广，已经成为一个完整的体系。与欧盟、美国一样，这种大规模的、高额的粮食补贴政策也给政府财政带来了巨大压力；③粮食流通体制的法制化管理。日本在20世纪70年代以来在稻米生产和流通中遇到的一些情况，与我国近年来遇到的粮食问题有相似之处，值得我国借鉴。

第三节 我国粮食流通体制市场化改革深化期政策取向

经过30余年的改革，中国粮食流通体制已经发生了质的变化——由国家计划经济下的粮食流通转为以市场经济为主导的流通体制高效运行阶段。但与国家整体经济体制改革相比、与发达国家粮食流通体制发展相比，中国的粮食流通体制改革明显滞后。当前，国际粮食市场危机四起、国内粮食价格持续上涨，如此内忧外患对中国粮食安全保护是一个极大的挑战，尤其是在中国粮食流通体制市场化改革尚未完成的特殊阶段，因此政府定位及其所采取的政策措施不仅关系到国内粮食安全形势发展，更关系到粮食流通体制市场化改革进退问题。

本节结合国外粮食流通体制改革的成功经验与中国粮食生产、流通、消费的实际，确定政府在粮食市场中的定位、构建完善的政策体系是深化我国粮食体制市场化改革的首要任务。

一 国外粮食流通体制模式、政策启示

本小节首先将欧盟、美国及日本的的粮食流通体制模式及所采取的政策措施总结如下：

（一）市场化改革是主要路径

从欧美的粮食流通体制分析来看，保证区域粮食安全、降低财政成本是根本目标，而粮食流通市场的市场化运行是手段。在西方经济学中，完全竞争是实现市场整体高效率运行的最优模式。在较为自由的市场粮食流通体系中，粮食市场的利益主体是以私营粮商为主的中间商，粮食在诸多主体的自由竞争中实现顺利流转，粮食价格由市场供求关系决定和调节，在政府制度和法律的保障下，较易形成完善的高效的粮食流通体系。从日本的粮食流通体制改革来看，政府的市场干预措施相对欧美范围更广、强度更大，其市场化的改革方向也在逐渐清晰。另外，随着世界多边贸易谈判的推进，各国农业政策改革更加强调发挥市场机制的作用。总之，粮食流通体系的市场化对于保障粮食安全，缓解政府财政压力的作用是显著的。此外，从各国采取的具体政策措施来看，价格支持政策相对于补贴政策、组织体系更加常见，因其更加符合市场经济的要求、消耗更少的行政成本和政府财政成本。

因此，中国在深化市场化改革的过程中，应该借鉴国外的经验，坚持市场化改革的方向，并充分利用经济杠杆。

（二）国家宏观调控是保障

粮食是基本生活消费品需求价格弹性低，直接关系到国家政治经济稳定。粮食的经济特质性和政治含义决定了其在国家、政府决策中的关键地位。从各国对粮食流通体系所采取的政策措施来看，即使是在粮食市场高度自由的欧盟和美国，政府都一直秉承着市场化和宏观调控双向并行的路径。建立市场化的粮食流通体制是提高粮食流通效率的需要、是保证国家粮食安全的途径，强化政府的宏观调控是防止市场失灵的手段、是确保国家粮食长期安全的保证。各国粮食流通体制的演变揭示出政府对粮食流通市场的直接干预在减少，但是各种间接手段的种类却有不断增多、加强的趋势。应该注意的是，存在客观性缺粮的国家和地区，如日本，其对粮食流通市场的宏观调控相对于欧美更加直接，这主要取决于国家的实际情况。

因此，在推进粮食流通体制改革的过程中，政府要不断探寻制度成本更低、运行效率更高的管理粮食流通体系的方法。结合我国人口众多、耕地逐年减少的实际，政府宏观调控对粮食市场化改革的方向应该逐渐转变并保持一定的力度。

（三）粮食生产是根本

世界范围内，相对于工业产品，粮食均不同程度地表现出弱质性，因其不仅面临市场风险还面临着自然风险。而粮食作为国民日常基本消费品，又关系到国家政治、经济发展的稳定。稳定的粮食供给是国家粮食安全的重要保障，实际上，各国政府对于提升粮食综合生产能力上都给予了高度重视。从欧美及日本的粮食流通体制变革及所采取的政策措施来看，平衡粮食供需、确保国家粮食安全是一切政策的根本出发点。从各国实施的具体措施来看，保护种粮农民利益、刺激农民生产积极性是基本手段。欧盟和日本各国的经验提醒中国，在深化粮食流通体系市场化改革中，建立针对鼓励粮食生产的政策措施是第一要务，应建立较为完善的粮食生产政策保护体系，并且，不同时期应根据粮食供需关系的变化对粮食生产政策进行调整。

（四）粮食补贴政策

不论是粮食资源较为丰富、供大于求的欧盟和美国，还是在粮食资源紧张、长期处于粮食供不应求阶段的日本，粮食补贴政策都是粮食流通政策体系的重要部分。欧盟对粮食生产者的补贴总量最大，日本对单位作物产量补贴最多。此外，从欧美及日本采取的具体补贴政策来看，几乎覆盖了粮食生产、流通、储备以及国际贸易、组织体系等方方面面，尤其是在市场化程度更高的欧美，粮食补贴政策的力度更大。再者，从政策措施的内在关系来看，粮食补贴政策与其他政策关系极为密切，足以说明这些国家和地区的粮食补贴政策不是单独存在的，已经在其他政策的支持下形成了完善的补贴体系。目前，我国也实行了粮食补贴政策，且政策的涉及面和力度也在迅速扩大。我国的粮食补贴政策只有主体政策，缺少相关的配套政策，无法形成补贴政策体系，由此引起的一系列问题已经严重抵消了粮食补贴政策应有的绩效。需要注意的是补贴政策给各国政府均带来了巨大的财政压力，对国际粮食市场秩序产生了一定的负面影响。这是我国在制定粮食补贴政策时应该引以为戒的。

各国施行粮食补贴政策的经验告诉我们，应该对我国施行的粮食补贴政策进行调整，建立配套辅助政策，以形成粮食补贴政策体系。另一方面，应在WTO框架下充分利用"黄箱"和"绿箱"政策。

二　坚持并不断深化粮食流通体制市场化改革

市场化是中国粮食流通体制改革的目标，也是创造公平竞争环境，实现企业交易效率、经营效率全面提升的必经途径。

（一）加快国有粮食企业改革，发挥其市场主渠道作用

鼓励粮食收购市场多元化，强化市场竞争是粮食市场必由之路。但是粮食市场不同于一般的商品市场，关乎国家政治经济安全各个方面，尤其是中国这样一个粮食需求量巨大的人口大国。因此，管理粮食市场的首要任务还是保障国家粮食安全。目前，绝大部分私营粮商的社会责任感还未建立起来，他们的唯一目的就是获利，保障粮食安全的任务他们还无法胜任。2004年粮食收购市场完全放开之后，国有粮企的垄断地位随之结束。但是其粮食储备的社会职能仍然存在，一方面，保证国家安全粮食储备；另一方面，通过实时的粮食吞吐平抑市场价格的波动，稳定市场粮价。可见，国有粮企的重要地位是不可撼动的。

国有粮食企业肩负调控粮食市场、稳定粮食价格、保证粮食供应的重

任，是新形势下实现国家粮食安全目标的有效载体和工具。第一，体现为占有的市场份额，国有粮食购销企业应对粮食流通市场拥有较强的控制力；第二，国有粮食购销企业必须拥有均衡的战略布局，对从中央到地方的四级储备都应留有充足的"占据点"；第三，国有粮食购销企业应适时发展壮大，成为支柱企业，真正发挥粮食流通市场主渠道作用，改变当前诸多企业实力弱、规模小、分散经营的现状；第四，为了强化国有粮食购销企业的市场主体地位，更好地发挥国有粮食购销企业主渠道作用，必须增强企业实力，对现有国有企业进行战略性重组。首先，提高企业经济效益，国有粮食购销企业是市场的中坚力量，要努力提高其经济效益，使主渠道作用真正做到名副其实；其次，实行粮食购销企业的产权制度改革，国有企业真正发挥主渠道的作用需要其产权清晰、责权明确。尽快建成若干个具有国际竞争力的大型粮食企业，融政府调控意志于市场竞争中，既降低国家直接调控粮食市场的行政成本，又有利于构建自由竞争的市场环境。

（二）完善粮食价格市场形成机制

完全竞争市场条件下，商品价格体现的是供求关系的变化。美国的粮食价格完全在市场中形成，是国际粮食价格的风向标。欧盟的粮食价格以市场形成为主，但是限定了严格的最低价和最高价。日本的大米价格按用途划分明确，自主流通米反映市场供求关系。随着中国粮食购销市场的不断放开，价格的市场形成机制已经初步建立起来，但是根据笔者的调研，粮农在很大程度上不满意于现有的粮食价格。

粮食价格市场形成机制应该是一个体系，需要相关的配套措施维持市场的公平竞争及规范有序。中国构建粮食价格体系应该从以下几方面着手：①在全国范围内建立合理分布的粮食批发市场网络；②推进粮食期货市场的规范化运营；③继续实行粮食最低收购价政策，同时不断对其进行完善，尤其是国家短缺的重点粮食品种，确保国家在粮食市场供求出现重大变化时稳定市场供应、保护农民利益的能力。

（三）健全粮食市场准入制度，培育大型粮食购销企业

粮食购销市场准入制度的建立，有利于发挥国有粮食购销企业的主渠道作用，同时，对维护粮食市场秩序、保护农民利益均有积极作用。但由于制度不完善、体制不健全，该规定在发展过程中仍存在一些缺陷：政府的行为干预与市场化的经济形势存在矛盾、粮食收购市场准入制度过窄

等。首先，政府在流通准入阶段采取层层审批的行政管制手段，增加了市场寻租的比例；其次，市场准入限制存在对象管制问题，对国有之外的经济主体，尤其是民营企业在市场准入方面存在歧视问题。

如前所述，粮食流通市场逐渐走向放开、市场化是粮食流通体制发展的趋势，更是其发展的有效途径。所以应在粮食收购市场中适当引入竞争机制，进一步放松和取消部分粮食收购市场准入的行政审批，打破市场壁垒，实现要素的自由流动，改变部分主体垄断经营，逐步形成管理规范、公平的市场准入制度。另一方面，建立健全粮食市场准入制度，提高市场准入门槛，以提升经营者的整体社会责任感，然后依靠市场力量对经过筛选的企业进行整合，最后对那些信誉好、效率较高、规模比较大的企业进行帮扶，培育一批市场竞争能力强的大型粮食购销企业，最终达到健全粮食市场体系，提升市场竞争活力的目的。

三　明确政府的市场定位及市场调控方式

（一）政府在市场中的定位

欧盟、美国及日本对市场的管理主要通过行政法规或委托农业合作组织，政府独立于市场之外，但又不远离市场。这种政府在市场中的定位有利于降低国家行政成本，是粮食市场市场化发展的必然，是提高流通市场效率的要求。从粮食计划经济到市场化主导下的国家粮食宏观调控体系，中国粮食走过了曲折的改革之路，政府在市场中的定位也由市场主体逐渐向市场之外的第三方力量转变。但是，政府目前在市场中的定位还未能完全适应未来粮食流通体制市场化改革的需要。需要明确的是，中国不像欧盟、美国是粮食资源丰富的国家，人口众多导致中国粮食供需平衡压力远大于日本。因此，中国政府与市场的关系不能完全采用国外的经验——以独立于政府的第三方农业合作组织为纽带调控市场。中国政府调整市场定位的同时，要强调政府对市场的有效调控，可以依托大型国有控股企业，也可以依托有中国特色的农业合作组织和中央储备粮管理体系。

为了确保粮食流通体制市场化改革的顺利实现，需要政府进一步放松对粮食市场的直接干预。但是，目前中国的农业合作组织体系尚未建立起来、相关的法律法规也不健全，因此，政府定位的完全转换必然要经历一个较长的过程。

（二）政府调控粮食市场方式的转变

从欧盟、美国和日本的粮食流通体制演变来看，各国政府对粮食市场的生产、流通及国际贸易的干预从未停止，且都有一个共同特点：化直接干预为间接干预。政府以法律杠杆、经济杠杆取代行政命令，且这种干预方式的转变往往与粮食流通体制的市场化改革步伐完全一致，如日本。

长期以来，受粮食供需缺口较大的影响，中国政府对粮食市场的控制以行政管制为主，或是通过国有粮食企业在市场中的垄断地位来实现（行政管理模式的一种）。政府对粮食市场的直接行政干预导致了一系列问题，诸如粮食市场缺乏活力、国有粮食企业的"三老"包袱、高额的政府行政成本、粮食生产与市场需求脱节，等等。粮食流通体制市场化改革以来，这种行政干预正在弱化，促进粮食流通体制改革的相关法律法规也在不断建立完善。

需要注意的是，中国人口众多、粮食需求量大的现实要求国家密切关注粮食市场异动，粮食市场体系不完善、法制不健全约束了政府抽离市场干预的可能性，由此导致中国政府对粮食市场的直接干预转变为间接干预无法在短期内实现，需要逐步实施。因此，加快粮食市场法律、法规建设，建立中长期粮食市场预警机制，是实现国家调控粮食市场方式转变的充分必要条件。

四 完善调整粮食补贴政策

（一）构建粮食补贴政策体系

国外发达国家的粮食补贴政策最显著的特征是所有的补贴政策组成完整的补贴体系，覆盖从粮食生产到流通到消费的各个环节，相互影响、相互作用，综合作用显著。

我国施行的粮食补贴政策主要涉及粮食生产、粮食流通环节，且粮食流通环节的补贴政策主要针对兼职政策性粮食购销、储藏企业，不具备普遍性。此外，粮食生产补贴政策只有主体政策，缺少相关的配套政策对其进行支持，未形成较为完善的补贴政策体系，由此引发的一系列问题甚至严重抵消了粮食补贴政策应有的绩效。例如，由于缺少农业生产资料价格调控政策，导致农业生产资料价格快速上涨的趋势无法遏制，快速推高了粮食生产成本，抵消了粮农从粮食补贴政策中获得的收益；粮食补贴政策在刺激粮食产量增长的同时，市场粮价却因增产而下降（2004—2008年），而我国粮食消费领域鼓励消费的政策是"影子政策"，对提升粮食价格不显著。生产市场和消费市场的双重价格挤压，最终导致农民的收入难以实现增长，其原因就在于粮食补贴政策配套政策的缺失（尹义坤，刘国斌，2010）。

基于以上分析，构建粮食补贴政策体系应从两方面着手：一是扩大粮食补贴政策覆盖范围；二是尽快建立健全相应的配套政策措施以形成完善的粮食补贴政策体系，提升现行粮食补贴政策绩效，推进我国粮食补贴政策的不断完善。

（二）调整粮食补贴标准

欧盟、美国及日本的粮食补贴政策发展显示：不同时期粮食补贴政策的标准不一样，从鼓励粮食生产、提高粮食产量时期的补贴与面积挂钩、产量挂钩到粮食生产过剩后的补贴与产业结构调整相挂钩。

我国粮食直补政策在不同省份有不同的实施标准，按户头人数、户有承包地亩数、实际种植面积数等，政策执行效果也不一样。中国正处于鼓励粮食生产与农业产业结构调整双重目标的特殊时期，故应该结合中国的实际对补贴标准进行调整。如针对农民外出务工、大量农田抛荒的现象，鼓励粮食生产的补贴政策就应该由之前的补贴与面积挂钩转向为与粮食销售量挂钩，让粮食补贴真正补贴到种粮农户，切实起到促进粮食生产和增加粮农收入的作用。

中国的粮食生产存在较大的区域差异性，不能简单地实行一刀切式的统一的补贴标准，应该允许补贴标准的多元化发展，并建立配套政策以规范补贴政策的实施。

第四节　本章小结

本章以欧盟、美国和日本三个发达国家粮食流通体系演变及各国政府采取的粮食流通政策为研究对象，分析各项政策措施积极的与消极的影响。结果显示：（1）从粮食流通体制的发展历程来看，流通体制的市场化是改革的路径选择，高度自由的粮食市场极大地提高了社会交易效率，对于缓解政府财政压力和保障粮食安全具有积极作用；（2）从采取的政策措施来看，稳定粮食生产是市场化的根本，国家的宏观调控是市场化顺利推进、国家粮食安全目标得以实现的保障，粮食补贴政策体系是保护市场各主体及国家利益的必要手段。

在分析总结国外粮食流通体制经验的基础上，本章结合中国粮食流通体制改革和粮食供需实际提出中国粮食流通体制市场化改革继续深化的政策措施。首先，确定政府在粮食流通体制深化改革中的市场定位，同时，强化国家依托大型国有控股粮食企业、有中国特色的农业合作组织、中央储备粮管理体系调控粮食流通市场。其次，调整政府对市场的调控方式，转行政命令式的直接干预为依托经济杠杆、法律杠杆及大型粮食企业等的间接干预。再次，继续深化粮食流通体制市场化改革，进一步加快推进国有粮食企业改革，发挥其市场主渠道作用；构建完善的粮食价格市场形成机制，并在粮食购销市场放开的同时健全粮食市场准入制度，培养一批大型粮食购销企业。最后，加快补贴政策配套措施的建立、扩大粮食补贴政策覆盖范围以形成完善的粮食补贴政策体系，结合粮食补贴政策实施的绩效对粮食补贴政策的实施标准进行适当调整，以适应粮食流通体制改革的步伐和各地粮食生产与粮食流通的发展。

总之，我国粮食流通体制与发达国家相比尚存在较大差距。在深化粮食流通体制市场化改革的过程中，支持有中国特色的农业合作组织的发展、完善相关法律法规是基础，转变政府市场定位和市场调控方式、培育市场主体、构建价格市场形成机制、完善粮食补贴体系等是主要手段。

第六章 粮食收购市场各主体利益协调的经济学分析

粮食是人民生活的必需品，是经济社会发展的重要物质基础，是国家安全的重要战略物资。保证国家粮食安全主要应从提高粮食综合生产能力、顺畅国内粮食流通储备体系、扩大国际粮食进出口能力等几方面着手（王雅鹏，2005；王雅鹏，叶慧，2008）。自2004年以来，中国已经连续七年实现粮食增产，粮食自给率高于95%，粮食生产与进口压力不大，保证国家粮食安全的关键在于顺畅国内粮食流通渠道。2008年上半年，面对全球性的粮食危机，包括美国、澳大利亚等主要粮食出口国在内的许多国家都出现了不同程度的粮食价格爆涨甚至粮食供需紧张现象；而在中国，恰逢粮食增产，实际情况是市场粮价稳定、粮食主产区的粮农卖粮难。究其原因，主要是中国的粮食流通渠道不畅，主产区与主销区之间的对接存在问题（龙方，曾福生，2007），粮食购销市场中生产者、中间商、终端收购分销企业、消费者之间的利益协调性差。前文已分析得出推进粮食流通体制市场化改革的深化在根本上依赖于市场各主体利益关系的协调发展。因此，分析并理顺粮食购销市场中各利益主体之间的关系，做到有的放矢，对解决我国粮食市场中存在的问题、保证国家粮食安全具有十分重要的意义。

从市场运作角度讲，粮食流通过程包含销售与收购两个市场，两者存在很大差异，不能混为一谈。粮食销售市场与粮食收购市场的主要差别在于：一是流通对象不同，前者既有原粮所有权又有成品粮所有权，后者是原粮的所有权；二是涉及的利益主体不同，粮食销售市场不仅包含粮食收购市场的各个主体，还包括粮食的终端消费者。基于此，为深入研究粮食流通市场中各个利益主体的关系及利益协调，本书将粮食购销市场分解为粮食收购市场和粮食销售市场两部分分别进行研究，本章主要研究粮食收购市场主体之间的利益关系。

第一节 粮食收购市场各利益主体定位

粮食流通过程中购与销是矛盾的两个方面。从粮食收购者角度看，购是主要矛盾；从种粮农民角度看，销是核心问题。将二者结合起来，即发现粮食流通过程的主要矛盾集中在粮食收购市场。因此，为实现国家的长期粮食安全目标，首先要做的就是解决粮食流通体系中的主要矛盾即理顺粮食收购市场各利益主体的关系并协调各方利益。

一 粮食收购市场利益主体划分

从1953—1984年的统购统销时期到1985—1997年的合同订购、市场收购和价格双轨制时期，再到1998年之后的粮食购销市场化改革时期，我国粮食流通体制的不断演进，极大地促进了我国粮食生产的发展和粮农收入的增长（刘颖，2005）。2004年，国家开始放开粮食收购市场，直接补贴粮农，转换粮食企业机制，整顿市场秩序。在国家宏观调控下，粮食收购市场呈现出以下几个新的特点：一是国有粮食收购企业的垄断地位就此消失；二是之前一直不被国家承认的粮食经纪人得到国家认可；三是各种职能的粮食企业不断壮大，部分已发展成为能与国有粮食收购企业一争高低的大型粮食企业。而在这些新特点的背后，是粮食收购市场中各利益主体之间关系的变化。

（一）粮食收购市场中利益主体的划分

在中国现行的粮食流通体制下，按性质和规模大小，粮食收购市场的利益主体可以分为三类：粮农、粮食经纪人、粮食收购企业。

图6-1是粮食收购市场原粮所有权流转的流程图，其中，粮农是粮食产品的供给者；相较于粮食收购企业，粮食经纪人的收购规模和经济实力要小得多，且多是兼职型的，工作时间有明显的季节性；粮食收购企业指规模比较大的专门从事粮食购销或加工的企业，包括私营粮食收购企业和国有粮食收购企业。图6-1中，原粮所有权流转的主线是"粮农→粮食经纪人→粮食收购企业"，但是当粮食市场出现有效供给不足或者是粮食价格预期较好的情况时，粮食收购企业也会在农村设点，直接从粮农手

```
        ┌──────┐         ┌──────────┐
        │ 粮农 │────────▶│ 粮食经纪人 │
        └──────┘         └──────────┘
            \                 │
             \                │
              \               ▼
               \      ┌──────────────┐
                ─────▶│  粮食收购企业  │
                      └──────────────┘
```

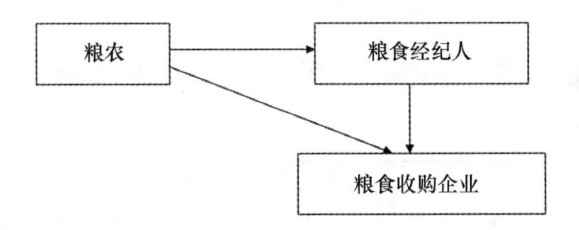

图 6-1 粮食收购市场原粮所有权流转流程图

中收粮。不过，国有粮食收购企业在农村设点与私营粮食收购企业在农村设点是不一样的：粮农将粮食卖给国有粮食收购企业，运费由粮农承担；粮农将粮食卖给私营粮食收购企业，粮农一般不需要承担运费。在原粮所有权的流转过程中，粮食收购企业有时也会充当粮食经纪人。在中国，粮食经纪人的对象比较复杂，包括个别粮农、运输户、粮食加工厂、粮贸公司、地方粮库等（马玉忠，崔晓琳，2008）。

(二) 三大利益主体的性质和利益归属

按照利益主体的职能，粮食收购市场的利益主体可以被划分为粮农、私营粮商、国有粮食收购企业。其中，私营粮商包括粮食经纪人和私营粮食收购企业。

粮农是生产者，通过提高产量、降低生产成本和售粮费用来实现自身利益最大化，是粮食流通过程中的基础环节。

私营粮商收购的粮食称为"市场粮"，其根据自身能力和市场情况，自负盈亏，自主经营，最终目的也是实现自身利益最大化。国家和各级政府只能通过经济杠杆和政策间接调节私营粮商的生产、经营活动。

国有粮食收购企业的经营目标是实现自身利润最大化和保障国家粮食安全。其经营的粮食主要有两部分：一是实现自身利润的"市场粮"，与私营粮商的"市场粮"具有相同性质；二是服务于国家粮食安全政策和宏观调控目标、用于保障国家粮食安全的"政策粮"（宋华盛，张旭昆，2000），包括保障国家粮食储备的"储备粮"和平抑市场粮价波动的"临时储备粮"两部分，具有公益性质。国有粮食收购企业的本质首先是公益性企业，其次才是追求利润最大化，其对经营规模和经营方式的选择必须建立在为国家管好粮食这一基本宗旨的基础上。

二 粮食收购市场利益主体关系分解

由于原粮的所有权在市场中的流转有多种渠道，最终使粮农、粮食经纪人、粮食收购企业三大利益主体之间形成了错综复杂的关系。为便于分析，本节将三者的关系分解为两类：粮农与粮食收购者的关系、粮食收购者之间的关系。

（一）粮农与粮食收购者的关系

本节将粮食经纪人和粮食收购企业归并作为粮食收购市场中的需求者，即买方；粮农则作为粮食收购市场中的供给者，即卖方。根据粮食产品的特性，市场经济条件下的粮食市场在理论上应该是非常接近完全竞争市场的，具体表现为：粮食价格是在市场竞争中形成的，买卖双方无法对其施加影响，只能接受它；商家进入粮食市场是自由的；买卖双方对粮食产品信息的掌握是对称的。理论上，在完全竞争市场中，买卖双方的利益能得到同等保护。但在现实的粮食收购市场中，买卖双方的利益是不对称的，其表现与原因是：一是粮食收购方利用粮农急于变现的心理，恶意压级、压价，特别是偏远乡镇的粮农，其种粮利益更得不到保障；二是买卖双方掌握的市场信息不对称，受文化水平低、信息不畅等因素的影响，大部分粮农对粮食市场行情的变化认识不清，最终造成交易过程中自身利益受损。总之，在粮农与粮食收购者的利益关系中，粮农多处于不利地位，其利益得不到有效保障。

（二）粮食收购者之间的关系

粮食收购者包括粮食经纪人、私营粮食收购企业、国有粮食企业，他们之间的利益关系比较复杂，不仅存在利益竞争关系，而且还存在供给者与需求者的关系。

通常情况下，粮食收购企业通过粮食经纪人从粮农手中买粮，而不直接面对粮农。但是，在粮食价格上涨、市场预期好、粮食有效供给不足的情况下，直接面向粮农的就不仅仅是粮食经纪人，还包括私营粮食收购企业和国有粮食收购企业。此时，三者之间就是典型的利益竞争关系，受益最多的自然是资金雄厚、能更准确地把握市场的那一部分经销商，而吞吐能力较小、分散的粮食经纪人则成为收购市场中的弱者，一旦决策失误就有可能被挤出市场。

粮食在市场中的流转不仅限于"粮农→经销商→消费者"这一条路

线，中间的经销商环节非常复杂，一批粮食从进入市场至到达消费者手中，一般都要经过几次转卖，各个层级之间都要赚取一定的差价。例如，运输户挣取运费，粮食加工厂赚取加工费用和一定的差价，粮贸公司或国有粮食收购企业通过倒手赚取差价。在粮食倒转的过程中，各种规模的粮食收购者之间形成典型的供给者与需求者的关系，他们通过粮食进出差价和讨价还价来实现自身利润最大化。

第二节 粮食收购市场主体利益协调的比较静态分析

粮食是大宗农产品，其生产和销售具有量大、分散、区域分离的特性，粮食直销的可能性很小，因此，粮食市场中生产者与消费者不可能面对面的直接进行交易，即市场中供给者与需求者不是简单的一对一的关系，必然有专职收购与销售的粮商将生产者与消费者连接起来（宋华盛，张旭昆，2000）。因此，在粮食收购市场中，粮农是市场中唯一的供给者，而需求者却不是唯一的。本节根据粮食的特性和粮食收购者职能的不同，将私营粮商和国有粮食收购企业加以区分，作为粮食收购市场中的两个并列的需求方。

一 基本假设

由于双层市场模型不仅考虑生产者的供给行为，还考虑经营者的供给行为，不仅考虑消费者的需求行为，还考虑经营者的需求行为（张旭昆，郑少贞，2000），因而是一种较好的分析市场主体间利益关系的工具。为分析粮农、私营粮商与国有粮食收购企业三者之间的利益关系，本研究构建粮食收购市场的双层市场模型。

为便于分析，本节做出以下几点假设：①不考虑粮商内部原粮所有权的流转，粮食流转只存在于粮农与私营粮商之间、粮农与国有粮食收购企业之间；②不考虑粮食收购企业边际交易费用[①]递减效应，且粮食收购者的边际交易费用不变，即供给曲线之间是平行的；③不考虑多级消费者，图 6-2 中的消费者曲线 D_U 代表的可能是最终的消费者也可能是供给者下一级的商家。

---

① 本研究中，交易费用包含商家利润和与交易活动相关的一切费用。

二 比较静态分析

图 6-2 中，S_P 为粮农供给曲线；S_C 为私营粮商的供给曲线，反映了其与买家（最终的消费者或下级粮商）交易时的供给行为；S_G 为国有粮食收购企业的供给曲线，反映了其与买家（多为粮商）交易时的供给行为；S_P 与 S_C 之间的垂距表示私营粮商的边际交易费用 M_C；S_P 与 S_G 之间的垂距表示国有粮食收购企业的边际交易费用 M_G；D_G 为国有粮食收购企业的需求曲线，反映了其与卖家（粮农）交易时的需求行为；D_C 为私营粮商的需求曲线，反映了其与卖家（粮农）交易时的供给行为；D_U 为消费者（最终的消费者或下级粮商）的需求曲线；D_U 与 D_G 之间的垂距表示国有粮食收购企业的粮食购入价和售出价之间的差价；D_U 与 D_C 之间的垂距表示私营粮商的粮食购入价和售出价之间的差价。这两个差价必须正好分别等于他们的边际交易费用，市场才能达到均衡，即 S_P 与 S_C 之间的垂距和 D_U 与 D_C 之间的垂距相等，S_P 与 S_G 之间的垂距和 D_U 与 D_G 之间的垂距相等，且供给曲线之间的垂距决定需求曲线之间的垂距（张旭昆，郑少贞，2000）。

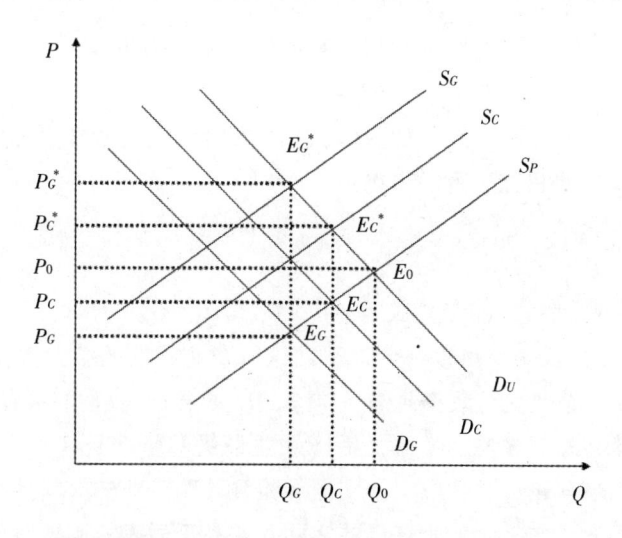

图 6-2 粮食收购市场中粮农、私营粮商与国有粮食收购企业的市场均衡

粮农供给曲线 S_P 与消费者需求曲线 D_U 相交于 E_o[①]，对应的均衡价格是 P_0，均衡交易量为 Q_0。私营粮商的供给曲线 S_C 与消费者的需求曲线 D_U 相交于 E_C^*，对应的均衡价格为 P_C^*，均衡交易量为 Q_C；国有粮食收购企业的供给曲线 S_G 与消费者的需求曲线 D_U 相交于 E_G^*，对应的均衡价格为为 P_G^*，均衡交易量为 Q_G。从图 6-2 中可以看出，有经销商介入的粮食收购市场，粮食价格提高了（$P_G^* > P_0$，$P_C^* > P_0$），粮食销售量减少了（$Q_C < Q_0$，$Q_G < Q_0$），整体上看是不经济的。

图 6-2 中 S_P 与 S_G 之间的垂距大于 S_P 与 S_C 之间的垂距，这表明国有粮食收购企业的边际交易费用高于私营粮商的边际交易费用。

①对于粮农而言，$P_C > P_G$，且 $Q_C > Q_G$，即将粮食卖给私营粮商获得的价格和销售量都要高于出售给国有粮食收购企业。粮农的售粮行为是理性的，最终必将导致国有粮食收购企业从粮农处得不到粮源，不得不转向从私营粮商处买粮，其经济效益显然低于私营粮商。

②私营粮商的交易费用为：
$$A = P_C E_C E_C^* P_C^* = Q_C \cdot (P_C^* - P_C) \tag{6.1}$$
国有粮食收购企业的交易费用为：
$$B = P_G E_G E_G^* P_G^* = Q_G \cdot (P_G^* - P_G) \tag{6.2}$$
若 $A = B$，即私营粮商与国有粮商的交易费用相等：
$$Q_C \cdot (P_C^* - P_C) = Q_G \cdot (P_G^* - P_G) \tag{6.3}$$
由于 S_P、S_G、S_C 三线相互平行且需求曲线决定于供给曲线，因此，D_U、D_G、D_C 三线相互平行，得出：
$$\frac{P_G^* - P_G}{P_C^* - P_C} = \frac{M_G}{M_C} \tag{6.4}$$
由（6.3）式与（6.4）式得：$M_G/M_C = Q_C/Q_G$ \quad (6.5)

从（6.5）式中，可以得到以下结论：企业收购的粮食数量与其交易效率成正比，企业交易效率越高（M_G、M_C 越小），收购的粮食数量越多。

③从社会总效益角度考虑，经济效益最优的条件是 $A + B$ 取最小值，即 $A = B$，$P_C = P_G$，$Q_C = Q_G$。在国有粮食收购企业的交易效率低于私营粮商的前提下，如果前者所获得的实际收益高于后者，则所有的粮食收购企业均倾向于降低粮食收购效率，即 S_C、S_G、D_G、D_C 均向左移动，根据

---

① 此时的均衡是建立在市场中没有任何中间商的前提下的，在粮食收购市场是不存在的。

(6.5) 式得到的结论，全社会粮食收购总量会下降，粮食收购价格会下降，从而使得粮农收益下降，国家粮食安全得不到保障。因此，对于各方均有利的解决方式是降低粮食收购的交易费用，提高粮食收购者的交易效率。

根据以上分析，若粮食收购方交易效率低下，会产生以下几方面的不良影响：一是生产者剩余减少；二是粮食收购者给出的收购价格下降、收购量减少，其在收购市场中的竞争力下降，在销售市场中的利润有限，获得的总利润减少；三是消费者面对的粮食价格高、有效供给不足，消费者剩余减少；四是社会承担的粮食收购成本上升，国家粮食安全得不到保障。提高全社会粮食收购者的交易效率，一方面可以通过市场竞争，优胜劣汰，提高市场交易效率；另一方面可以通过创造良好的粮食流通环境。

第三节 粮食最低收购价政策对主体利益影响探析

2005 年，粮食最低收购价政策执行预案首次启动，经过多年的实践，粮食最低收购价政策进展顺利，对确保国家粮食安全战略、改善粮食宏观调控、稳定粮食生产、保护农民种粮积极性起到了明显成效（施勇杰，2007）。粮食最低收购价政策是一种包含有价格保障机制的补贴政策。当市场粮价高于由成本和利润构成的目标价格——最低收购价格时，由具有收购资格的各市场主体按照随行就市原则自主定价入市收购。当市场粮价低于最低收购价时，中储粮总公司及其委托的公司实行最低收购价政策进行托市收购，阻止粮价的过度下跌，稳定市场粮价，保护种粮农民利益。

从市场竞争的角度看，国家启动粮食最低收购价政策实质上就是在资金上支持国有粮食收购企业，增强其市场竞争能力。在粮食供给量一定的条件下，国有粮食收购企业因资金更雄厚所收购的粮食数量就会增加，而短期内，私营粮商的资金力量保持不变，其所获得的供给量就相应地减少（S_P 左移至 S_P^*），收购价格上升至 P_0^*（P_0^* 必然大于等于最低保护价格），如图 6-3 所示。①

---

① 图 6-3、图 6-4 中 S_P 与 S_P^* 分别为实行粮食最低收购价前后粮农对私营粮商的供给曲线。

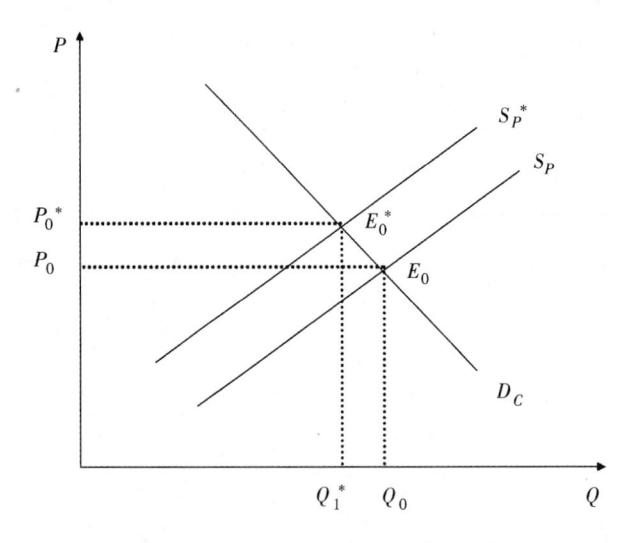

图 6-3　实行最低收购价政策后私营粮商在收购市场中的粮源变化

粮食最低收购价的实行在短期内对粮食收购市场中的消费需求（包括小型粮商和最终消费者的需求）影响很小，甚至可以忽略不计。相反的，粮食最低收购价的实行对粮农的售粮行为的影响却是迅速而巨大的。两者相比较反映在图形上就是 D_U 左移的幅度要小于 S_P 左移的幅度（图6-3）。如图 4.3 所示，国家对某区域的某粮食品种实行最低价收购政策之后，私营粮商收购的粮食数量为 Q_2，而市场上的需求数量为 Q_1，粮食市场出现供不应求的情况。对于私营粮商而言，Q_2 这一粮食收购数量不能实现其利润最大化的目标，是一个不经济的收购量。要实现利润最大化，私营粮商就需要通过注入资金或提高交易效率以节省交易费用等方式来扩大现有的收购数量，使 Q_2 向 Q_1 靠拢。

私营粮商提高交易效率，就意味着图 6-4 中的 S_C 和 D_C 均向右移，粮商的边际交易费用降低。对于粮食生产者，粮食价格上升，销售量增加，总收益是增加的；对于私营粮商，边际交易成本降低，而收购量销售量增长，实现了经济效益的增长；对于消费者，整个社会的粮食价格上升，而粮食是生活必需品，需求价格弹性很小，粮食需求基本上维持不变，因此，执行最低价收购政策对于消费者是不利的，但损失不会太大；对于国家和整个社会来说，交易效率提高，交易费用下降，农民种粮积极性得到提高，粮食安全得到保障，因此，最低收购价政策的实行对社会是有利的。

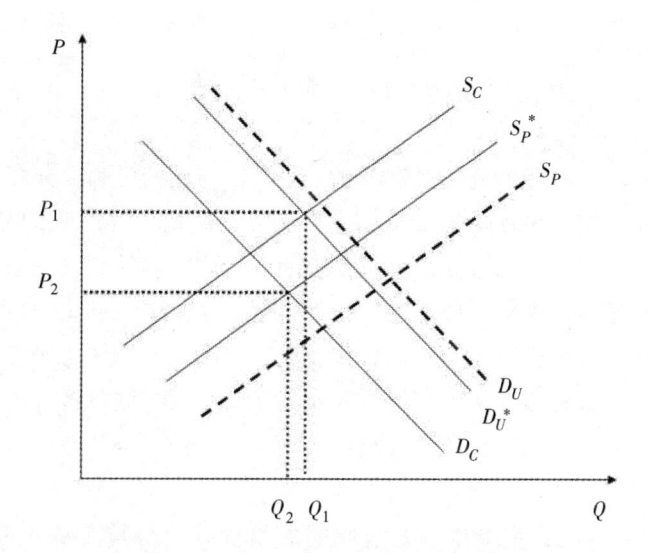

图 6-4 实行最低收购价政策后私营粮商在收购市场中的供需关系变化

但是，从笔者调研的结果来看，粮食最低收购价政策的应有绩效并未充分体现、对粮食流通企业效率提升的效果也并不显著。第一，粮食最低价格指定的收购企业是少数，使得粮源集中在少数有资格的企业手中，易形成市场垄断和不公平竞争，进而不利于粮食市场体系的完善。第二，粮食保护价格公布与农民售粮行为存在时间差。国家规定"当粮食供求发生重大变化时，可由国务院决定对短缺的重点粮食品种，在粮食主产区实行最低收购价格"。自实行粮食最低收购价格制度以来，只有2006年在3月初即公布了稻谷和小麦最低收购价格，是历年来最早的一年。而中西部地区相当部分以家庭经营为主的粮农，因缺乏完善的仓储设施，多是选择即收即卖的方式，因此，粮食最低收购价对这部分农民没有起到必要的保护作用。第三，随着市场物价的不断上涨，粮食保护价格不得不随之上涨，一些问题逐渐显现。一是最低价收购政策过度干预市场价格形成机制，导致价格扭曲，农民得不到真正的市场价格信号，短期来看，影响了农民的生产决策，长期来看，将影响农业的稳定；二是粮食顺价销售成为难题，粮食流通和加工企业利润变薄，加工企业倾向于进口粮食。目前，我国已经出现玉米、大豆、油菜籽等产品的国内外价格倒挂，政府逐渐成为粮食收购的中坚力量。

第四节 本章小结

中国粮食流通市场流通渠道不畅、主产区与主销区利益分配失衡等问题的市场原因在于粮食购销市场中生产者、中间商、终端收购分销企业、消费者之间的利益协调性差，分析并理顺各主体之间的利益关系，做到有的放矢，对顺畅粮食跨区域流通、促进粮食流通体制市场化改革、保障国家粮食安全均有积极作用。本章以粮食收购市场利益主体为研究对象，运用双层市场模型对粮食购销市场中粮农、私营粮商、国有粮食购销企业等各利益主体的关系及现行的粮食最低收购价政策的综合效益做了比较静态分析。研究得出如下结论：

（一）粮食收购市场中，企业收购的粮食数量与其交易效率成正比，即企业交易效率越高（M_c、M_G越小），其可获粮源越多。若粮食收购方交易效率低下，会产生以下不良影响：（1）生产者剩余减少；（2）粮食收购者给出的收购价格下降、收购量减少，其在收购市场中的竞争力下降、在销售市场中的利润有限、获得的总利润减少；（3）市场有效供给不足、消费者面对的粮食价格高，消费者剩余减少；（4）社会承担的粮食收购成本上升，国家粮食安全得不到保障。提高全社会粮食收购者的交易效率，一方面可以通过市场竞争，优胜劣汰，提高市场交易效率；另一方面可以通过创造良好的粮食流通环境。

（二）理论上执行粮食最低收购价政策能取得较好的经济效益和社会效益。粮食最低收购价政策的实施能促使私营粮商通过注资或提高交易效率的方式扩大粮食收购，以形成与国有粮食企业的有力竞争。如此一来，市场粮食需求量上升，同时，粮食价格有所升高，对各利益主体的影响表现为：粮农的总收益增加；私营粮商边际交易成本降低的同时粮食购销量增多，有助于扩大经济效益；对于消费者，市场粮食价格提升的同时粮食消费量保持不变，必然影响消费者的利益，但是损失不大；对于国家而言，粮食总体交易效率上升，粮农种粮积极性提高，粮食安全得到了很好的保障。但是，从笔者调研结果来看，粮食最低收购价政策的应有绩效并未充分体现、对粮食流通企业效率提升效果并不显著。因此，有待于从政策自身之外寻求答案。

以上理论分析得出，顺畅粮食市场粮食流通的关键在于协调各主体的利益，而协调各主体利益的突破口在于降低粮食购销企业的交易费用、提升企业交易效率。企业交易效率的提高将有助于市场粮食流通的顺畅和社会总体经济效率的提升，也是实现国家粮食安全保护的最有效的市场途径。

第七章 粮食销售市场各主体利益协调的经济学分析

相较于粮食销售市场，粮食流通过程的主要矛盾集中在粮食收购市场，但粮食销售市场对粮食收购市场具有极强的反作用。粮食销售一旦出现阻滞必将迅速反应到粮食收购市场中，且这种影响还具有一定的滞后期，即不仅对当年的粮食市场构成威胁，还将影响次年甚至第三年粮食生产，进而引发区域性的甚至全国性的粮食安全问题，因此，分析并理顺我国粮食销售市场中各利益主体的关系，确保不同情况下各方利益并实现社会总利益最大化，对实现我国粮食主产区与粮食主销区间的顺利对接、保证国家粮食安全亦具有十分重要的意义。

粮食是大宗农产品，其生产和销售具有量大、分散、区域分离的特性，粮食直销的可能性很小，因此，粮食市场中生产者与消费者不可能面对面的直接进行交易，即市场中供给者与需求者不是简单的一对一的关系，必然有专职收购与销售的粮商将生产者与消费者连接起来（宋华盛，张旭昆，2000）。专职粮食购销的粮商的经济行为是影响粮食市场价格和粮食跨区域流通的主要因素，而粮商的行为在很大程度上决定于市场中粮源的充足程度。因此，研究粮食销售市场中各主体利益的协调应分两种情况：一是市场粮源充足；二是市场粮源不足。

第一节 粮食销售市场各利益主体定位

一 粮食销售市场利益主体划分

（一）粮食销售市场中利益主体的划分

本节考察的重点在于粮食主产区与主销区之间的对接以及粮食主销区内部的粮食流通，为简化分析，将涉及的利益主体分为粮食主产区的大型

第七章　粮食销售市场各主体利益协调的经济学分析

粮食购销企业、粮食主销区的粮食购销企业、主销区粮食经销点和消费者四类。

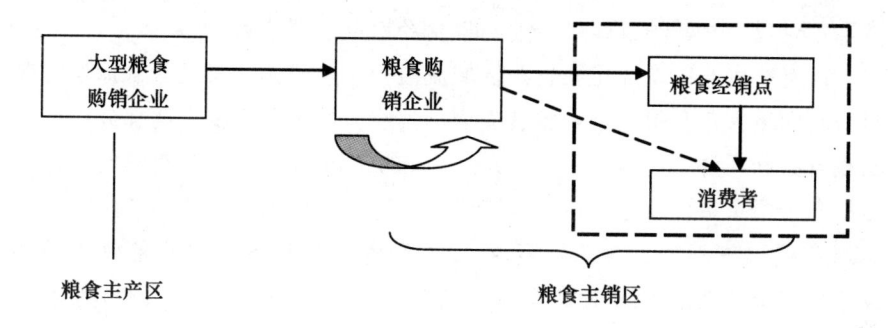

图 7-1　销售市场粮食所有权跨区域流转流程图

图 7-1 显示了粮食销售市场中粮食所有权流转的流程图。其中，粮食主产区的"大型粮食购销企业"是跨区域粮食流通中粮食的供给方。受跨区域粮食流通成本较高和权限等条件的限制，此时的供给者指粮食收购市场中规模比较大的专门从事粮食购销或加工的企业，包括大型私营粮食收购企业和国有粮食收购企业（王薇薇等，2009）。粮食主销区的"粮食购销企业"包括各种规模的私营粮食购销企业和国有粮食购销企业，销区国有粮食购销企业的主要任务是储备安全粮，它是不直接面对消费者的，其吞吐粮食通常是通过大型的粮食交易所对库存粮进行拍卖，然后由私营粮商将粮食销入市场。"粮食经销点"是销区中直接面对消费者的小型私营粮商或大型粮商设立的经销点。图中"消费者"是粮食的间接消费者和最终的消费者的总称。

图 7-1 中粮食所有权流转的主线是"产区大型粮食购销企业→销区粮食购销企业→粮食经销点→消费者"。需要注意的是：①假设四个利益主体中只有"销区粮食购销企业"存在粮食所有权的自流转。②粮食主销区粮食购销企业内部存在粮食的自流转，一是国有粮食购销企业将粮食转卖给私营粮商，目的在于平衡销区粮食价格和获得相应的利润；二是私营粮商内部粮食的倒卖，目的在于获利。③图中"粮食购销企业→粮食经销点"、"粮食购销企业→消费者"、"粮食经销点→消费者"三个环节主要描述粮食从粮食购销企业到消费者的流程，不是本研究的重点，因此，本节将粮食经销点和消费者统一起来视作粮食购销企业的下游，对粮

食在其内部的流转不做研究。

(二) 粮食销售市场中各利益主体的性质和利益归属

按照利益主体的职能，粮食销售市场的利益主体可以被划分为国有粮食购销企业、私营粮食购销企业、粮食经销点、消费者。

国有粮食购销企业是粮食跨区域流通的主要载体，其经营目标是实现自身利润最大化和保障国家粮食安全。其经营的粮食主要有两部分：一是实现自身利润的"市场粮"，与私营粮商的"市场粮"具有相同性质；二是服务于国家粮食安全政策和宏观调控目标、用于保障国家粮食安全的"政策粮"（李贺军，2008），包括保障国家粮食储备的"储备粮"和平抑市场粮价波动的"临时储备粮"两部分，具有公益性质。国有粮食收购企业的本质首先是公益性企业，其次才是追求利润最大化，其对经营规模和经营方式的选择必须建立在为国家管好粮食这一基本宗旨的基础上。

私营粮食购销企业经营的粮食称为"市场粮"，其根据自身能力和市场情况，自负盈亏，自主经营，最终目的也是实现自身利益最大化。国家和各级政府只能通过经济杠杆和政策间接调节私营粮商的生产、经营活动。

粮食经销点的性质类似于私营粮食购销企业，但是其规模和经营能力小得多。

消费者是粮食销售市场中需要保护的一部分，消费者获得的粮食价格合理与否是衡量国家粮食安全绩效高低的重要指标。

在粮食销售市场中，终端消费者是唯一的，但是粮食供给者却不是唯一的。本研究根据粮食的特性和粮食销售方职能的不同，将大型私营粮食购销企业和国有粮食购销企业加以区分，作为粮食销售市场中的两个并列的供给方。

二 粮食销售市场中各利益主体关系分解

本节中所述的粮食销售市场与粮食收购市场其本质相同，是基于涉及的利益主体不同才进行了区分，因此，随着我国粮食流通体制改革的不断进行，粮食收购市场呈现的特点即为粮食销售市场呈现的特点，只是这些特点的深层次含义在于粮食销售市场中各利益主体之间关系的改变。

由于粮食所有权在市场中的流转有多种渠道，最终使产区大型粮食购销企业、销区粮食购销企业、粮食经销点、消费者四大利益主体之间形成了错综复杂的关系。为便于分析，本节将四者的关系分解为三类：产销区粮食购销企业之间的关系、销区粮食购销企业内部的关系、销区粮食购销企业与下游的关系。

（一）产销区粮食购销企业之间的关系

产销区之间的衔接是决定粮食流通市场顺畅与否的关键因素，并将直接影响到产区粮农的利益和销区粮食价格的稳定，是维护国家粮食安全的重要环节。产区大型粮食购销企业与销区粮食购销企业之间的关系可以分解为两类：①两者是同一利益主体，即某一大型粮食购销企业在产区收购粮食，随后将粮食运往粮食主销区，在销区市场中充当粮食销售方。此时，产销区粮食购销企业的关系可以归为合作关系，降低空间费用和储管费用①是企业实现流通过程利润最大化的根本途径（张旭昆，1997）；②两者是独立的利益主体，即两者之间是典型的供给者与需求者关系。

（二）销区粮食购销企业内部的关系

销区粮食收购企业包括国有粮食购销企业、规模大小不一的私营粮食购销企业，他们之间的关系比较复杂，不仅存在粮食供给方与需求方的关系，还存在利益竞争关系。

国有粮食购销企业是跨区域粮食流通的主要载体，但是在粮食主销区他们一般不直接面对粮食经销点，粮食所有权的流转主线是"国有粮食购销企业→私营粮食购销企业→粮食经销点"，此间国有粮食购销企业的主要任务是储备销区安全粮、通过拍卖粮食稳定销区市场粮价，因此，其主要功能在于稳定销区粮食安全。此时，国有粮食收购企业与私营粮食购销企业是典型的供需关系。

国有粮食购销企业与私营粮食购销企业之间的竞争关系主要表现在双方同为销区粮食供给方时，获益较多的自然是资金雄厚、能准确把握市场信息、粮食收购和流通成本较低的企业。

（三）销区粮食购销企业与下游的关系

销区粮食购销企业的下游包括图7-1中的粮食经销点和消费者。粮食在这一环节中的流转非常复杂，一批粮食从进入市场至到达消费者手中，一般都要经过几次转卖，各个层级之间去都要赚取一定的差价。在倒

---

① 运费源于空间距离，称为空间费用；由于跨区的粮食购销企业的供需双方的交易意愿往往不是同时发生的，则交易的履约费用中便包含了商品的仓储保管费用，简称储管费用。

转的过程中，各种规模的粮食经销商之间形成了典型的供需关系，他们通过粮食进出差价和讨价还价来实现自身利润最大化。在本研究中，销区粮食购销企业与下游的关系不是研究的重点，需要把握的一个原则是保护消费者的利益。

第二节 假设一：市场粮源充足

粮食增产、市场粮源充足的情况下，跨区域的粮食销售市场可以近似的看成一个买方市场，即交易费用①主要由卖方承担，买方承担少部分交易费用。买方市场中，粮食供给方在交易谈判中的地位较弱，为使谈判协议达成往往被迫作出让步并支付大部分谈判费用，其次，供给方还要成为违约风险的主要承担者，如采用赊账销售、延期付款等方式以消化库中存粮（张旭昆，郑少贞，2000）。

具有买方市场性质的粮食销售市场中，粮食的供给曲线不再单纯的反应供给方的边际成本，而是反映了供给方的边际生产成本和边际交易成本之和（图7-2）。图7-2中，虚线S_C是没有考虑销售市场中交易费用时的供给曲线，实线S_{C+t}是考虑了交易费用后的供给曲线，故位于S_C的上方，两线之间的距离等于支付的边际交易费用。S_{C+t}比S_C更陡，表明销售量越大，边际交易费用越高。虚线D_C是没有考虑销售市场中交易费用时的需求曲线，实线D_{C+t}是考虑了交易费用后的需求曲线，考虑了交易费用后商品的边际效用下降了，故D_{C+t}位于D_C的下方，两线之间的距离等于支付的边际交易费用。D_{C+t}比D_C更平坦，表明购买量越大，边际交易费用越低。极端情况下（跨区域的粮食流通的交易费用全部由卖方承担），D_{C+t}与D_C是重合的一条线（图7-3）。

为便于分析，本节将市场粮源充足的粮食销售市场视作一个极端的买方市场（D_{C+t}与D_C是重合的一条线），图7-3为买方市场的粮食供需图。如果市场中充当粮食需求方的私营粮食购销企业扩大粮食购买量，即图7-3中D_C右移，相较于传统的供需市场（S_C与D_C组成的供需曲线），则其购买粮食的边际成本降低、利润空间增大；此时，在销售市场中充当

---

① 交易费用：本研究中的交易费用指仅与市场经济的运行相关联的那部分费用，即交易双方的搜索费用、谈判费用以及履约费用。

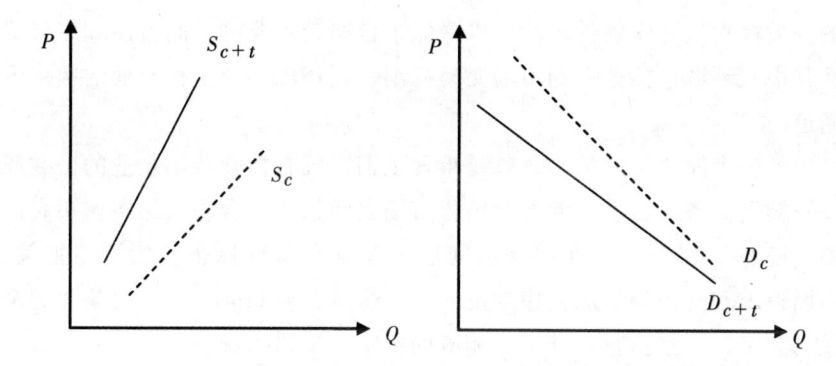

图 7-2　粮食销售市场中买方市场与传统市场供需曲线比较

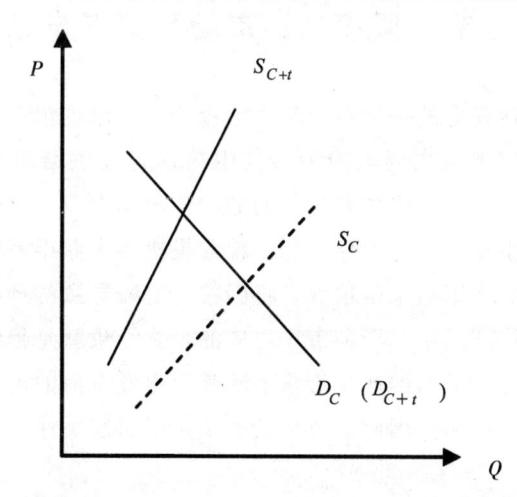

图 7-3　粮食销售市场中买方市场粮食供需图

粮食供给方的大型粮食购销企业的边际交易费用增大，利润空间降低。因此，在具有买方市场性质的粮食销售市场中，向粮食主销区提供粮食的大型粮食购销企业为了支付较少的交易费用往往倾向于降低粮食交易量。

根据以上结论，在粮食丰收、市场粮源充足的情况下，为了稳定市场粮食价格、保证"产区粮食售得出，销区居民买得起"，就必须通过降低粮食交易的边际交易费用来鼓励粮食购销企业的跨区销售粮食的积极性。否则跨区域的粮食购销企业会倾向于减少交易量，最终导致粮食主产区粮价低迷、销区粮食有效供给不足、价格攀升的现象。跨区域的粮食流通过程中，购销企业交易效率的提高可以从两方面着手：一是企业提高自身的谈判能力和讨价还价能力，降低交易中的信息搜索费用；二是国家提供良好的区域粮食流通软硬件环境，以降低粮食购销企业的空间费用和储管费用，其中软环境包括公平的市场交易机制、硬环境主要是指畅通的粮食流通通道。

另外一个应该关注的问题就是粮食主销区国有粮食购销企业的公共职能——粮食储备。目前，储备与销售市场之间已有一套临时储备粮买卖的价格"竞标"机制。存在的突出问题主要有参与竞标企业的资格把关、杜绝因追求利益而导致的粮库空虚，对于这两方面的问题，主要是要健全相关的制度，严格执行，并辅以相应的奖励、惩罚措施。

第三节 假设二：市场粮源不充足

保障国家粮食安全的关键在于稳定粮食产量、市场粮食交易量和粮食储备量。市场粮源不足主要表现为市场中粮食有效供给不足，市场反应为：粮食价格持续上涨，以盈利为目的的粮食购销企业在利益驱动下囤积粮食，引发市场粮食新一轮价格上涨，粮食投机商人获得高额利润；粮食主销区的间接消费者则会抢购粮食，将因粮价上涨导致的产品单位成本的上升转嫁到其最终产品中。两种市场反应的最终结果就是粮食最终消费者高价购粮、以粮食为原料的产品价格上涨甚至引发全面的价格上涨，导致严重的社会和经济后果。因此，市场粮源不足应引起关注，谨防粮食安全危机。

市场粮源不充足的情况下，跨区域的粮食销售市场可以近似的看成一个卖方市场，即交易费用主要由买方承担，卖方承担少部分交易费用。卖方市场中，粮食需求方更难找到交易对手，必须支付大量的搜索费用，且粮食需求方在交易谈判中的地位较弱，为使谈判协议达成往往被迫作出让步并支付大部分谈判费用，其次，供给方还要成为违约风险的主要承担者，如预先支付大额定金等（张旭昆，郑少贞，2000）。

具有卖方市场性质的粮食销售市场中，粮食的供给曲线不再单纯的反应供给方的边际成本，而是反映了供给方的边际生产成本和边际交易成本之和。图7-4中，虚线 S_c 是没有考虑销售市场中交易费用时的供给曲线，实线 S_{c+t} 是考虑了交易费用后的供给曲线，故位于 S_c 的上方，两线之间的距离等于支付的边际交易费用，但是两线之间的垂距较小，因交易费用多由买方支付，在极端卖方市场中，两线将合为一线（图7-5）。S_c

比 S_{C+t} 更陡，表明销售量越大，粮食供给方支付的边际交易费用越低。虚线 D_C 是没有考虑销售市场中交易费用时的需求曲线，实线 D_{C+t} 是考虑了交易费用后的需求曲线，考虑了交易费用后商品的边际效用下降了，故 D_{C+t} 位于 D_C 的下方，两线之间的距离等于支付的边际交易费用，且两线间的垂距较大，因为交易费用多由买方支付。D_{C+t} 比 D_C 更陡，表明购买量越大，边际交易费用越高。

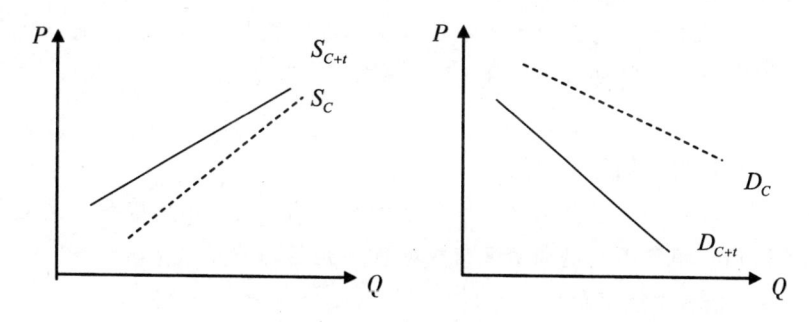

图 7-4 粮食销售市场中卖方市场与传统市场供需曲线比较

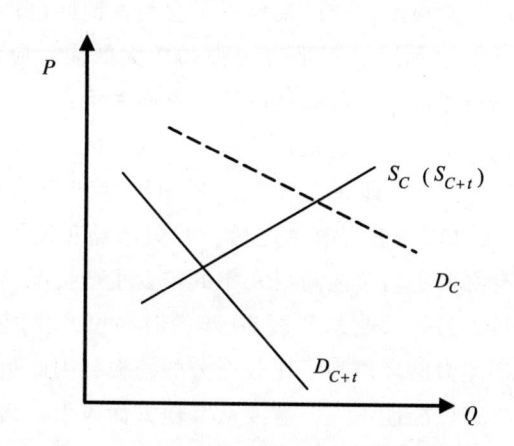

图 7-5 粮食销售市场中卖方市场粮食供需图

为便于分析，本节将市场粮源不充足的粮食销售市场视作一个极端的卖方市场（S_C 和 S_{C+t} 是重合的一条线），图 7-5 为卖方市场的粮食供需图。从图中可以看出，与不考虑买方交易费用的情况（虚线 D_C）相比，现在的均衡价格更低，均衡交易量更少，即当买方的交易费用下降（即 D_{C+t} 右移）时，均衡交易量趋于增加、均衡价格提高。根据卖方市场的特点，粮食主销区中充当粮食供给方的大型私营粮商有增加粮食供给量的动力，即图7-5中的S_c右移，在合适的交易量内其获得的利润是增加的。但是随着交易量的增加，在市场中充当粮食需求方的私营粮食购销企业所支付的边际交易费用不断提高，而粮食的均衡价格却不断降低，此时，粮食购买方为了保护自身的利益必然拒绝购买更多的粮食，则供需双方的交易无法完成。根据以上结论，为了保证市场粮源不足的情况下销区粮食价格的稳定和粮食安全必须采取措施降低粮食跨区流动中的交易费用。

市场粮源不足分为局部粮源不足和整体性的粮源不足两种情况，其表现形式不一样，预防和解决方式也不一样。

一 市场粮源局部不充足

局部市场是相对于全国性的粮食市场而言的，局部市场粮源不充足表现为产区市场粮食不充足和销区市场粮食不充足。

（一）粮食主产区粮食不充足

产区市场粮食不充足多是由于粮食减产、初级粮商囤积粮食导致的。粮食流通市场中产区是根本，产区粮食不足会引发销区粮食恐慌，促使粮食价格快速上涨，对粮食供给不足有很强的放大效应，应该引起足够重视。应对产区市场粮源不足，可以从以下几方面着手：

第一，做好预防工作，稳定粮食产量。根据年情规律，粮食生产年景往往是"两增两减一平"，即每五年时间里有两年丰产两年减产一年稳产。从2004年对粮食市场进行改革之后，我国已经实现了连续五年的粮食增产，因此，有必要密切关注随后几年的粮食生产情况，采取各种有效措施稳定粮食产量。另外，改革开放30年的时间里，我国粮食单产逐年提升，耕地的生产能力已经得到了比较充分的挖掘，因此想通过提高单产的方式稳定粮食生产可能性不大，需要从其他方面入手，诸如保护耕地数量、实行粮食规模化经营、产业化经营等。

第二，调整粮食购销市场秩序，严格行业制度。2004年才被认可的粮食经纪人，经过短短的4年时间已经发展到100万人之多，他们在为我国粮食收购做出贡献的同时，也给维护粮食市场秩序带来众多隐患。人数众多、规模小必然带来市场的无序，现有的粮食经纪人中相当部分是兼业型的，经营时间、规模均不稳定，导致粮价高时粮农手里的粮食很抢手，粮价低迷时，粮食就会积压在农民手中，两种情况都会形成恶性循环。另外粮食经纪人素质较低,对市场信息把握不准、承担社会责任的能力低,受利益驱使极容易做出危害国家粮食安全的决策。鉴于此,我国急需对粮食购销市场进行整顿,一是提高市场准入标准,强调从业者的实力、素质,从而提高粮食购销市场的经营水平;二是调整市场秩序,尽可能的减少粮食流通环节,降低交易费用,使利润更多的向生产者、消费者转移;三是严格行业制度,增强从业者的社会责任感,通过建立并坚决执行严格的赏罚制度以肃清行业风气。

(二)粮食销区市场粮食不充足

销区市场粮食不充足主要原因有:产区粮食不充足引发的、粮食流通环节阻滞、粮食储备主体与流通企业协调不当等。

解决销区市场粮源不足,首先,保障粮食主产区的粮食生产,从源头解决粮食短缺问题。其次,协调好产销区之间的粮食流通。上文分析得出结论:顺畅产销区之间粮食流通的关键在于提高粮食交易效率,政府的着手点在于加强流通环节的软硬件建设。目前我国粮食流通环节存在的问题主要有硬件设施不齐备、流通渠道有限、粮食运输时间集中等,突出表现为粮食运输高峰期内运输费用上涨、运力不够、粮农手中粮食积压。相关部门应从大局考虑,扩展粮食运输渠道,综合铁路、公路、水运三方力量,完善硬件设施,加大粮食运输高峰期内产区到销区的运输力。最后,需要协调销区粮食储备主体与流通企业之间的利益关系:一是严格监控销区储备库的粮食储备量,保证城镇居民六个月的消费量;二是提升销区国有粮食购销企业应对市场粮价波动的能力,适时适量的吞吐粮食,平抑价格波动;三是通过国有粮库的粮食吞吐牵制销区市场不法粮商的囤粮行为,以吞吐带动市场价格变动,降低不法私营粮商的利益预期,迫使他们放弃囤粮行为,稳定市场价格,减小因销区市场粮食不足带来的价格异动。

综合以上分析,销区粮源不足的情况下,国有粮食购销企业在稳定价格方面的作用是非常显著地。而在粮食收购市场完全放开后,国有粮食购销企业是自主经营、自负盈亏,要稳定并强化其保护国家粮食安全的公共职能、增强市场控制能力就需要对其实行适当的奖惩,在保证库存、平抑粮价方面表现突出的应该予以奖励,相反应该追究责任。

二 市场粮源整体不充足

整体性的粮源不足是粮食不安全的最严重状态,导致其发生的原因有来自国内粮食生产、流通、储备的问题,也有来自国际大环境的影响。一旦发生全国性的粮食有效供给不足很可能引发政治冲突。因此,应该在问题发生之间就做好各种预防和准备措施。

第一,协调粮食生产、流通和储备三者之间的关系。随着粮食流通体制改革、粮食储备制度不断演进,我国粮食生产、流通、储备在数量、质量上均取得了不小的成就,但是在三者的相互衔接、协调方面则明显做的不够。生产、流通、储备是粮食安全体系中相互作用彼此影响的三个子系统,三者协调好、配合程度高,就可以促进粮食经济的健康运行和发展,否则,就会对粮食安全造成影响。

第二,建立粮食安全预警机制。我国粮食安全体系发展时间有限,缺乏安全预警机制。粮食是市场基础物资,价格的波动具有很强的传导效应,很小的价格上涨通过工业产品的传导便会十分惊人。目前,有关于粮食产量、储备量的标准已经制定出来,但是针对粮食流通体系的安全标准还没有,有待于进一步的研究,为预测粮食安全走势做好准备。

第三,结合粮食市场化、国际化多途径应对整体性的粮源不足。我国是人口大国,人口增长还没有达到顶峰,未来的粮食需求依旧呈刚性增长态势,需要借助市场的力量、国际力量减轻国内粮食安全压力。我国放开粮食收购市场仅仅五年时间,粮食市场化还存在很多不足之处,应该广泛借鉴国外经验不断完善粮食系统的市场化,如粮食期货市场、培育大型私营粮食企业等。但是在推行市场化的同时,还要考虑到我国人口太多,各种农业资源有限、市场体制不完善的实际情况,加强国家宏观调控能力、强化国有粮食购销企业的市场主体地位,以应对可能出现的市场失灵。

第四节 本章小结

本章以粮食销售市场中粮食所有权的流程为线对市场中各利益主体间的关系进行探讨,并运用交易费用理论分析市场粮源充足和市场粮源不充足两种情况下阻碍跨区域粮食流通的主要因素。结果表明,降低市场交易费用、提高粮食购销企业间的交易效率是协调粮食销售市场各主体利益、顺畅跨区域粮食流通的关键。

粮食销售市场中,粮商的决策在很大程度上取决于市场粮源的充足程度。市场粮源充足时,跨区域的粮食销售市场近似于买方市场,为粮食主销区提供粮食的大型粮食购销企业为了少支付交易费用往往倾向于降低粮食交易量。粮商的决策行为将引发"产区粮食销不出去，而销区粮价上涨"的局面。市场粮源不充足时，跨区域的粮食销售市场近似于卖方市场，随着粮食交易量的增加，充当粮食需求方的私营粮商支付的边际交易费用不断增加，其最终将拒绝购买更多的粮食，从而阻碍粮食在产销区之间的顺利流转。两种粮食供给情况都有必要通过降低粮食交易的边际交易费用来提升粮食购销企业的跨区域售粮、购粮积极性，实现粮食在区域之间的顺利流动。再一次验证了顺畅粮食市场粮食流通的关键在于协调各主体的利益，而协调各主体利益的突破口在于降低粮食购销企业的交易费用、提升企业交易效率。

第八章　粮食流通企业交易效率测算

流通市场的出现是社会发展过程的一个高级阶段，是社会化分工的一种体现，是历史进步的必然。在古典经济学、制度经济学和新兴古典经济学中，大宗产品交易市场的分工提高了全社会的劳动生产率这一观点已经得到了证实。邹薇、庄子银（1996）研究指出：一定的分工制度与相应的交易制度的发展之间相互作用、相互促进，形成并维持分工制度和交易制度的最优规模，从而推动了长期的经济增长。由此可见，对社会分工的考量应该将交易发展的程度作为重要的衡量指标，即交易效率水平的高低，其原因就在于交易效率是影响分工能否继续、发展速度快慢的决定性变量。这一观点在新兴古典经济学中得到了充分体现：新兴古典经济学的重大贡献是将劳动分工和交易效率结合在一起，正确地指出市场上自利行为交互作用形成的最重要的两难冲突是分工经济与交易费用的两难冲突（聂辉华，2002）。

中国的粮食市场是一个具有广泛代表性的有中国特色的市场，它兼具市场化特性和公共产品特性。尽管如此，市场分工及流通环节中主体之间的利益分配与一般市场存在共性。从系统论的角度出发，将粮食生产、流通、储备和消费的链条视为大系统，各个链条上的利益主体即为存在于系统内部的子系统。在大系统利润空间一定的情况下，系统的稳定来自于内部各个子系统间的协调。系统内部交易效率越高，表明粮食在流通中付出的额外费用越少，即更多的利益被留在了系统内部。系统内部可分配利润增加，有助于内部分工积极性的提高和分工演进。

基于此，本章主要研究目前我国粮食流通市场的交易效率高低，探寻未来可行的提升粮食系统内部交易效率、协调主体利益分配的途径。

第一节 交易效率的影响因素：交易费用

本研究沿用高帆（2007）在《交易效率、分工演进与二元经济结构转化》一书中的观点：交易效率是解释分工组织演进的主要变量，体现为分工收益和交易费用之间的对比关系。但是，分工水平的提高一方面可以通过网络经济产生分工收益；另一方面也会导致交易范围扩展、交易效率增加和交易费用的上升。即当交易效率低下时，分工带来的效益的提升被交易频次的增加所抵消；当交易效率较高时，分工带来的效益将大于因分工产生的交易费用。那么，在分工收益既定条件下，交易费用就成为影响交易效率高低的关键因素[①]。

一 交易效率、交易费用的界定

交易效率的界定可以从宏观和微观两个层面进行界定。宏观层面，交易效率是指单位时间内完成交易活动的次数或频率，次数越多（频率越高）表示交易效率越高，反之，交易效率越低。微观层面，交易效率是指在特定的时间和范围内，完成交易活动所投入的成本，成本越低则交易效率越高，反之，交易效率越低。本研究选择从微观层面对交易效率进行研究。

"交易费用"概念最初由科斯在《企业的性质》（1937年）提出，认为交易活动具有稀缺性，且是可以计量并比较的，是制度经济学的重要基础。"科斯定理"中，在交易成本为零的情况下，市场交易可以解决外部侵害问题，从而使资源在市场中实现最优配置。"科斯第二定理"指出：如果存在交易费用，则制度安排与资源配置具有较为直接的关联。威廉姆森是交易费用经济学重要的代表人物，他提出了三个分析交易性质的尺度（王志伟，2004）：资产专用性、不确定性、交易频率。交易费用理论还给出了一个很有用的观点：经济组织或制度的演进会遵循自然法则，以一

[①] 交易费用作为影响交易效率的关键因素要分为两种情况。一是交易效率低下时，理性经济人会选择低下的分工水平，经济体系将被长期锁定在低分工、低生产率、低商品率的境地，这类似于纳克斯的"贫困恶性循环"和纳尔逊的"低水平均衡陷阱"。二是交易效率较高时，理性的经济人会选择提高分工水平以获取专业化经济，经济体系的发展结果为交易效率的进一步提升和分工的积极演进。（高帆，2007）

种较低的交易费用或较高效率的契约形式取代交易成本较高或效率较低的契约形式。目前，交易费用的概念已经涵盖了诸如度量和保证产权的费用、发现交易对象和交易价格的费用、讨价还价的费用、签订交易合约的费用、执行交易的费用、监督违约行为并对之制裁的费用、维护交易秩序的费用等几乎交易的全部过程（王国顺等，2005）。

第四章运用双层市场模型研究粮食购销企业的交易效率时，提出交易费用是包含商家利润和与交易活动相关的一切费用。交易费用与完成交易的代价有关，涉及与交易对象、交易范围、交易方式等有关的成本，能更准确的衡量企业为获得商品所有权的总支出，包括时间、财力以及物力等。从这一层面上来看，通过交易费用能够更为直观的表示交易效率。E. G. 菲吕伯顿、R. 瑞切特（1998）就指出交易费用是经济活动中一个不可分割的组成部分，在制度结构和人们做出的具体经济决策中起着重要作用。

有关交易效率与交易费用的数量关系问题，学术界目前主要有两种观点：一是萨缪尔森（Paul A. Samuelson, 1952）的"冰山交易费用"模型，二是赫舒莱佛（J. Hirshleifer, 1973）的交易效率是交易费用的倒数观点。

萨缪尔森认为一个人花一元钱购买一样商品，实际上他得到的只是该商品 k 个单位的价值（$0 \leq k \leq 1$），消失掉的 $1-k$ 单位商品的价值在交易中像"冰雪"运输那样融化掉了，这融化的 $1-k$ 就是此交易完成的"交易费用"，而 k 就是此次交易的交易效率。

赫舒莱佛假定一种商品的需求函数为：$P^+ = a - bQ$ (8.1)

供给函数为：$P^- = c + dQ$ (8.2)

其中，Q 为该商品的市场交易数量，P^-、P^+ 分别为经销商对该商品的收购价和销售价（理性商人只会接受：$P^- < P^+$）。假定 t 为完成该笔交易的交易效率，G 为对应的交易费用。则有：

$1/t = G = P^+ - P^-$ (8.3)

从上式中可以看出，交易效率与交易费用的成反比关系，商品的购销差价即为交易费用。这种衡量方法很好的描述了利润存在于交易费用之中的定义。

根据 8.1 式和 8.2 式求得该商品在市场上的均衡数量：

$Q^* = (a - c - G)/(b + d)$ (8.4)

市场均衡价格：$P^* = (ad + bc + bG)/(b + d)$ (8.5)

将 8.4 式和 8.5 两式分别对交易费用 G 求一阶倒，得到：

$$\frac{dQ^*}{dG} = -\frac{1}{b+d} \quad (8.6)$$

$$\frac{dP^*}{dG} = \frac{b}{b+d} \quad (8.7)$$

根据 8.1 式和 8.2 式可知：$b > 0, d > 0$，则有 $\frac{dQ^*}{dG} < 0$，$\frac{dP^*}{dG} > 0$

(8.8)

由 8.8 式可知，交易费用 G 与市场均衡数量为反相关关系，交易费用的降低有利于市场交易数量的增加；同时，交易费用 G 与市场均衡价格为正相关关系，即交易费用的提高将带来市场价格的提升。

以上两种方法相比较，均能很好的运用交易费用将交易效率数量化，但是前者相对于后者，在形式上更为简单，避免了引入一个运输部门从而使模型复杂化的趋势（高帆，2007）。

二 交易制度对交易效率的影响

亚当·斯密在《国富论》中就注意到地理位置对交易效率的影响，但是，综合企业所处的经济环境和政治环境而言，地理位置只是影响因素中很小的一部分。从人类经济活动的大环境来看，影响交易效率的因素应该被分为两类：交易技术和交易制度。其中交易技术是在技术操作层面上影响交易效率的因素，诸如物流技术、信息流技术、资金流技术、劳动流技术等（高帆，2007）。交易制度是制度形成层面上影响交易效率的因素，由于制度落后所形成的交易费用称为"制度型交易费用"，诸如产权制度、价格制度、市场制度、信用制度、货币制度等（高帆，2007）。根据以上界定，可以判断企业交易技术的差异主要来源于企业规模的大小、技术的成熟度。鉴于本书主要研究因政策、制度导致的企业之间交易效率的差异问题，故本章中仅探讨交易制度对交易效率的影响。

与交易技术相对，交易制度更多的来源于政府部门，更加直接的取决于当权政府的治理理念，是影响市场交易效率的软件。因此，从这个层面来看，制度对企业交易效率高低的影响主要决定于政府的政策制度，可见，政府对市场交易费用的控制力是至关重要的。粮食是关系国计民生的基础性物资，尤其是在中国这样一个人口大国，粮食供需平衡不仅关系到本国的政治、经济，对国际粮食市场供需和粮食价格的影响也是举足轻重。从中国粮食流通体制的改革进程，我们也可以清晰看到这一点，政府对粮食流通市场的变革极为频繁且力度极大。

第一，交易制度的优化有助于提高市场交易效率。完全竞争市场中，产品的价格对于所有竞争者都是透明的，降低了因谈判和信息判断失误引起的不必要的交易费用。而在完善的信用制度支持下，交易方可以降低交易前后"隐藏信息"和"隐藏行动"的成本。我国粮食流通体制改革就是交易制度不断变化的过程，1979年启动多元化市场经营体制是粮食市场产权制度明晰化的开始；2004年全面放开粮食收购市场是产权制度的更高阶段，产权关系的明确避免了因产权模糊所导致的无谓争端。从1993年放开粮食销售到2001年放开销区粮食市场，再到2004年的全面放开粮食收购市场，我国粮食市场由垄断性市场向完全竞争市场不断接近。粮食最低收购价在保护粮农利益的同时，也起到了规范市场交易秩序的作用，对粮食交易中可能出现的"机会主义行为"进行了规范，为市场参与者提供了必要的信息环境，减少了因"信息不对称"引起的交易费用的增加。相反，交易制度的退化则会对市场造成严重的后果。

第二，交易制度对交易效率的影响具有循环累积的效应。交易制度的改进对于提升单项交易的交易效率有积极作用，但是由于市场交易数量的增加，社会交易费用的总和有可能上升。第四章中研究粮食最低收购价政策对各主体利益的影响中得出结论：执行最低收购价政策对于消费者是不利的，但损失不会太大；对于国家和整个社会来说，交易效率提高，交易费用下降，农民种粮积极性得到提高，粮食安全得到保障。而实际操作中，粮食最低收购价也存在不足之处，即存在继续优化的空间，目前学术界和政府也在不断寻求优化该政策的方案。因此，交易制度与交易效率之间是一种相互激励、不断优化的关系。鲁靖（2002）研究指出交易成本的变化与中国的粮食流通体制改革的历程具有某种程度的规律性——相对于粮食流通改革的历程，交易成本的变化阶段具有大约两年的滞后性。

总的来说，交易制度对规模差异不大的企业的交易费用和交易效率的影响更为直接和显著，且这种影响在企业财务数据中均有所体现。

第二节　交易效率模型推导

一　交易效率公式推导

高帆（2007）研究指出萨缪尔森的"冰山交易费用"模型相对于赫舒莱佛的倒数观点，在形式上更为简单，避免了引入一个运输部门从而使模型复杂化的趋势。本章的研究对象为同一区域内规模差异不大的粮食流通企业，在粮食运输条件上没有差别，可以忽略运输引起的交易效率的差异，故本章不需要单独考量运输条件对企业交易效率高低的影响，所以，选定萨缪尔森的"冰山交易费用"模型计算企业的交易效率。

根据萨缪尔森的"冰山交易费用"模型，设商品的交易单价为 P（收购价格），为实现单位商品的购买而损失的价值为 G（交易费用），则该企业实际得到的单位商品的价值为 $P-G$，则企业的交易效率为：$\frac{P-G}{P} = 1 - \frac{G}{P}$，据此推断交易效率 t 的一般模型为：

$$t = 1 - \frac{G}{P} \tag{8.9}$$

二　交易效率对商品价格的敏感度

将 8.9 式对 P 求一阶偏导，得：

$$\frac{\partial t}{\partial P} = \frac{G}{P^2} < 0 \tag{8.10}$$

8.10 式说明在交易费用不变的条件下，交易效率是商品价格的增函数，且商品收购价格每上升一个单位，企业交易效率就提高 G/P^2 个单位。

对 8.10 式求二阶偏导，得：

$$\frac{\partial^2 t}{\partial P^2} = -\frac{2G}{P^3} < 0 \tag{8.11}$$

8.11 式表明在其他因素不变的情况下，交易效率对商品价格的敏感度将随着商品价格的上升而降低，反之，交易效率对商品价格的敏感度将随着商品价格的下降而提高。此外，对于同一商品而言，交易效率在商品价格较低时对价格的变化较为敏感；对于不同价格的商品而言，交易效率对价格较低商品的价格变化较为敏感。

三 交易效率的商品价格弹性系数

设交易效率的商品价格弹性系数为 e_P。根据 8.9 式可得：

$$e_P = \frac{G}{P - G} \tag{8.12}$$

由 8.12 式可知，当 $P < G/2$ 时，有 $|e_p| > 1$，说明在其他因素保持不变的情况下，当商品价格小于临界值 $G/2$ 时，交易效率对商品的价格是富有弹性的；相反的，当 $P > G/2$ 时，有 $|e_p| < 1$，说明在其他因素保持不变的情况下，当商品价格大于临界值 $G/2$ 时，交易效率对商品的价格是缺乏弹性的。

由上式还可以得出：交易费用 G 越高，交易效率面对的价格弹性的临界值就越大，此时，交易效率对低价产品更富有弹性。

第三节 粮食流通企业交易效率测算及分析

一 研究样本选择

考虑到企业不同年度之间交易效率存在差异，通过计算企业的交易效率可以比较企业年际之间交易效率的变动，故在调研中选取的各年度的样本完全相同。需要说明的是：（1）受调研对象内部资料可获性限制，有三家企业缺少 2006 年的财务数据；（2）为了较全面的反映不同性质的粮食企业的效率状况，选取的企业中部分为政策支持型企业[①]，以替代研究中无国有粮食购销企业的缺陷；（3）因无法获得 2009 年全国粮食收购价格，故本章中未研究 21 家企业在 2009 年度的交易效率。因此，本研究中共选取了 21 家粮食购销企业从 2006—2008 年连续 3 年的财务数据，其中 3 家没有 2006 年的数据。

这 21 家粮食购销企业为：四井米业有限公司、金鸣面粉厂、宏光农产品产销有限公司、弘泰面粉厂、三杰麦面有限公司、汇丰米业有限公司、万家面粉有限公司、天华麦面有限公司、贤德面粉有限公司、罗岗杨

---

① 随着粮食购销体制改革的推进，国家粮食购销体系中政策对企业的支持不再主要体现为企业的权属问题，更多的体现在政策的直接支持上，较为普遍的情况是中储粮集团以低息、零息、补贴等方式委托私营粮食企业收购粮食。受实际情况和数据可获性限制，本研究所调查对象多为私营企业。为体现政策对企业的影响，受调企业中有部分为免税企业。

光亮米业加工厂、金华麦面集团有限公司、福盛食品有限公司、惠东面粉有限公司、平林新集米厂、金旭面粉公司、世益米业有限公司、博爵面粉厂、惠农粮食经销专业合作社、军海米业有限公司、玉皇粮油有限公司、团风兴隆粮油食品有限公司。其中，福盛食品有限公司、世益米业有限公司、惠农粮食经销专业合作社3家为享受免税费的政策优惠的企业，前两家为国家委托购粮企业，第三家为专业合作社性质享受免税政策优惠。

二 交易效率测算与分析

调研中，受各企业经营粮食品种不同、同一品种粮食价格月份间存在波动、各企业收购价格存在等因素的影响，未能获得统一的粮食价格。基于本研究的目的在于比较企业之间的交易效率，对企业的交易效率绝对值要求相对较低，故本节所用的粮食收购价格来自于国家发改委的统计资料，2006—2008年我国水稻、小麦和玉米农户出售价格如表8-1所示：

表8-1　　　　2006—2008年全国粮食收购价格表　　　（单位：元/50千克）

年份	稻谷	小麦	玉米
2006	80.6	71.6	63.4
2007	85.2	75.6	74.8
2008	95.1	82.8	72.5

资料来源：国家发改委统计资料

需要注意的是：（1）按照文中对交易费用的定义：包含商家利润和与交易活动相关的一切费用，本节中应该选取这21家企业的财务费用、营业费用及管理费用之和作为交易费用，但是考虑到绝大部分企业的经营范围不仅仅只有粮食购销，还包含有粮食加工等项目，故本节中对财务费用、营业费用和管理费用之和按照企业粮食购销在主营业务收入中的比重进行了等比例拆分；（2）所选21家企业中有4家经营多个粮食品种，因不同粮食价格存在差异，故不能简单运用总交易费用与价格计算企业交易效率。此处，假设每个粮食品种的经营在改善交易效率方面是相同的，且都是正方向的影响，则可用多个粮食品种计算出来的 $\frac{G}{P}$ 值的简单平均数计算企业的综合交易效率。

经过以上数据处理后计算出 21 家企业的交易效率,如表 8-2 所示。

表 8-2 中数据显示 3 年内这 21 家企业交易效率均较高,其中交易效率企业均值大于等于 0.9 的有 4 家,占总企业数的 19.05%;交易效率均值介于 0.8 与 0.9 之间的企业有 9 家,比重为 42.86%;交易效率均值在 0.7—0.8 之间的有 7 家,占 21 家企业的 33.33%;交易效率均值低于 0.7 的为 4 家,所占比例为 19.05%。说明粮食流通行业整体交易效率是较高的,企业所处的流通环境较为健康,有利于行业和企业的快速发展。

表 8-2   2006—2008 年 21 家受调企业交易效率

企业名称	2006 年	2007 年	2008 年	企业交易效率年均值
四井	0.7633	0.9329	0.9274	0.8746
金鸣	0.7026	0.8017	0.8396	0.7813
宏光	0.6950	0.6354	0.6321	0.6542
弘泰	0.7676	0.7927	0.8296	0.7966
三杰	0.6097	0.9347	0.8093	0.7846
汇丰	0.9844	0.9865	0.9864	0.9858
万家	0.9475	0.9637	0.9639	0.9584
天华	0.6595	0.7205	0.6341	0.6713
贤德	0.7966	0.7470	0.8928	0.8121
罗岗	0.9929	0.9925	0.9952	0.9935
金华	0.5980	0.6172	0.6599	0.6250
福盛*	0.7285	0.7032	0.6559	0.6959
惠东	0.8951	0.9074	0.8807	0.8944
新集	0.7582	0.9681	0.8323	0.8529
金旭	0.7431	0.8022	0.8678	0.8043
世益*	0.8545	0.8334	0.8069	0.8316
博爵	0.8017	0.7600	0.9302	0.8306
惠农*	0.9202	0.9075	0.8069	0.8782
军海	—	0.8171	0.6047	0.7109
玉皇	—	0.9164	0.9683	0.9424
兴隆	—	0.9925	0.7769	0.8847
年度交易效率均值	0.7899	0.8444	0.8239	0.8194

注:带 * 号企业为享受政府政策支持的企业

从交易效率年度均值来看，由 2006 年的 0.7899 上升到 2007 年的 0.8444，2008 年行业交易效率下降为 0.8239，数值的变动轨迹的规律性不明显。此外，应该注意到的是 2007 年相对于 2006 年上升了 6.9%，2008 年相对于 2007 年降低了 2.43%，且 2007 年与 2008 年两年的交易效率值均高于均值，表明三年间 21 家企业的交易效率总体还是呈上升趋势。以上分析说明这 21 家企业所处的粮食流通行业的总体交易效率年际间是上升的，进一步证明了行业环境正处于不断优化中，但是这种优化在曲折中进行。

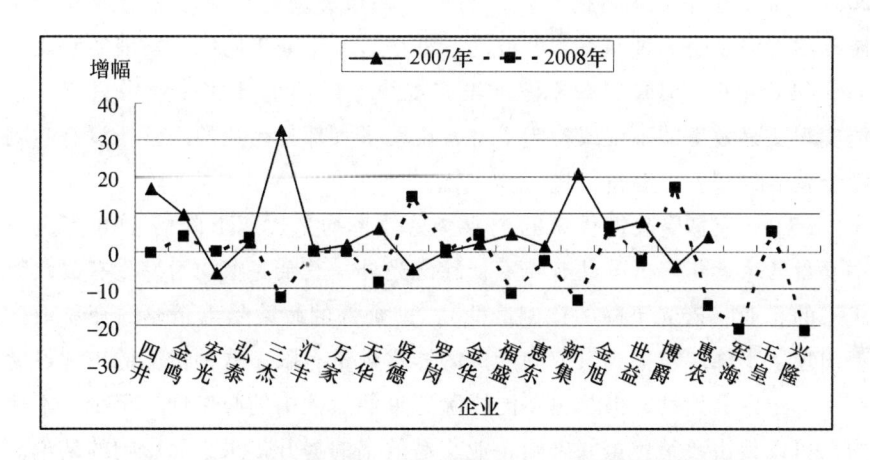

图 8 - 1　2006—2008 年 21 家受调企业交易效率增幅变动图

图 8-1 为 2006—2008 年 3 年间 21 家企业交易效率增幅变动图。比较两条曲线的波动可以得出以下结论：

（1）2007 年对 2006 年交易效率的波动幅度比 2008 年对 2007 年交易效率的波动幅度要大。2007 年企业交易效率增减率在平面坐标上分布较散，三杰较 2006 年交易效率上升了 53.3%，宏光较上年下降了 8.57%，而均值水平则维持在 6.49%；2008 年各个交易效率增减率在平面坐标上相对集中，最高上升了 22.40%，最低下降了 22.59%，均值水平维持在 -1.90% 水平。这种波动幅度的分布变动说明企业之间交易效率的差距正在不断缩小。

（2）2008 年更多企业出现了交易效率的负增长。2007 年共有 7 家企业出现了交易效率的负增长，而 2008 年交易效率下降的企业增加到 10 家（剔除军海、玉皇、兴隆 3 家缺少 2006 年交易费用数据的企业不予考虑），此外，2008 年企业交易效率降低百分比的绝对值要远远大于 2007 年。此种现象说明 2008 年相对于 2007 年，粮食流通行业交易效率出现了较为明显的整体下降。

（3）2007 年出现交易效率大幅增减的企业，在 2008 年都出现了显著的回归。从图中可以看出四井、宏光、天华、贤德、新集、伯爵等在 2007 年交易效率有大幅变动的企业，到了 2008 年均出现了相反方向的变动，交易效率值大有回归初始值的态势。这种情况的出现一种可能是 2007 年是一个不太正常的年份，另外一种解释就是粮食流通行业尚处于波动期，但是是一种调整型的波动，整个行业正处于向稳定发展的阶段。

（4）单个企业交易效率波动没有规律，3 年间 18 家企业中只有 7 家能实现交易效率的不变或稳定上升，说明了大部分企业的经营还没有达到稳定发展的程度，有待于进一步优化。

（5）3 家享受政策优惠的企业交易效率均是逐年下降的。18 家企业中交易效率逐年降低的共有 4 家，除宏光外，其余 3 家均为享受有关政策优惠的企业（宏光下降的比例最低），即全部的政策受惠企业的交易效率都出现了下降。考虑到研究中所选的样本数量有限，这种情况的出现可能存在一定的偶然性，但是也不能排除这种偶然性中的必然性。至少在本例中，可以得出政策优惠并未给企业交易效率的提升带来正面影响的结论。

第四节 本章小结

本章采用萨缪尔森的"冰山交易费用"模型，用交易费用推导出仅考虑商品价格因素的交易效率计算模型。然后，利用交易效率模型计算湖北省 21 家粮食流通企业在 2006 年到 2008 年 3 年间的交易效率。通过比较单个企业交易效率变动、粮食流通行业交易效率波动、享受政策优惠企业的交易效率变动，得出如下结论：

（1）粮食流通行业整体交易效率处于较高水平，且 2008 年和 2007 年交易效率数值相对于 2006 年有了显著的提高，表明经过近 30 年的市场化改革后，粮食流通市场处于较为健康的积极发展阶段。与此同时，行业交易效率还存在较大的提升空间，一方面，需要企业自身不断优化投入产出结构、降低交易费用；另一方面，需要政府、行业团体为粮食流通外部环境不断优化提供条件，包括制度条件、物流条件等软硬件多方面的辅助。

（2）2008年出现的交易效率的回归表明行业交易效率的提升尚属于一种不稳定的曲折性提升，最终导致了个别年份交易效率的高速增长后出现了交易效率整体下降的年份。这种年际间的交易效率的不正常波动需要从正反两方面进行理解：一方面，行业交易效率的提升并不是一蹴而就的，必然有一个过程；另一方面，这种快速的回归有利于行业的健康稳步发展，因为环境的优化和行业整体效率的提升都不是在短期内就能实现的。

（3）企业之间交易效率差异正在不断缩小，但是单个企业交易效率的变化缺乏规律性，与行业整体变动不相协调。结合结论一说明交易效率提升的企业还是占多数，但是这种效率的提升存在极大的不稳定性，是存在于行业内的不稳定因素，从长远来看将不利于行业的良性发展。

（4）政府对个别粮食购销企业的优惠政策的积极作用并未能体现在交易效率的提升上。第四章中研究指出如果国有粮食购销企业享受优惠政策后，交易效率仍然低下，但是实际收益却较高，将引起行业整体交易效率的下降。本例中，虽然行业整体交易效率并未下降，但是应该引起注意。笔者在调研走访中了解到相当部分未受惠私营企业业主对受惠企业享受的政策优惠颇有微词。另外，从理论上分析，政府的优惠政策变相的强化了企业的资金实力，企业的交易效率应该是提升的。这种理论与实际中的反差只能说明受惠企业并未充分利用这一政策资源，进一步说明了政府的优惠政策在实际操作中是存在缺陷的，需要进一步改进，包括企业的选择、政策实施的监督等。

第九章 粮食流通企业经营效率测算

随着效率理论及相关方法论在中国的兴起，国内有关方面的研究成果迅速增多，为经济社会发展作出了巨大贡献。现有研究中所运用的方法主要包括回归分析、层次分析法、主成分因子分析法以及近几年运用较多的数据包络分析方法（DEA）。本章拟运用 DEA 方法研究我国粮食流通企业经营效率问题。

数据包络分析是以数据为导向的决策单元绩效评价方法，是目前建立得相当完善的一种效率测算方法，广泛运用于管理科学中。DEA 方法是 A. Charnes、W. W. Cooper 等人为了解决多投入多产出 DMU 技术效率的评价问题而提出的，创建于 1978 年。该方法通过求解一个特殊的非线性规划，为制定的决策单元求得一组合适的乘子，求得的最优值即是评价决策单元技术效率的度量（黄祎，2009），且其他决策单元及其线性组合在投入既定的情况下不可能生产出更多的产出。经过 30 余年的发展，DEA 模型得到了不断完善和扩展，由最初的 C^2R 发展到许多"经典"模型、加法模型、随机 DEA 模型、具有不可控因素的 DEA 模型等（李芸，2006），在理论上和实际应用中都取得了骄人的成绩（A. Emrouznejad et al, 2008；Cook, W. D., Seiford, L. M., 2009）。DEA 在我国的发展起源于 1986 年 Charnes 教授在我国发表的演讲。1988 年，魏权龄出版了中国的第一本阐述 DEA 方法的专著《评价相对有效性的 DEA 方法——运筹学的新领域》，开启了我国学者运用 DEA 方法研究实体经济的历史。

（1）数据包络方法在我国公司效率研究中的应用。魏煜等（2000）、秦宛顺等（2001）、赵旭（2001）、张健华（2003）均曾使用 DEA 方法研究了我国商业银行的投入产出效率；李光金等（2000）从投资者和经营者角度研究了 20 家上市公司的经营效率；刘彦平、刘玉海（2008），夏绍模（2009），韩晶（2008）等运用 DEA 方法研究了中国钢铁企业的技术效率；刘强、赵振强（2004）建立了全面反映上市公司股票投资价值的指标体系，应用 DEA 方法计算效率指数、投影及松弛变量，评价上市公司的技术有效率和规模有效率；郑京海、刘小玄（2002）采用 DEA - Malmquist 生产率指数分别测算了机械、纺织、重工业与轻工业的效率；范丽霞（2008）运用 DEA - Malmquist 生产率指数从时间演变和空间分布两个方面实证考察了中国大陆 29 个省区乡镇企业全要素生产率的动态变化与源泉。

（2）数据包络方法在农业产业领域的研究。比较有代表性的有：顾海（2002）运用 DEA 分析了中国农业全要素生产率的增长及构成；朱钟棣、李小平（2005）对分行业的全要素生产率进行了测算；张莉侠等（2006）采用非参数的 Malmquist 指数法对中国乳制品业全要素生产率的变动进行了分析；陈卫平（2006）、王明利等（2006）、杨春等（2007）分别采用 DEA 分析法对中国的农业、水稻、玉米生产全要素生产率的增长、技术进步和技术效率的变化进行了研究。数据包络分析方法在农业产业领域的研究成果较为丰富，其中又以测算农业产业全要素生产率的文献最为突出。

（3）数据包络方法在农业企业生产率领域的应用。丁竹（2006）选择基于产出角度的 DEA 模型对农业上市公司的效率进行研究；杨兴龙（2008）运用 DEA 的 Malmquist 指数方法研究了吉林省玉米加工企业的生产率变动情况；马凤才（2008）运用 DEA 方法分析黑龙江省米业公司、批发公司和粮店等中间商的投入产出效率，研究发现米业公司投入产出效率最低，是制约稻米流通通道达到效率最佳的瓶颈。从现有研究来看，DEA 方法针对农业企业生产率研究的文献较少。

近年来，我国粮食流通行业发展迅速，但是研究行业资源要素配置效率、规模效率、技术效率方面的文献较少，尤其缺少定量研究。本研究拟从实证研究的角度测算并比较企业之间、企业年际间各效率值的变动，探寻我国粮食流通企业在资源配置、政策利用、企业规模等方面存在的问题，为前文的理论推导和后续研究提供现实依据。

第一节 研究样本及指标的选择

本章研究的 21 家粮食企业即为第五章涉及的企业，只是企业财务数据的年份由3年扩展为2006—2009年4个会计年度。考虑到企业不同年度之间经营效率存在差异，通过计算企业的相对效率可以比较企业年际之间经营效率的变动，故调研中选取的各年度的样本完全相同。受调研对象内部资料统计不全限制，有三家企业缺少2006年的财务数据。为了较全面的反映不同性质粮食企业的效率状况，选取的企业中部分为政策支持型企业①，以替代研究中无国有粮食购销企业的缺陷。因此，本研究中共选取了21家粮食购销企业从2006—2009年连续4年的财务数据，其中三家没有2006年的数据。

21个样本企业中3家享受政策优惠。分析中选用企业的涉粮数据（稻米、小麦、大豆）测算其经营效率。如果选取的样本企业经营效率差异不大，则可初步认为样本选取范围内粮食流通市场的效率是均衡发展的；如果选取的样本企业经营效率差异较大，则可判定该粮食流通市场存在效率参差不齐的现状，并可根据企业性质判断制约市场整体效率提升的瓶颈所在，进而在一定程度上指导我国下一步粮食流通体制市场化改革。

运用数据包络方法分析企业经营效率的过程中，企业投入指标和产出指标的选择尤为关键，若选择不当，很可能形成错误的结论进而对整个研究产生误导。本书的研究对象为粮食流通企业，其中包括加工企业、运输企业以及单纯的粮食商贸公司等。以企业的经营项目分，加工企业的产出是有形的，运输企业和商贸公司的产出是无形的，后两者相对于前者而言更难找到合适的替代变量。另外，最能体现企业投入产出指标的是企业财务数据，而这些指标数据很难通过公开渠道获得，尤其是非上市公司，且获得的数据是否真实较难判断。因此，以上两方面的原因均会对本研究的结果造成一定程度的影响。根据Charnes的经验，用DEA模型估算效率时决策单元的个数应该大于所有投入产出指标个数之和的2倍。因此，本研究中选取了21个决策单元数也在一定程度上限制了投入产出指标的个数。

一 投入指标的选择

本节中粮食流通企业主营业务存在一定差异，如运输企业和商贸公司

---

① 随着粮食购销体制改革的推进，国家粮食购销体系中政策对企业的支持不再主要体现为企业的权属问题，更多的体现在政策的直接支持上，较为普遍的情况是中储粮集团以低息、零息、补贴等方式委托私营粮食企业收购粮食。受实际情况和数据可获性限制，本研究所调查对象多为私营企业。为体现政策对企业的影响，受调企业中有部分为免税企业。

无加工企业的粮食加工业务。另外，在实际的生产投入中，不同企业的成本构成也存在差别，如商贸公司的成本中储存成本要高于运输企业和加工型企业[①]。因此，在选定企业投入指标时应将其考虑在内。

基于以上分析，本章中选定的投入指标包括营业费用、管理费用、财务费用、应付职工薪酬及福利费、所有者权益合计。相对于常规的将固定资产折旧、职工人数作为投入指标的研究而言，本章主要基于以下考虑：(1) 本研究所选企业中有商贸企业、加工企业，两种类型企业的固定资产投入及年度消耗存在很大差异，加工企业固定资产投入多且年际消耗不均，而商贸企业固定资产投入相对较少且年际消耗相对平均，基于本研究只选取了最近4年的财务数据，固定资产折旧不足以反映企业年度投入，故未将其列为投入指标；(2) 粮食购销企业的经营活动受粮食生产季节性影响，也具有季节性特点，因此，几乎所有企业都存在在粮食成熟季节雇佣临时工的行为，故统计职工人数存在一定困难，而"常年在职员工人数"又不能准确反映企业员工雇佣情况。相对的，选取"应付职工薪酬及福利费"作为投入指标则能较好的解决这一问题。

二 产出指标的选择

与上述分析一致，基于粮食流通企业类型的多样化，不同企业的产出存在一定的差异。贸易型粮食企业的产出主要体现在销售数量和企业利润上，兼具加工业务的粮食企业的产出还包含产品的质量，包含一定的技术成分在内，但是加工企业产品质量的高低最终会体现在产品的价格上，故本研究中将产品质量差异产生的价值包含在企业利润这一指标中。

本研究选定的产出指标包括主营业务收入、粮食经营总量、利润总额及净利润。"利润总额"与"净利润"是两个相关性极强的指标，不能同时作为产出指标出现，从衡量企业经营效率角度出发，选取"利润总额"作为产出指标更为合理。但是为了比较政策支持对企业相对效率的影响，本章列出两组产出指标，第一组是主营业务收入、粮食经营总量、利润总额，第二组是主营业务收入、粮食经营总量、净利润。拟通过比较两种情况下

---

① 粮食运输企业和粮食加工企业多属于"清仓型"，即年度粮食收购量与销售量持平，仓储损失较少；而商贸公司（尤其是具有储粮任务的粮库）粮食储备数量的多少则取决于市场价格波动和国家的粮食销储政策，相对的，其仓储成本较高（粮食损失量较大）。

企业相对效率的变动来探寻政策支持对粮食流通企业经营的影响。另外，"粮食经营总量"指标以企业年销售量为准主要是考虑到商贸公司（尤其是具有储粮任务的粮库）的实际情况，这类粮食购销企业中与投入相对应的产出是销售量而不是粮食的购入量。

为了保证效率测算的合理性，还需要考虑投入指标与产出指标间的相关系数（李克成，2005）。基于此，本章在测算企业经营效率之前，分别对两组投入指标与产出指标的相关性进行检验，检验结果见表9-1。

表9-1　　　　　　投入指标与产出指标的相关系数

年份	投入指标	主营业务收入	粮食经营总量	利润总额（组1）	净利润（组2）
2006	营业费用	0.812	0.762	0.814	0.872
	管理费用	0.83	0.644	0.721	0.725
	财务费用	0.523	0.729	0.704	0.724
	应付职工薪酬及福利费	0.882	0.657	0.828	0.566
	所有者权益合计	0.956	0.73	0.841	0.936
2007	营业费用	0.873	0.753	0.814	0.736
	管理费用	0.852	0.656	0.71	0.596
	财务费用	0.455	0.675	0.565	0.555
	应付职工薪酬及福利费	0.657	0.644	0.731	0.864
	所有者权益合计	0.864	0.912	0.873	0.882
2008	营业费用	0.887	0.759	0.732	0.837
	管理费用	0.893	0.731	0.921	0.927
	财务费用	0.903	0.527	0.641	0.836
	应付职工薪酬及福利费	0.684	0.783	0.769	0.848
	所有者权益合计	0.621	0.619	0.512	0.517
2009	营业费用	0.94	0.919	0.694	0.826
	管理费用	0.902	0.928	0.839	0.844
	财务费用	0.508	0.895	0.948	0.971
	应付职工薪酬及福利费	0.762	0.847	0.836	0.874
	所有者权益合计	0.791	0.734	0.738	0.634

表中数据显示相关系数在95%的置信水平下均为显著（即$P < 0.05$），表明投入指标与产出指标之间的线性相关关系较强，进而说明指标的选取是合理的。

第二节 模型选择

DEA 模型分为投入导向型 DEA 模型和产出导向型 DEA 模型。其中投入导向型 DEA 模型的基本思路是：在保持产出水平不变的情况下，通过按比例的减少投入量测算技术无效性；产出导向型 DEA 模型的基本思路是：在保持投入既定的情况下，通过按比例的增加产出量测算技术无效性。以上两种方法在 CRS（假定规模报酬不变）条件下计算出的结果是一致的，在 VRS（假定规模报酬可变）条件下计算出的结果是不相同的。在以往的研究中，研究者更多的倾向于选择投入导向 DEA 模型。随着粮食流通体制市场化改革的推进，我国的粮食流通市场可以近似的视为完全竞争市场，而目前我国粮食市场尚处于市场化进程的初级阶段，尤其是私营企业，多处于迅速发展阶段，生产出的产品往往处于供不应求的状态，因此对于企业来说，最优的决策应该是利用现有的资源进行合理配置，追求产出和利润的最大化。基于以上分析，本章测算粮食流通企业经营效率选用产出导向型 DEA 模型。

第二章中提到技术效率可进一步分解为规模效率和纯技术效率：技术效率 = 规模效率 × 纯技术效率，且有经济效率 = 技术效率 × 配置效率。而测算配置效率需要掌握各投入要素的价格，受数据可获性限制，具体的要素价格无法获得，所以，无法计算粮食流通企业的经济效率和配置效率。而技术效率是实现综合有效的必要条件，且可以计算，因此，本章对粮食流通企业的技术效率进行测算，再根据计算的技术效率与纯技术效率推导企业的规模效率。

一 测算技术效率的 C^2R 模型（CRS）

模型是 A. Charnes，W. W. Cooper 和 E. Rhodes 于 1978 年提出的最基本的评价决策单元相对有效性的 DEA 模型，该模型主要用来测算决策单元组的相对技术效率。

假设有 I 个厂商，每个厂商有 N 种投入，可获得 M 种产出，其中第 i

（$i = 1, 2, \cdots I$）个厂商的投入与产出分别用列向量 x_i 和 q_i 表示，则 $N \cdot I$ 投入矩阵 X 与 $M \cdot I$ 产出矩阵 Q 分别表示 I 个厂商的投入数据和产出数据。根据投入产出比的基本定义，厂商 i 的效率可用所有产出与得到这些产出所发生的投入的比率表示，即：

$$u'q_i / v'x_i \tag{9.1}$$

其中 u 表示产出向量 M 的权数，v 表示投入向量 N 的权数。最优权数 u 与 v 可通过下属线性规划问题求解：

$$\begin{aligned}
&\max_{u,v}(u'q_i / v'x_i) \\
&s.t. \quad u'q_j / v'x_j \leq 1, \ j = 1, 2, \cdots, I \\
&u, v \geq 0
\end{aligned} \tag{9.2}$$

以上约束条件说明所有厂商的效率值必须小于等于 1，并且第 i 个厂商的效率最大化。根据以上条件，需要对厂商组的每一个厂商指定一个使其效率最大化的权数，因此，该线性规划问题具有无穷多个解。为了避免以上问题，需要在线性规划中加入一个约束条件 $v'x_i = 1$，于是问题变为：

$$\begin{aligned}
&\max_{u,v}(\mu'q_i) \\
&s.t. \quad v'x_i = 1 \\
&u'q_j - v'x_j \leq 0, \ j = 1, 2, \cdots, I \\
&\mu, v \geq 0
\end{aligned} \tag{9.3}$$

式 9.3 中的线性规划问题是著名的乘数形式（multiplier form）。利用线性规划的对偶性，并引入新的松弛变量 $s^+, s^- \geq 0$，可以得到上述线性规划模型的对偶线形规划模型：

$$\begin{aligned}
&\min_{\theta, \lambda} \theta \\
&s.t. \quad Q\lambda - s^+ = q_i \\
&X\lambda + s^- = \theta x_i \\
&\lambda \geq 0, \ s^+ \geq 0, \ s^- \geq 0
\end{aligned} \tag{9.4}$$

其中 λ 表示一个 $I \times 1$ 常数向量。

线性规划中求得的 θ 值就是第 i 个厂商的技术效率值，且 $\theta \leq 1$。其经济含义是当第 i 个厂商的产出水平保持不变时，以厂商组中最佳表现的单元为标准，实际所需要的投入比例。$1 - \theta$ 即为第 i 个厂商的多投入的比例，也就是应该减少投入的最大比例。经计算不同企业具有不同的技术效率值（θ），可以做以下三种解释：

（1）当 $\theta=1$，$s^+ = s^- = 0$ 时，表示厂商 i（决策单元）为 DEA 有效，即在这 I 个厂商（决策单元）组成的经济系统中，厂商 i 在原投入 x_0 的基础上能获得 q_0 的产出，已经达到最优。

（2）当 $\theta=1$，且 $s^+ \neq 0$ 或 $s^- \neq 0$ 时，表示厂商 i（决策单元）为 DEA 弱有效。若 $s^+ = 0$ 且 $s^- \neq 0$，表示可以通过对实际的这 I 个决策单元进行组合，得到新的决策单元与原决策单元相比，通过减少原决策单元的投入 s^- 单位就能得到相同的产出；若 $s^+ \neq 0$ 且 $s^- = 0$，得到的新的决策单元与原决策单元相比，可以在保持原决策单元投入不变的情况下，提高厂商 i 的产出共计 s^+ 单位。

（3）当 $\theta<1$ 时，称该厂商 i（决策单元）为 DEA 无效。表示在 I 个决策单元组成的经济系统中可通过组合将所有投入分量分别降低（$100 \times \theta$）%，即要素投入量变为 $\theta \cdot x_0$，就可保持原产出 q_0 不变。

二 测算纯技术效率的模型（VRS）

规模报酬不变条件下的 CRS 模型适用于所有厂商均以最优规模运营的情况，隐含着厂商可以通过增加投入就可以等比例的扩大产出水平。但是，这一假设对厂商所在的外部环境要求很高，在很多情况下都无法得到满足，如不完全竞争市场、政府管制、财务约束等因素都将导致厂商不能实现规模报酬不变。在不能满足所有厂商都以最优规模运营的前提下，使用 CRS 设定会导致技术效率与规模效率混淆不清。为解决这一问题，Banker, Charnes 和 Cooper（1984）提出了 CRS 的改进模型——VRS 模型（亦称为 BCC 模型或 C^2GS^2 模型），将厂商规模报酬可变因素考虑在内。在规模报酬可变的前提条件下计算技术效率时可以剔除规模效率的影响，得到的效率为纯技术效率。

为了解释 VRS，通过在式 9.4 式中增加凸性约束条件 $I1'\lambda = 1$，即完成了对 CRS 线性规划问题的修正，如下[①]：

$\min_{\theta, \lambda} \theta$

[①] 凸性约束条件 $I1'\lambda = 1$ 基本上确保无效厂商只与类似规模的"基准"厂商比较。即 DEA 前沿面上的投影是观测厂商的凸组合。在 CRS DEA 模型中，被评价的厂商可能与比它大得多或者小得多的参考厂商进行比较，而权数 λ 的总和将小于或大于 1。

$$s.t.\ Q\lambda - s^+ = q_i$$
$$X\lambda + s^- = \theta x_i$$
$$I1'\lambda = 1$$
$$\lambda \geq 0,\ s^+ \geq 0,\ s^- \geq 0 \tag{9.5}$$

其中 $I1$ 表示元素为 1 的 $I \times 1$ 向量。这种方法构建的一个相交面组成的凸包的边缘面将观测的数据包络得比 CRS 更加紧凑，因而解得的技术效率值大于或等于用 CRS 模型解得的结果。

三 企业规模效率的推导

通过 CRS DEA 模型和 VRS DEA 模型，可以分别获得厂商的技术效率和纯技术效率。求得的技术效率可以分解为两部分，一是规模无效；二是纯技术无效。即"技术效率 = 纯技术效率 × 规模效率"（$TE_{CRS} = TE_{VRS} \cdot SE$）。对厂商而言，如果两种 DEA 方法测算的效率值不同，就说明该厂商是规模无效的。

但是还不能根据以上结果判断厂商的规模到底合不合理，是否为规模经济。即无法判断该厂商是处于规模报酬递增区域还是规模报酬递减区域或者规模最适点。针对厂商是否处于规模报酬递减阶段可以通过求解在非递减规模报酬约束条件下的 DEA 模型得到解决（Coelli, 1996）。

用（$I1'\lambda \leq 1$）代替 9.5 式中约束条件（$I1'\lambda = 1$），如下[①]：
$$\min_{\theta,\lambda} \theta$$
$$s.t.\ Q\lambda - s^+ = q_i$$
$$X\lambda + s^- = \theta x_i$$
$$I1'\lambda \leq 1$$
$$\lambda \geq 0,\ s^+ \geq 0,\ s^- \geq 0 \tag{9.6}$$

9.6 式求得的 θ 称为 NIRS 技术效率。对于特定厂商，通过比较 NIRS 技术效率与 VRS 技术效率判断厂商的规模无效性质：如果二者相等，厂商存在规模效益递减；如果二者不相等，厂商存在递增的规模收益。

四 利用 DEA 前沿方法测算

上述测算企业经营效率的模型对于数据要求较低，可以是面板数据也

[①] 约束条件 $I1'\lambda \leq 1$ 可确保第 i 个厂商不以比它大得多的厂商为参考单元，但可能会与比其小的厂商进行比较。

可以是横截面数据。若掌握的数据为面板数据，可以使用前沿估计方法估计全要素生产效率（TFP）的变化，并可将结果分解为技术变化、技术效率变化两部分，对企业年际之间的效率变化做更为细致的分析。

西水美惠子和佩奇（Nishimizu and Page，1982）首次提出全要素生产效率变化可以分解为技术变化和技术效率变化两部分，但是法尔等（1994）的研究对后续的研究更有影响。需要注意的是不能直接使用距离指数的比率来推导全要素生产率的变化，而是要引进导数的概念。

根据法尔（1994）的研究，在两个数据点之间，Malmquist index 通过计算每个数据点与普通技术的距离比值来测算全要素生产率的变化。如果将 t 时期的技术作为参考值，则 t 时期与 s 时期间的 Malmquist TFP index 可以用如下公式表示：

$$m^t{}_0(q_s,x_s,q_t,x_t) = \frac{d^t{}_0(q_t,x_t)}{d^t{}_0(q_s,x_s)} \tag{9.7}$$

相对的，若将 s 时期的技术作为参考值，则两时期之间的 Malmquist TFP index 应该表示为：$m^s{}_0(q_s,x_s,q_t,x_t) = \dfrac{d^s{}_0(q_t,x_t)}{d^s{}_0(q_s,x_s)}$ (9.8)

其中 $d^s{}_0(q_t,x_t)$ 表示 t 时期技术值与 s 时期技术值的距离。若 $m_0 > 1$，则表示从 s 时期到 t 时期的全要素生产率是增长的，反之则表示全要素生产率是下降的。

马氏全要素生产率指数表示如下：

$$m_0(q_s,x_s,q_t,x_t) = \left[\frac{d^s{}_0(q_t,x_t)}{d^s{}_0(q_s,x_s)} \times \frac{d^t{}_0(q_t,x_t)}{d^t{}_0(q_s,x_s)}\right]^{\frac{1}{2}} \tag{9.9}$$

因为所有 t 时期的产出距离函数都可以用 $d^t{}_0(q_t,x_t) = A(t)d_0(q_t,x_t)$ 表示，将上式进行重新组合，就可以推导出马氏全要素生产率指数就是技术效率变化指数与技术变化指数的乘积，即：

$$m_0(q_s,x_s,q_t,x_t) = \frac{d^t{}_0(q_t,x_t)}{d^s{}_0(q_s,x_s)} \cdot \left[\frac{d^s{}_0(q_t,x_t)}{d^t{}_0(q_t,x_t)} \cdot \frac{d^s{}_0(q_s,x_s)}{d^t{}_0(q_s,x_s)}\right]^{\frac{1}{2}} \tag{9.10}$$

在该式中，等号右边第一部分比值是 s 时期和 t 时期之间面向输出的法尔技术效率变化，方括号部分表示技术变化，即：

$$\text{效率变化} = \frac{d^t{}_0(q_t,x_t)}{d^s{}_0(q_s,x_s)} \tag{9.11}$$

$$技术变化 = \left[\frac{d^s{}_0(q_t,x_t)}{d^t{}_0(q_t,x_t)} \cdot \frac{d^s{}_0(q_s,x_s)}{d^t{}_0(q_s,x_s)}\right]^{\frac{1}{2}} \tag{9.12}$$

法尔等（1994）还提出将技术效率变化分解为规模效率变化和纯技术效率变化两部分，这种分解包括在（9.11）式中测算效率变化并进一步分解以下两部分：

$$纯效率变化 = \frac{d^t{}_{0v}(q_t,x_t)}{d^s{}_{0v}(q_s,x_s)} \tag{9.13}$$

$$规模效率变化 = \left[\frac{d^t{}_{0v}(q_t,x_t)/d^t{}_{0c}(q_t,x_t)}{d^t{}_{0v}(q_s,x_s)/d^t{}_{0c}(q_s,x_s)} \times \frac{d^s{}_{0v}(q_t,x_t)/d^s{}_{0c}(q_t,x_t)}{d^s{}_{0v}(q_s,x_s)/d^s{}_{0c}(q_s,x_s)}\right]^{\frac{1}{2}} \tag{9.14}$$

9.14 式中下标 c 和 v 分别表示相对于 CRS 技术和 VRS 技术。规模效率变化值实际上是两种规模效率变化测算值的几何均值。前面一部分是相对于 t 时期的技术变化，后面一部分是相对于 s 时期的技术变化。

需要注意的是：当假设相对于 VRS 技术时，9.9 式不能正确测算全要素生产率的变化值，而 CRS 技术依赖于估计 Malmquist TFP index 测算中的距离函数，否则，所得到的测算结果就不能正确反映因规模效应而引起的全要素生产率的增减变动。

为了弥补 Malmquist TFP index 的不足，可以利用 DEA 前沿方法估计生产技术来测算距离函数。按照法尔等的方法，可以应用 DEA 类线性规划方法测算 9.9 式中的距离函数。每求得一个全要素生产率变化值，就必须计算两个时期的四个距离函数值。在本章中，共有 21 家企业在 4 个时期的面板数据，则需要求解的线性规划数为 $21 \times (3 \times 4 - 2) = 210$ 个。根据前面的分析，法尔（1994）在测算全要素生产率时利用的是 CRS 技术，这就将保证 TFP 指数的测算结果满足其性质，即如果所有投入都乘以数量 δ（正数），所有产出都乘以数量 α（非负数），那么全要素生产率指数就等于 α/δ。

利用面板数据建立起了 Malmquist TFP index，可以借助 deap 计算机程序进行测算，测算得出的结果中每个年度每个企业都有五个指数：技术效率变化（相对于 CRS 技术）、技术变化、纯技术效率变化（相对于 VRS 技术）、规模效率变化和全要素生产率变化。

第三节 企业经营效率测算及分析

2004 年后粮食市场利益主体迅速发展、组成成分更加丰富，企业规模、企业效率和技术创新等都得到了长足发展。但是，企业在适度规模、投入要素的优化组合等方面究竟做的如何？由粮食安全在我国的特殊地位引发的国家对国有粮食企业及相关联私营企业的政策倾斜对市场的具体影响如何？以上问题均可通过分析企业的效率得到答案。本章以湖北省 21 家粮食购销企业为研究对象，运用 DEA 方法测算企业的效率。

如前文所述，本次实证研究所用数据为这 21 家企业自 2006 年到 2009 年的财务数据。投入指标共五个，分别为营业费用、管理费用、财务费用、应付职工薪酬及福利费、所有者权益合计。产出指标分为两组，每组三个指标，第一组为主营业务收入、粮食经营总量、利润总额，第二组为主营业务收入、粮食经营总量、净利润[①]。

一 技术效率

（一）2006 年度粮食流通企业技术效率比较

表 9-2　　　　2006 年度 18 家粮食流通企业相对效率值

企业名称	第一组 技术效率	纯技术效率	规模效率	规模收益类型	企业名称	第二组 技术效率	纯技术效率	规模效率	规模收益类型
四井	1.000	1.000	1.000	-	四井	1.000	1.000	1.000	-
金鸣	1.000	1.000	1.000	-	金鸣	1.000	1.000	1.000	-
宏光	1.000	1.000	1.000	-	宏光	1.000	1.000	1.000	-
弘泰	1.000	1.000	1.000	-	弘泰	1.000	1.000	1.000	-
三杰	1.000	1.000	1.000	-	三杰	1.000	1.000	1.000	-
汇丰	1.000	1.000	1.000	-	汇丰	1.000	1.000	1.000	-
万家	1.000	1.000	1.000	-	万家	1.000	1.000	1.000	-

---

① 第二组的作用主要在于帮助比较政府对个别企业的政策倾斜对免税企业的经营效率及整个粮食流通市场效率的影响。为了全面展示市场效率的真实情况，在分析企业相对效率值时还是以第一组指标的结果为依据。

续表

企业名称	第一组				企业名称	第二组			
	技术效率	纯技术效率	规模效率	规模收益类型		技术效率	纯技术效率	规模效率	规模收益类型
天华	0.789	0.792	0.996	drs	天华	0.794	0.815	0.975	drs
贤德	1.000	1.000	1.000	-	贤德	1.000	1.000	1.000	-
罗岗	0.898	0.899	1.000	-	罗岗	0.898	0.899	1.000	-
金华	1.000	1.000	1.000	-	金华	1.000	1.000	1.000	-
福盛	1.000	1.000	1.000	-	福盛	1.000	1.000	1.000	-
惠东	1.000	1.000	1.000	-	惠东	1.000	1.000	1.000	-
新集	0.940	0.941	0.999	irs	新集	0.946	0.947	0.999	irs
金旭	1.000	1.000	1.000	-	金旭	1.000	1.000	1.000	-
世益	1.000	1.000	1.000	-	世益	1.000	1.000	1.000	-
博爵	1.000	1.000	1.000	-	博爵	1.000	1.000	1.000	-
惠农	1.000	1.000	1.000	-	惠农	1.000	1.000	1.000	-
均值	0.979	0.980	1.000		均值	0.980	0.981	0.999	

注："drs"为规模收益递减；"irs"为规模收益递增；"-"为规模收益不变。（以下各表相同）

根据表 9-2 显示的企业相对技术效率，18 家粮食流通企业在 2006 会计年度的相对效率普遍较高，表明这些企业的经营从经营效率角度看处于大致相同的水平。除天华、罗岗、新集三家企业外，其余 15 家粮食企业均达到了相对技术有效，占到了所选企业的 83.33%。三家 DEA 无效的企业的技术效率由高到低排序依次为：新集、罗岗、天华。

表 9-3　2006 年度 3 家 DEA 无效企业投入指标与产出指标的松弛变量

单位：（万元）

企业名称	投入冗余值					产出不足值		
	营业费用	管理费用	财务费用	应付职工薪酬及福利	所有权益合计	主营业务收入	粮食经营总量	利润总额
天华	0.000	26.040	0.000	3.665	605.781	2618.365	0.000	0.000
罗岗	0.000	0.000	0.000	61.345	106.301	8997.929	3.797	0.000
新集	0.000	0.000	0.000	7.969	0.000	0.000	0.700	0.000

从表 9-3 投入指标的松弛变量来看，导致企业出现 DEA 无效的原因

主要集中在应付职工薪酬及福利费、所有者权益合计指标上；三个产出指标的松弛变量显示导致企业出现 DEA 无效的主要原因在于企业主营业务收入未达到标准产出。

3 家受惠企业为福盛、世益、惠农。表 9-2 中，这三家企业在第一组和第二组中的相对技术效率均为 1.000，三家企业均为 DEA 有效的，自身的效率并未因为政策倾斜在经营上有本质上的变化。产出指标中用"净利润"替代"利润总额"对结果的影响体现在三家 DEA 无效企业技术效率有一定提高，表明政府的政策倾斜对市场总体效率的提高起到了作用，但这种影响非常微弱。

2006 会计年度的 18 家企业中，规模收益递减和规模收益递增的企业均只有一家，分别为天华和新集，其余 16 家企业均为规模收益不变，占到全部企业数的 88.89%。

（二）2007 年度粮食流通企业技术效率比较

表 9-4 显示，21 家粮食流通企业在 2007 会计年度的相对技术效率出现了较显著的差异。处于 DEA 无效的企业共有 4 家，按照技术效率由高到低排序为：天华、福盛、新集、罗岗。与 2006 年相比较，福盛由 DEA 有效变为 DEA 无效，相对而言，存在一定的退步。其余 17 家粮食企业均达到了相对技术有效，占到了所选企业数的 80.95%。

表 9-4　　　　　　2007 年度 21 家粮食流通企业相对效率值

企业名称	第一组 技术效率	纯技术效率	规模效率	规模收益类型	企业名称	第二组 技术效率	纯技术效率	规模效率	规模收益类型
四井	1.000	1.000	1.000	—	四井	1.000	1.000	1.000	—
金鸣	1.000	1.000	1.000	—	金鸣	1.000	1.000	1.000	—
宏光	1.000	1.000	1.000	—	宏光	1.000	1.000	1.000	—
弘泰	1.000	1.000	1.000	—	弘泰	1.000	1.000	1.000	—
三杰	1.000	1.000	1.000	—	三杰	1.000	1.000	1.000	—
汇丰	1.000	1.000	1.000	—	汇丰	1.000	1.000	1.000	—
万家	1.000	1.000	1.000	—	万家	1.000	1.000	1.000	—
天华	0.888	0.944	0.941	irs	天华	0.866	0.876	0.989	irs
贤德	1.000	1.000	1.000	—	贤德	1.000	1.000	1.000	—
罗岗	0.340	0.522	0.650	drs	罗岗	0.373	0.707	0.528	drs

续表

企业名称	第一组 技术效率	纯技术效率	规模效率	规模收益类型	企业名称	第二组 技术效率	纯技术效率	规模效率	规模收益类型
金华	1.000	1.000	1.000	—	金华	1.000	1.000	1.000	—
福盛	0.763	1.000	0.763	irs	福盛	0.954	1.000	0.954	irs
惠东	1.000	1.000	1.000	—	惠东	1.000	1.000	1.000	—
新集	0.745	0.802	0.928	irs	新集	0.745	0.802	0.928	irs
金旭	1.000	1.000	1.000	—	金旭	1.000	1.000	1.000	—
世益	1.000	1.000	1.000	—	世益	1.000	1.000	1.000	—
博爵	1.000	1.000	1.000	—	博爵	1.000	1.000	1.000	—
惠农	1.000	1.000	1.000	—	惠农	1.000	1.000	1.000	—
军海	1.000	1.000	1.000	—	军海	1.000	1.000	1.000	—
玉皇	1.000	1.000	1.000	—	玉皇	1.000	1.000	1.000	—
兴隆	1.000	1.000	1.000	—	兴隆	1.000	1.000	1.000	—
均值	0.940	0.965	0.966		均值	0.949	0.971	0.971	

表9-5　2007年度4家DEA无效企业投入指标与产出指标的松弛变量

（单位：万元）

企业名称	投入冗余值 营业费用	管理费用	财务费用	应付职工薪酬及福利	所有权益合计	产出不足值 主营业务收入	粮食经营总量	利润总额
天华	0.000	80.301	8.697	0.000	501.989	488.429	0.000	0.000
罗岗	5662.538	27.128	0.000	45.304	1078.256	1559.687	0.000	0.000
福盛	0.000	0.000	0.000	0.000	0.000	0.000	0.000	0.000
新集	0.000	0.000	0.000	19.439	0.000	0.000	0.687	116.514

从表9-5投入指标的松弛变量来看，导致企业出现DEA无效的原因与2006相比出现了转移，且DEA无效企业存在严重的投入过量或者说是产出不足问题。

3家受惠企业为福盛、世益、惠农。表9-4数据显示，企业是否DEA有效与产出指标的选择无关，但是DEA无效企业的技术效率值在组1与组2之间还是存在差别的，且这种差别较2006年度要明显得多。值得注意的是：①天华、罗岗和新集三家企业的技术效率出现了不一致的变化，其中天华的技术效率降低了 2.2%，而罗岗的技术效率提高了 3.3%，新集的相对技术效率值保持 0.745 不变；②免税企业福盛前后的相对技术效率值出现了明显的提高，由 0.763 提高到 0.954。以上两点初步说明了政府的政策优惠对市场整体的技术效率提升不一定有帮助，但是对受惠企业的影响却是十分可观的。

2007 会计年度的 21 家企业中，规模收益递减的企业只有罗岗一家，呈现规模收益递增的企业有 3 家，分别为天华、福盛和新集，其余 17 家企业均为规模收益不变，占到全部企业数的 80.95%。

（三）2008 年度粮食流通企业技术效率比较

表 9-6　　　　　　2008 年度 21 家粮食流通企业相对效率值

企业名称	第一组 技术效率	纯技术效率	规模效率	规模收益类型	企业名称	第二组 技术效率	纯技术效率	规模效率	规模收益类型
四井	0.550	0.606	0.907	irs	四井	0.550	0.606	0.907	irs
金鸣	1.000	1.000	1.000	—	金鸣	1.000	1.000	1.000	—
宏光	1.000	1.000	1.000	—	宏光	0.994	1.000	0.994	irs
弘泰	1.000	1.000	1.000	—	弘泰	1.000	1.000	1.000	—
三杰	1.000	1.000	1.000	—	三杰	1.000	1.000	1.000	—
汇丰	1.000	1.000	1.000	—	汇丰	1.000	1.000	1.000	—
万家	0.702	0.714	0.984	drs	万家	0.702	0.714	0.984	drs
天华	0.715	0.795	0.900	drs	天华	0.715	0.795	0.900	drs
贤德	0.727	0.800	0.908	drs	贤德	0.727	0.800	0.908	drs
罗岗	0.299	0.301	0.993	drs	罗岗	0.299	0.301	0.993	drs
金华	1.000	1.000	1.000	—	金华	1.000	1.000	1.000	—
福盛	1.000	1.000	1.000	—	福盛	1.000	1.000	1.000	—
惠东	0.572	0.575	0.994	irs	惠东	0.557	0.564	0.998	irs
新集	0.585	0.626	0.934	irs	新集	0.585	0.626	0.934	irs
金旭	0.966	1.000	0.966	irs	金旭	0.966	1.000	0.966	irs
世益	1.000	1.000	1.000	—	世益	1.000	1.000	1.000	—
博爵	1.000	1.000	1.000	—	博爵	1.000	1.000	1.000	—
惠农	1.000	1.000	1.000	—	惠农	1.000	1.000	1.000	—

续表

企业名称	第一组				企业名称	第二组			
	技术效率	纯技术效率	规模效率	规模收益类型		技术效率	纯技术效率	规模效率	规模收益类型
军海	1.000	1.000	1.000	—	军海	1.000	1.000	1.000	—
玉皇	1.000	1.000	1.000	—	玉皇	1.000	1.000	1.000	—
兴隆	0.456	0.863	0.529	drs	兴隆	0.456	0.847	0.529	drs
均值	0.837	0.870	0.958		均值	0.836	0.869	0.958	

根据表 9-6 显示，21 家粮食流通企业在 2008 会计年度的相对技术效率相对前两年更为分散。处于 DEA 无效的企业共有 9 家，占到企业总数的 42.86%，按照技术效率由高到低排序为：金旭、贤德、天华、万家、新集、惠东、四井、兴隆、罗岗。处于相对技术有效的企业由 2007 年的 17 家减少为 12 家，说明企业之间的差距有逐年拉大的趋势。但是部分企业通过自身的努力，已经逐渐从市场中脱颖而出，而部分企业则出现了技术效率的下降。

表 9-7 2008 年度 9 家 DEA 无效企业投入指标与产出指标的松弛变量

（单位：万元）

企业名称	投入冗余值					产出不足值		
	营业费用	管理费用	财务费用	应付职工薪酬及福利	所有者权益合计	主营业务收入	粮食经营总量	利润总额
四井	0.000	0.000	0.000	17.104	0.000	0.000	0.000	384.618
万家	1623.150	6.185	152.618	27.144	0.000	2182.033	0.000	189.367
天华	0.000	45.992	50.147	0.000	210.039	0.000	0.000	190.817
贤德	0.000	0.000	88.935	0.000	0.000	2137.076	0.000	323.474
罗岗	0.000	0.000	0.000	74.09	40.745	0.000	0.163	345.574
惠东	0.000	0.000	0.000	1.182	0.000	581.331	0.000	0.000
新集	0.000	0.000	0.000	72.043	0.000	0.000	0.000	327.591
金旭	0.000	0.000	0.000	0.000	0.000	0.000	0.000	0.000
兴隆	0.000	0.000	66.805	17.046	1841.329	1291.545	0.000	0.000

比较 2008 年与 2007 年 DEA 无效企业投入指标与产出指标的松弛变

量大小，可以发现2008年DEA无效企业投入冗余值相对变小了，结合比较企业技术效率的数值，可以初步得出：相较于2007年，各企业2008年在要素的配置上均有了一定的改进。但是从产出不足值来看，DEA无效企业仍存在严重的产出不足，尤其体现在利润产出上。

3家受惠企业为福盛、世益、惠农。表9-6中，这3家企业在第一组和第二组中的相对技术效率均为1，均为DEA有效，自身的效率并未因为政策倾斜在经营上有本质上的变化，与2006年情况相一致。比较9家DEA无效企业在组一与组二中的技术效率，惠东面粉有限公司的技术效率值由0.572下降为0.557，其余8家企业的技术效率值没有任何变化。另外，在组一中为DEA有效的宏光；在组二中成为了DEA无效企业。以上现象均说明在2008年政府的政策倾斜和优惠对市场整体的技术效率的提升是没有作用的，但是尚无法证明对受惠企业的影响。

2008会计年度的21家企业中，规模收益递减的企业有5家，分别是万家、天华、贤德、罗岗和兴隆，呈现规模收益递增的企业有4家，分别为四井、新集惠东和金旭，其余12家企业均为规模收益不变。三种情况分别占到全部企业数的23.81%、19.05%、57.14%。

（四）2009年度粮食流通企业技术效率比较

表9-8　　　　　2009年度21家粮食流通企业相对效率值

企业名称	第一组				企业名称	第二组			
	技术效率	纯技术效率	规模效率	规模收益类型		技术效率	纯技术效率	规模效率	规模收益类型
四井	0.564	0.606	0.931	irs	四井	0.564	0.606	0.931	irs
金鸣	0.900	1.000	0.900	irs	金鸣	0.900	1.000	0.900	irs
宏光	0.954	1.000	0.954	drs	宏光	0.954	1.000	0.954	drs
弘泰	1.000	1.000	1.000	—	弘泰	1.000	1.000	1.000	—
三杰	0.654	1.000	0.654	drs	三杰	0.654	1.000	0.654	drs
汇丰	1.000	1.000	1.000		汇丰	1.000	1.000	1.000	
万家	1.000	1.000	1.000		万家	1.000	1.000	1.000	
天华	0.406	0.462	0.880	drs	天华	0.406	0.462	0.880	drs
贤德	0.575	0.755	0.762	drs	贤德	0.575	0.755	0.762	drs
罗岗	0.321	0.343	0.937	drs	罗岗	0.321	0.351	0.937	drs
金华	1.000	1.000	1.000	—	金华	1.000	1.000	1.000	—

续表

企业名称	第一组 技术效率	纯技术效率	规模效率	规模收益类型	企业名称	第二组 技术效率	纯技术效率	规模效率	规模收益类型
福盛	0.403	1.000	0.403	irs	福盛	0.406	1.000	0.406	irs
惠东	0.744	0.746	0.997	irs	惠东	0.744	0.746	0.997	irs
新集	0.600	1.000	0.600	irs	新集	0.582	1.000	0.582	irs
金旭	0.900	1.000	0.900	irs	金旭	0.900	1.000	0.900	irs
世益	1.000	1.000	1.000	—	世益	1.000	1.000	1.000	—
博爵	1.000	1.000	1.000	—	博爵	1.000	1.000	1.000	—
惠农	1.000	1.000	1.000	—	惠农	1.000	1.000	1.000	—
军海	1.000	1.000	1.000	—	军海	1.000	1.000	1.000	—
玉皇	1.000	1.000	1.000	—	玉皇	1.000	1.000	1.000	—
兴隆	0.379	0.947	0.400	drs	兴隆	0.385	0.987	0.390	drs
均值	0.781	0.898	0.872		均值	0.781	0.900	0.871	

表9-8中技术效率值显示，21家粮食流通企业延续了2008年度的特点，技术效率更加分散。处于DEA无效的企业共有12家，占到所调查企业总数的57.14%，按照技术效率由高到低排序依次为：宏光、金鸣、金旭、惠东、三杰、新集、贤德、四井、天华、福盛、兴隆、罗岗。相对的，处于DEA有效的企业仅有9家，低于50%。以上数据再一次说明了企业之间的差距在逐年拉大，行业内部的区分越来越明显。

表9-9 2009年度12家DEA无效企业投入指标与产出指标的松弛变量

（单位：万元）

企业名称	投入冗余值 营业费用	管理费用	财务费用	应付职工薪酬及福利	所有者权益合计	产出不足值 主营业务收入	粮食经营总量	利润总额
四井	26.605	0.000	0.000	15.742	3.054	0.000	0.011	257.764
金鸣	0.000	0.000	0.000	0.000	0.000	0.000	0.000	0.000
宏光	0.000	0.000	0.000	0.000	0.000	0.000	0.000	0.000
三杰	0.000	0.000	0.000	0.000	0.000	0.000	0.000	0.000
天华	0.000	44.305	49.896	0.000	792.220	1493.667	0.000	206.229
贤德	94.210	0.000	39.775	0.000	0.000	0.000	0.000	286.761

续表

企业名称	投入冗余值					产出不足值		
	营业费用	管理费用	财务费用	应付职工薪酬及福利	所有者权益合计	主营业务收入	粮食经营总量	利润总额
罗岗	9295.059	0.000	0.000	63.244	407.011	0.000	1.559	49.510
福盛	0.000	0.000	0.000	0.000	0.000	0.000	0.000	0.000
惠东	1427.649	0.000	0.000	0.022	0.000	2127.523	0.000	0.000
新集	0.000	0.000	0.000	0.000	0.000	0.000	0.000	0.000
金旭	0.000	0.000	0.000	0.000	0.000	0.000	0.000	0.000
兴隆	0.000	50.616	47.321	6.318	915.892	22667.793	19.959	0.000

12家DEA无效企业中投入指标或产出指标的松弛变量非零的有6家。从这6家企业的松弛变量值来看，投入指标的松弛分布更为分散，且相较于前三个会计年度，2009年度的投入冗余值相对较小，进一步证明了上一节得出的结论，企业在要素的优化配置上有了改进。从6家企业的产出变量松弛变量分析，DEA无效企业存在较为严重的产出不足。

3家受惠企业为福盛、世益、惠农。根据表9-8的结果，世益和惠农两家企业在第一组和第二组中的相对技术效率均为1，均为DEA有效，自身的效率并未因为政策倾斜在经营上有本质上的变化；福盛为DEA无效企业，因为是免税企业的原因，其在组二中的技术效率相较于组一要高，由0.403增加为0.406，增长幅度为0.3%，幅度较小。通过比较12家DEA无效企业在组一与组二间的技术效率的变动，发现新集有1.8%的增加、福盛有0.3%的增加、兴隆有0.06%的下降，其余9家企业的技术效率前后均没有发生变动。以上分析说明2009年度政府对个别企业的政策优惠并未对市场整体技术效率变动产生显著影响，且对受惠企业的正面影响也较小。

2009年度，21家企业中规模收益递减的有6家，分别是宏光、三杰、天华、贤德、罗岗和兴隆，呈现规模收益递增的企业有6家，分别是四井、金鸣、福盛、惠东、新集和金旭，其余9家DEA有效企业均为规模收益不变。三种情况分别占到全部企业数的28.57%、28.57%和42.86%。

（五）技术效率变动比较

表9-10是用Malmquist-DEA计算出的21家企业年际间技术效率的

表 9 - 10 年际间企业技术效率变动

企业名称	2007 年	2008 年	2009 年
四井	1.000	0.550	1.026
金鸣	1.000	1.000	0.900
宏光	1.000	1.000	0.954
弘泰	1.000	1.000	1.000
三杰	1.000	1.000	0.654
汇丰	1.000	1.000	1.000
万家	1.000	0.702	1.424
天华	1.381	0.805	0.568
贤德	1.000	0.727	0.791
罗岗	0.889	0.880	1.074
金华	1.000	1.000	1.000
福盛	0.763	1.311	0.403
惠东	1.105	0.572	1.301
新集	0.793	0.786	1.025
金旭	1.000	0.966	0.932
世益	1.000	1.000	1.000
博爵	1.000	1.000	1.000
惠农	1.000	1.000	1.000
军海	1.000	1.000	1.000
玉皇	1.000	1.000	1.000
兴隆	1.000	0.456	0.830
均值	0.997	0.893	0.947

变动[①]。可以看出：①2007 年技术效率递增的企业有 2 家，占到 18 家企业的 11.11%；2008 年技术递增的企业降为 1 家，占 21 家企业的 4.76%；2009 年技术递增的企业增加到 5 家，占 21 家企业的 23.81%；②2007 年技术效率递减的企业有 3 家，占到 18 家企业的 16.67%；2008 年技术递

---

① 注：军海、玉皇、兴隆三家粮食企业 2006 年度的财务数据缺失，为了保证数据的完整性，这三家企业在 2006 年的数据用各自 2007 年的数据替代，故表中第二列倒数第四个数据至倒数第二个数据是没有经济含义的。

减的企业降为9家，占21家企业的42.86%；2009年技术递减的企业增加到8家，比2008年减少了1家；③2007年技术效率不变的企业有13家，占到18家企业的72.22%；2008年技术不变的企业降为11家，占21家企业的52.38%；2009年技术不变的企业减少为8家，占21家企业的38.1%。总的来看，受调的21家企业的总体技术效率有所改善。

表9-11是根据表9-10整理出的21家企业技术效率年际变化分布情况。根据表中数据可以发现，从2007—2009年企业技术效率变动的分布愈来愈分散，从2007年占据4个区间到2008年的5个区间，最后到2009年的6个区间全部占据，且〔0，20%）是最为集中的一个区间。充分说明，随着时间的发展，企业与企业之间的差距呈不断扩大的趋势，行业内出现了较为明显的利益分割。

表9-11　　　　21家受调企业技术效率年际变化分布

区间	2007年		2008年		2009年	
	个数（家）	比例（%）	个数（家）	比例（%）	个数（家）	比例（%）
40%以上	0	0.00	0	0.00	1	4.76
[20%，40%)	1	4.76	1	4.76	1	4.76
[0，20%)	17	80.95	11	52.38	11	52.38
(-20%.0)	1	4.76	3	14.29	4	19.05
(-40%，-20%]	2	9.52	3	14.29	2	9.52
-40%以下	0	0.00	3	14.29	2	9.52
合　计	21	100	21	100	21	100

另外，从各个区间企业数的分布变化来看，2008年企业整体技术效率出现下滑，但是到2009年又出现了恢复性的增长，且2009年与前两年相比，企业技术效率递减幅度较大的企业数有所减少，相对的，企业技术效率递增幅度较大的企业数却有了增加，说明行业的整体技术效率是增加的。

二　纯技术效率

（一）政策优惠及倾斜对企业纯技术效率的影响

一般而言，技术对企业的作用较大，尤其是生产型企业，本书中，粮食加工企业即为生产型企业。表 9-12 为用 deap2.1 软件计算出来的两组不同指标下的 21 家企业的纯技术效率。

表 9-12　　　　　　　　　企业纯技术效率

企业名称	组别	2006 年	2007 年	2008 年	2009 年
四井	第一组	1.000	1.000	0.606	0.606
	第二组	1.000	1.000	0.606	0.606
金鸣	第一组	1.000	1.000	1.000	1.000
	第二组	1.000	1.000	1.000	1.000
宏光	第一组	1.000	1.000	1.000	1.000
	第二组	1.000	1.000	1.000	1.000
弘泰	第一组	1.000	1.000	1.000	1.000
	第二组	1.000	1.000	1.000	1.000
三杰	第一组	1.000	1.000	1.000	1.000
	第二组	1.000	1.000	1.000	1.000
汇丰	第一组	1.000	1.000	1.000	1.000
	第二组	1.000	1.000	1.000	1.000
万家	第一组	1.000	1.000	0.714	1.000
	第二组	1.000	1.000	0.714	1.000
天华	第一组	0.792	0.944	0.795	0.462
	第二组	0.815	0.876	0.795	0.462
贤德	第一组	1.000	1.000	0.800	0.755
	第二组	1.000	1.000	0.800	0.755
罗岗	第一组	0.899	0.522	0.301	0.343
	第二组	0.899	0.707	0.301	0.351
金华	第一组	1.000	1.000	1.000	1.000
	第二组	1.000	1.000	1.000	1.000
福盛	第一组	1.000	1.000	1.000	1.000
	第二组	1.000	1.000	1.000	1.000
惠东	第一组	1.000	1.000	0.575	0.746
	第二组	1.000	1.000	0.564	0.746
新集	第一组	0.941	0.802	0.626	1.000
	第二组	0.947	0.802	0.626	1.000

续表

企业名称	组别	2006 年	2007 年	2008 年	2009 年
金旭	第一组	1.000	1.000	1.000	1.000
	第二组	1.000	1.000	1.000	1.000
世益	第一组	1.000	1.000	1.000	1.000
	第二组	1.000	1.000	1.000	1.000
博爵	第一组	1.000	1.000	1.000	1.000
	第二组	1.000	1.000	1.000	1.000
惠农	第一组	1.000	1.000	1.000	1.000
	第二组	1.000	1.000	1.000	1.000
军海	第一组	—	1.000	1.000	1.000
	第二组	—	1.000	1.000	1.000
玉皇	第一组	—	1.000	1.000	1.000
	第二组	—	1.000	1.000	1.000
兴隆	第一组		1.000	0.863	0.947
	第二组		1.000	0.847	0.987
均值	第一组	0.980	0.965	0.870	0.898
	第二组	0.981	0.971	0.869	0.900

21家企业中，仅有天华、罗岗、惠东、新集、兴隆五家的纯技术效率在两组指标之间存在差异。通过比较数据变动量及变动幅度的大小，可以发现因为指标的变动导致的纯技术效率的增加额要明显大于纯技术效率的减小额（天华——2006年增加2.3%；2007年增加13.2%；罗岗——2007年增加18.5%；2009年增加0.8%；惠东——2008年减少0.9%；新集——2006年增加0.6%；兴隆——2008年减少1.6%；2009年增加4%）；说明政策优惠对市场企业纯技术效率的影响为正向影响，但是影响力并不大。三家免税企业福盛、世益、惠农在两组中的纯技术效率均为1.000，是有效的，故无法依此对政府的政策倾斜对受惠企业的纯技术效率的影响给出明确判断。

（二）年际间纯技术效率变动比较

表9-13是用Malmquist-DEA计算出的21家企业年际间纯技术效率

的变动①。可以看出：①2007 年技术效率递增的企业有 1 家，占到 18 家企业的 5.56%，2008 年技术递增的企业降为 0 家，2009 年技术递增的企业增加到 4 家，占 21 家企业的 19.05%；②2007 年技术效率递减的企业有 2 家，占到 18 家企业的 11.11%；2008 年技术递减的企业增加为 8 家，占 21 家企业的 38.10%；2009 年技术递减的企业降为到 2 家，比 2008 年减少了 6 家；③2007 年技术效率不变的企业有 15 家，占到 18 家企业的 83.33%；2008 年技术不变的企业降为 13 家，占 21 家企业的 61.9%，2009 年技术不变的企业增加了 2 家，占 21 家企业的 71.43%。2008 年，整个行业纯技术效率出现下降的现象；2009 年情况大为好转，企业技术因素对效率推进作用显著。

表 9-13　　　　　　　　年际间企业纯技术效率变动

企业名称	2007 年	2008 年	2009 年
四井	1.000	0.606	1.000
金鸣	1.000	1.000	1.000
宏光	1.000	1.000	1.000
弘泰	1.000	1.000	1.000
三杰	1.000	1.000	1.000
汇丰	1.000	1.000	1.000
万家	1.000	0.714	1.400
天华	1.238	0.842	0.581
贤德	1.000	0.800	0.943
罗岗	0.868	0.576	1.138
金华	1.000	1.000	1.000
福盛	1.000	1.000	1.000
惠东	1.000	0.575	0.297
新集	0.854	0.781	1.596
金旭	1.000	1.000	1.000
世益	1.000	1.000	1.000

① 注：军海、玉皇、兴隆三家粮食企业 2006 年度的财务数据缺失，为了保证数据的完整性，这三家企业在 2006 年的数据用各自 2007 年的数据替代，故表中第二列倒数第四个数据至倒数第二个数据是没有经济含义的。

续表

企业名称	2007 年	2008 年	2009 年
博爵	1.000	1.000	1.000
惠农	1.000	1.000	1.000
军海	1.000	1.000	1.000
玉皇	1.000	1.000	1.000
兴隆	1.000	0.863	1.098
均值	0.998	0.893	1.003

表 9-14 是根据表 9-13 整理出的 21 家企业纯技术效率年际变化分布。可以发现，企业纯技术效率变动的分布愈来愈分散，说明随着时间的发展，企业与企业之间的差距呈不断扩大的趋势，行业内出现了较为明显的技术差异。划定的六个区间中 [0, 20%) 是企业最集中的一个，说明三年间企业的纯技术效率值以稳定和增长为主。

从各个区间企业数的分布变化来看，2008 年企业整体纯技术效率出现下滑，到 2009 年出现了逆转性的增长。与 2008 年相比，2009 年企业的纯技术效率递减幅度较大的企业数明显减少（由 8 家减少为 3 家），相对的，企业纯技术效率高增长的区间比重有了提升（40% 以上区间的企业由 1 家增加为 2 家）。以上分析说明 2009 年行业内依赖技术进步提升企业效率的现象更为明显，也表明粮食流通行业内基于技术效率增加的生产是可持续的。

表 9-14 21 家受调企业纯技术效率年际变化分布

区间	2007 年 个数（家）	比例（%）	2008 年 个数（家）	比例（%）	2009 年 个数（家）	比例（%）
40% 以上	0	0.00	0	0.00	2	9.52
[20%, 40%)	1	4.76	0	0.00	0	0.00
[0, 20%)	18	85.71	13	61.90	16	76.19
(-20%, 0)	2	9.52	2	9.52	1	4.76
(-40%, -20%]	0	0.00	4	19.05	0	0.00
-40% 以下	0	0.00	2	9.52	2	9.52
合计	21	100	21	100	21	100

三 规模效率

（一）政策优惠及倾斜对企业规模效率的影响

表 9-15　　　　　　　　　　企业规模效率

企业名称	组 别	2006 年	2007 年	2008 年	2009 年
四井	第一组	1.000	1.000	0.907	0.931
	第二组	1.000	1.000	0.907	0.931
金鸣	第一组	1.000	1.000	1.000	0.900
	第二组	1.000	1.000	1.000	0.900
宏光	第一组	1.000	1.000	1.000	0.954
	第二组	1.000	1.000	0.994	0.954
弘泰	第一组	1.000	1.000	1.000	1.000
	第二组	1.000	1.000	1.000	1.000
三杰	第一组	1.000	1.000	1.000	0.654
	第二组	1.000	1.000	1.000	0.654
汇丰	第一组	1.000	1.000	1.000	1.000
	第二组	1.000	1.000	1.000	1.000
万家	第一组	1.000	1.000	0.984	1.000
	第二组	1.000	1.000	0.984	1.000
天华	第一组	0.996	0.941	0.900	0.880
	第二组	0.975	0.989	0.900	0.880
贤德	第一组	1.000	1.000	0.908	0.762
	第二组	1.000	1.000	0.908	0.762
罗岗	第一组	1.000	0.650	0.993	0.937
	第二组	1.000	0.528	0.993	0.937
金华	第一组	1.000	1.000	1.000	1.000
	第二组	1.000	1.000	1.000	1.000
福盛	第一组	1.000	0.763	1.000	0.403
	第二组	1.000	0.954	1.000	0.406
惠东	第一组	1.000	1.000	0.994	0.997
	第二组	1.000	1.000	0.998	0.997
新集	第一组	0.999	0.928	0.934	0.600

续表

企业名称	组别	2006年	2007年	2008年	2009年
	第二组	0.999	0.928	0.934	0.582
金旭	第一组	1.000	1.000	0.966	0.900
	第二组	1.000	1.000	0.966	0.900
世益	第一组	1.000	1.000	1.000	1.000
	第二组	1.000	1.000	1.000	1.000
博爵	第一组	1.000	1.000	1.000	1.000
	第二组	1.000	1.000	1.000	1.000
惠农	第一组	1.000	1.000	1.000	1.000
	第二组	1.000	1.000	1.000	1.000
军海	第一组	—	1.000	1.000	1.000
	第二组	—	1.000	1.000	1.000
玉皇	第一组	—	1.000	1.000	1.000
	第二组	—	1.000	1.000	1.000
兴隆	第一组	—	1.000	0.529	0.400
	第二组	—	1.000	0.529	0.390
均值	第一组	1.000	0.966	0.958	0.872
	第二组	0.999	0.971	0.958	0.871

21家企业中，有7家企业的规模效率因为指标选取而存在差异，分别是宏光、天华、罗岗、福盛、惠东、新集和兴隆。表中数据显示，宏光的规模效率变动为-0.6%（2008年）、惠东为0.4%（2008年）、新集为-1.8%（2009年）、兴隆为-1%（2009年），因变动较小，故可将这几家企业排除在外。天华在2007年的规模效率增加4.8%，罗岗在2007年规模效率减少12.2%，福盛在2007年规模效率增加19.1%。以上分析说明政策优惠对行业规模效率的影响有正有负，且影响力甚小。福盛作为免税企业，政策优惠对其规模效率有一定的影响，但是这种影响在方向和程度上均没有持续性。

（二）企业年际间规模效率变动比较

表 9 - 16　　　　　　　　年际间企业规模效率变动值

企业名称	2007 年	2008 年	2009 年
四井	1.000	0.907	1.026
金鸣	1.000	1.000	0.900
宏光	1.000	1.000	0.954
弘泰	1.000	1.000	1.000
三杰	1.000	1.000	0.654
汇丰	1.000	1.000	1.000
万家	1.000	0.984	1.017
天华	1.116	0.956	0.977
贤德	1.000	0.908	0.839
罗岗	1.023	1.527	0.944
金华	1.000	1.000	1.000
福盛	0.763	1.311	0.403
惠东	1.105	0.994	1.003
新集	0.929	1.006	0.642
金旭	1.000	0.966	0.932
世益	1.000	1.000	1.000
博爵	1.000	1.000	1.000
惠农	1.000	1.000	1.000
军海	1.000	1.000	1.000
玉皇	1.000	1.000	1.000
兴隆	1.000	0.529	0.756
均值	0.997	1.004	0.907

表 9 - 16 是用 Malmquist - DEA 计算出的 21 家企业年际间规模效率的变动值①。可以看出：①2007—2009 年，规模效率递增的企业均为 3 家；②2007 年规模效率递减的企业有 2 家，占到 18 家企业的 11.11%，2008 年规模递减的企业增加为 7 家，占 21 家企业的 33.33%，2009 年规模递减的企业为 10 家，比 2008 年增加了 3 家；③2007 年规模效率不变的企业有 13 家，占到 18 家企业的 72.22%，2008 年规模效率不变的企业降为 11 家，占 21 家企业的 52.38%，2009 年这一数值下降为 8，比重变为

---

①　注：军海、玉皇、兴隆三家粮食企业 2006 年度的财务数据缺失，为了保证数据的完整性，这三家企业在 2006 年的数据用各自 2007 年的数据替代，故表中第二列倒数第四个数据至倒数第二个数据是没有经济含义的。

38.1%。以上分析很明确的显示随着时间的推进，行业内的规模效率在逐年降低，结合前面章节分析的企业的技术效率和纯技术效率的正向发展，说明目前行业内存在较为严重的规模浪费，应该对企业的规模进行适当的控制，以追求规模效率的最大化目标。

表 9-17　　　　　21 家受调企业规模效率年际变化分布

区间	2007 年 个数（家）	2007 年 比例（%）	2008 年 个数（家）	2008 年 比例（%）	2009 年 个数（家）	2009 年 比例（%）
40% 以上	0	0.00	1	4.76	0	0.00
[20%，40%)	0	0.00	1	4.76	0	0.00
(0，20%)	3	14.29	1	4.76	3	14.29
0	16	76.19	11	52.38	8	38.10
(-20%，0)	1	4.76	6	28.57	6	28.57
(-40%，-20%]	1	4.76	0	0.00	3	14.29
-40% 以下	0	0.00	1	4.76	1	4.76
合计	21	100	21	100	21	100

表 9-17 是根据表 9-16 整理出的 21 家企业规模效率年际变化分布情况。表中数据显示：划定的六个区间中 [0，20%) 是企业相对最集中的一个，说明三年间企业的规模效率以稳定和增长为主。但是应该注意的是规模效率的负向增长企业数却在逐年增加，由 2007 年的 2 家到 2008 年的 7 家再到 2009 年的 10 家，说明行业内规模不经济企业在增多。

结合规模效率变动的数值来看，(-40%，-20%] 区间内企业数由 2007 年的 1 家到 0 家再到 2009 年的 3 家，区间 [-40%，-∞) 内的企业数由 2007 年的 0 家增加到 2008 年和 2009 年的各 1 家，且 2008 年规模效率变动数值为 -47.1%，到 2009 年这以数值变为 -59.7%。该数据分析说明行业内企业的规模不经济程度正在逐年加剧。

总之，根据企业规模效率变动的情况来看，近几年来，粮食流通行业的规模不经济在数量和程度上均不容乐观，且有不断恶化的趋势。

四　全要素生产率变动

表 9-18 是用 Malmquist-DEA 计算出的 21 家企业全要素生产率年际

变动值①。从表中可以看出,2007年,企业全要素生产率递增的有4家,占全部企业的22.22%,全要素生产率递减的有14家,占77.78%。到了2008年,情况发生了大逆转,全要素生产率递增的企业有了14家,占21家被调企业中的66.67%;递减的有7家,占33.33%。2009年全要素生产率的增减情况出现了回归,递增的企业减少3家,变为11家,相对的,全要素生产率递减的企业增加到10家,占全数的47.62%。

表9-18　　　　　　　　年际间企业全要素生产率变动值

企业名称	2007年	2008年	2009年
四井	0.889	1.047	1.077
金鸣	0.895	1.042	0.794
宏光	0.978	0.942	1.004
弘泰	0.983	1.117	1.440
三杰	0.805	1.542	0.610
汇丰	1.155	0.943	3.010
万家	1.025	1.029	1.221
天华	1.245	1.184	0.666
贤德	0.714	0.782	0.825
罗岗	0.858	1.107	0.952
金华	0.805	1.186	1.104
福盛	0.728	2.781	0.277
惠东	1.151	0.925	1.156
新集	0.788	1.171	1.137
金旭	0.733	0.984	1.022
世益	0.771	1.616	0.869
博爵	0.900	0.927	1.151
惠农	0.472	1.023	0.613
军海	1.000	3.646	1.226
玉皇	1.000	2.012	0.676
兴隆	0.992	0.842	0.896
均值	0.899	1.326	1.035

---

① 注:军海、玉皇、兴隆三家粮食企业2006年度的财务数据缺失,为了保证数据的完整性,这三家企业在2006年的数据用各自2007年的数据替代,故表中第二列倒数第四个数据至倒数第二个数据是没有经济含义的。

表 9-19 是企业全要素生产率变动分布情况。比较 2007 年与 2008 年全要素生产率变动率的分布可以发现，全要素生产率递减的企业在减少，全要素生产率递增的企业在增多。全要素生产率增加 40% 以上的企业由 0 家增加为 5 家，比重由 0 增加为 23.81%。2009 年，全要素生产率递增企业由上年的 5 家减为 2 家，全要素生产递减 40% 以上的公司有 1 家，占总数的 4.76%，全要素生产率递减的企业由 2008 年的 7 家增加为 10 家，增幅达到 14.29%。

表 9-19　　　　　　　企业全要素生产率年际变化分布

区间	2007 年		2008 年		2009 年	
	个数（家）	比例（%）	个数（家）	比例（%）	个数（家）	比例（%）
40% 以上	0	0.00	5	23.81	2	9.52
[20%，40%）	1	4.76	0	0.00	2	9.52
[0，20%）	3	28.57	9	42.86	7	33.33
(-20%，0)	8	38.10	6	28.57	4	19.05
(-40%，-20%]	5	23.81	1	4.76	5	23.81
-40% 以下	1	4.76	0	0.00	1	4.76
合计	21	100	21	100	21	100

全要素生产率是一个综合的指标，能全面说明企业经营的可持续性，通常的，全要素生产率是增加的，则企业可持续性增强，反之则可持续性减弱。根据以上分析，2008 年与 2007 年相比，全要素生产率增加的企业数量和比重是增加的，全要素生产率递减的企业数量和比重则大幅度下降，说明粮食流通企业的可持续性增强了。但是在 2009 年又出现了逆转，全要素生产率递减的企业数量反而增多了，但是相对于 2007 年是有进步的。说明粮食流通行业企业的可持续是增强的，但是这种趋势并不稳定。

第四节　生产前沿面上的投影分析

如果决策单元 i 的投入产出组合（x_i，q_i）不是 DEA 有效，可以通过 deap2.1 对实际的投入向量和产出向量进行调整，以其他决策单元为参照，使其成为相对 DEA 有效。调整后的投入产出点（x'_i, q'_i）会落在生产前沿面上。本节以 2009 年 21 家企业为例，说明各 DEA 无效企业在生产前沿面上的投影及企业达到相对 DEA 有效的目标投入和产出。

表 9-20 与表 9-21 是用 CRS 模型计算出的 2009 年各 DEA 无效企业在生产前沿面上的投影。两表列出了 2009 年 DEA 无效企业投影到生产前沿面上参照的 DEA 有效企业、各投入产出要素的松弛变量以及企业的目标投入量和产出量。

以四井米业有限公司为例，其 2009 年的投入产出数量分别为 76.4022 万元、19.062 万元、11.9461 万元、38.6909 万元、792.08 万元、4189 万元、1.5081 万吨、189.1971 万元。根据表 9-20 中数据显示，其投影参照对象为金华、军海和玉皇，各参照对象的系数分别为 0.007、0.416 和 0.0029。可计算得出投影面上的投入产出点应该是 10.275、10.752、6.741、2.015、399.074、4189.000、1.510、339.555。

还可以将表 6-20 中企业投入产出指标的松弛变量与同行业内 DEA 有效的气企业进行比较，DEA 无效企业欲达到 DEA 有效除了需要减少由 TE_{CRS} 得出的各要素的投入比例外，还需要另外减少的投入量或有增长潜力的产出要素数量。根据表中数据可以得知：贤德面粉有限公司尤其需要控制营业费用和财务费用的投入，团风兴隆粮油食品有限公司则需要注意企业在管理费用、财务费用、职工工资福利上的投入，另外还应挖掘企业在主营业务收入和利润总额上的潜力。

第五节 本章小结

本章利用湖北省 21 家粮食流通企业 2006—2009 年连续 4 年的财务数据，运用 deap2.1 软件测算各企业的技术效率、纯技术效率、规模效率以及企业年际间全要素生产率指数的变动。得出如下结论：

（1）多数粮食流通企业资源要素配置不合理，且企业对要素配置的优化过程比较随意。从测算出的企业 DEA 效率值和投入要素松弛变量来看，DEA 无效企业存在较为严重的投入过量及严重的产出不足，说明企业要素配置极为不合理。另通过比较不同年度之间相同企业的投入冗余指标分布，作者发现绝大多数 DEA 无效企业在不同会计年度间的投入冗余指标不相同，说明企业经营者在进行资源要素投入配比优化时比较盲目，导致要素配置处于比较随意的阶段。这与我国粮食流通企业的发展阶段和行业内缺乏好的参照对象存在一定关系。基于以上结论，笔者认为应该为企业提供经济技术指导，帮助其优化资源要素配置，提高企业经营效率。

（2）政府针对部分企业的政策优惠对粮食流通行业经营效率的影响力较小。通过比较两组指标下企业的技术效率、纯技术效率的大小，发现个别企业前后效率值确实有一定程度上的提高，但是这种增幅普遍低于1%，影响甚小，且这种正向的影响并不具有普遍性，仅体现在少数企业。此外，本章还考虑了企业规模效率的变化，发现企业前后规模效率增幅有正有负，且变动幅度很小。据此可以判定，政府的政策优惠对粮食流通行业效率的提升作用甚小。虽然政府给予个别企业政策优惠和倾斜目的在于帮助国家粮食储备机构提升粮食收储能力，进而保证我国粮食的储备保障国家粮食安全，提升行业效率并不是其主要目的。但是政策的实施与市场行为一样，也应该追求利益的最大化。而实际上，政府的优惠政策对企业的规模效率的提升还存在一定的负向作用，虽然这种影响较小。基于此，应该充分考虑政策制定和实施的方式方法，在保障国家粮食安全的基础上，尽可能的推进行业的积极发展。

（3）政策倾斜和优惠有助于受惠企业效率的全面提升，但是这种正面影响缺乏持续性。通过比较受惠企业在两组指标下技术效率、纯技术效率、规模效率的变化，发现政府的政策倾斜和优惠对企业效率的提升作用极为显著，效率值最大增幅能达到20%。但是在观测了多年的效率增幅之后，发现这种正面的积极作用存在很大的随机性，极不稳定，而且随着时间的推移这种影响力越来越小，由此可以断定政策优惠对企业的影响是不具有持续性的。基于此，研究认为政府一方面应该重新审视优惠政策的可持续性；另一方面，应该对受惠企业进行规范，防止出现效率相对下降问题，使其更好的为国家粮食安全服务。

（4）粮食流通行业内企业之间差距逐年拉大，包括经济实力和技术实力。研究的四个会计年度内，粮食流通行业内相对DEA无效的企业数量增多且效率值越来越低，企业技术效率变动和纯技术效率变动的分布愈来愈分散，以上现象均说明粮食流通企业之间技术实力、资源要素使用效率以及利润的差距越来越明显，一部分企业通过自身的努力，已经逐渐从市场中脱颖而出，而部分企业则出现了全面下滑，也预示着行业内的竞争越来越激烈。从市场发展角度来看，竞争加剧、差距拉大是有利于行业的健康发展的，而粮食流通市场本身就应该是一个完全竞争市场。在肯定这种积极发展的同时，也要注意维护市场秩序，毕竟我国粮食流通市场化尚处于发展阶段，应该着力维护市场的公平竞争，保护广大市场主体的正当权益。

（5）粮食流通行业内基于技术效率增加的生产是可持续的，但是规模效率却呈逐年下降的态势。本章测算了21家粮食流通企业4年纯技术效率变动，总体上来看，纯技术效率递增的企业增加了，且纯技术效率高增长的区间比重有所提升，说明行业依赖技术进步提升企业效率的现象十分明显，粮食流通行业内基于技术效率增加的生产是可持续的。此外，本章测算了行业规模效率的变动，结果显示虽然行业规模效率以稳定和增长为主，但是规模效率呈现负增长的企业数却在增加，且下降幅度逐年递增，表明行业的规模不经济不仅体现在数量上还体现在下滑的程度上。我国粮食流通行业处于发展初期，政策环境、市场环境相对宽松，为企业盲目求大、迅速扩张提供了条件，但是这种迅速扩张是不可持续的，长期放任其发展不仅危害企业本身更会影响行业健康发展。基于此，为保障行业健康发展，必须对企业的规模进行控制，减少资源要素的浪费。

（6）粮食流通行业内企业经营的可持续是增强的，但是这种趋势并不稳定。全要素生产率是综合反映企业经营可持续性的指标。本章测算了4年内21家企业的马氏全要素生产率变动，2008年全要素生产率增加的企业的数量和比重相对于上一年均是增加的，而全要素生产率递减的企业数量和比重则大幅度下降；2009年全要素生产率递减的企业数量反而增多了，且高于2007年的水平。全要素生产率的这种变化说明粮食流通行业内企业经营的可持续是增强的，但是这种趋势并不稳定。为了更好的促进行业健康稳定的发展，需要从多方面着手，包括技术支持、资源要素的配置、规模的适度控制、政策的制定和对企业的正确引导等。

第九章 粮食流通企业经营效率测算 173

表9-20 2009年度DEA无效粮食流通企业在生产前沿面上的投影表(1)①

2009年度	TE(CRS)	可节省投入比率(%)	投影参照对象系数							投入松弛变量					产出松弛变量		
			弘泰	汇丰	金华	博爵	军海	玉皇	营业费用	管理费用	财务费用	应付职工薪酬及福利	所有者权益合计	主营业务收入	粮食经营总量	利润总额
四井	0.564	43.60	—	—	0.007	—	0.416	0.029	32.823	0.000	0.000	19.810	47.743	0.000	0.000	150.355
金鸣	0.900	10.00	0.006	—	—	—	0.586	—	111.018	0.000	0.000	74.235	113.671	2232.559	0.000	377.553
宏光	0.954	4.60	—	—	0.105	—	1.296	—	0.000	39.968	16.322	83.046	0.000	2851.991	0.000	379.955
三杰	0.654	34.60	—	—	—	—	7.141	0.204	0.000	84.008	0.000	450.924	4700.460	0.000	15.457	4966.458
天华	0.406	59.40	—	—	0.087	—	0.783	—	0.000	17.237	15.761	1.207	0.000	2141.648	0.000	401.617
贤德	0.575	42.50	—	—	0.038	0.305	—	—	70.043	0.000	0.021	0.000	0.000	1280.000	0.000	616.318
罗岗	0.321	67.90	—	—	0.07	—	0.253	0.265	2987.132	0.000	0.000	23.375	0.316	0.000	0.000	183.681
福盛	0.403	59.70	—	—	0.027	—	0.08	0.004	0.000	9.246	0.000	2.031	235.850	0.000	0.000	17.859
惠东	0.744	25.60	0.001	—	0.042	—	0.438	0.253	1088.757	0.000	0.000	0.221	0.000	1565.711	0.000	0.000
新集	0.600	40.00	—	—	0.039	—	0.237	0.06	15.545	0.000	0.000	48.100	0.000	0.000	0.386	0.000
金旭	0.900	10.00	—	—	0.085	—	0.195	—	0.000	140.377	14.053	0.901	0.000	30.548	0.000	221.564
兴隆	0.379	62.10	0.022	—	0.218	—	0.963	—	0.000	33.027	16.074	11.323	0.000	625.259	0.000	0.000

① 注:为便于比较分析,本节运用deap2.1软件进行计算时的设置为投入导向型并且是在CRS模型下进行的计算,与上节中的设置不尽相同,故此表部分数据与表8-10中数据有一定出入,这种设置上的差异对结果的影响是很小的(参看Coelli and Perelman,1999)。下表同。

表9-21　2009年度各粮食流通企业在生产前沿面上的投影表（2）

企业名称	投影后的投入1	投影后的投入2	投影后的投入3	投影后的投入4	投影后的投入5	投影后的产出1	投影后的产出2	投影后的产出3
四井	10.275	10.752	6.741	2.015	399.074	4189.000	1.510	339.555
金鸣	10.255	6.383	8.426	1.710	479.595	4754.669	1.610	453.603
宏光	42.949	41.154	31.397	17.163	1502.292	17638.991	7.500	1119.305
弘泰	775.760	12.000	50.330	59.180	100.000	857.090	5.020	19.000
三杰	100.220	107.976	99.572	17.275	6041.498	60213.420	20.077	5596.488
汇丰	170123.000	73490.000	186.640	4.090	248850.000	248850.000	111.280	189.670
万家	3780.000	88.000	26.950	48.000	965.840	4160.000	2.800	22.500
天华	32.666	30.968	21.977	13.539	152.000	12259.698	5.430	702.497
贤德	46.578	41.407	40.397	11.487	1007.184	13281.550	6.200	860.948
罗岗	59.330	60.981	12.833	10.646	1192.946	9800.000	4.380	361.681
金华	284.000	258.000	127.000	134.000	763.547	67672.000	37.970	1100.000
福盛	8.970	8.379	4.525	3.793	4199.000	2508.430	1.250	92.709
惠东	137.753	91.189	11.901	7.277	181.918	9385.711	3.820	469.800
新集	30.720	25.537	8.337	5.920	785.294	5244.650	2.356	246.090
金旭	26.147	24.075	13.525	11.871	416.275	7343.268	3.760	244.484
世益	215.580	50.430	20.000	5.370	516.929	7436.150	6.200	218.530
博爵	85.270	69.220	72.310	13.450	4701.150	9239.570	6.980	216.000
惠农	96449.350	3651.740	1686.850	58.990	779.070	105725.200	35.250	3939.260
军海	10.050	10.780	13.900	2.350	7238.700	8107.900	2.700	774.110
玉皇	139.180	151.620	1.510	2.410	817.700	11315.080	3.890	334.530
兴隆	88.688	66.828	42.159	32.751	988.710	22565.572	10.980	985.781

第十章 我国粮食流通市场政策设计与优化

市场化是中国粮食流通体制改革的方向，但是，中国粮食有其区别于别国的特殊性：多年的工农产品价格"剪刀差"、二元经济结构的大环境、人口大国粮食安全保护的艰巨性、粮食刚性需求的长期性等等。在国际粮食危机的大背景下，中国需结合自身实际构建具有中国特色的粮食流通机制以协调粮食市场各主体利益关系，并形成国家控制下高度市场化的粮食流通机制推进粮食流通体制市场化改革的深化。

第一节 研究得出的主要结论

本研究在保护国家粮食安全的大背景下，运用微观经济学、博弈论与信息经济学、计量经济学等相关理论方法，从流通效率视角研究粮食供应链微观主体的经济行为；构建双层市场模型分析粮食流通市场各主体利益协调方式，探寻影响粮食流通市场效率提升的深层次原因；运用调研数据从实证角度测算粮食流通企业交易效率、技术效率、规模效率、全要素生产率，分析当前粮食流通市场交易效率、经营效率高低。最后，在综合理论论证与实证研究结论的基础上，设计符合我国粮食生产、流通实际的协调粮食流通市场各主体利益的政策体系。

理论研究和实证分析得出的主要结论如下：

第一，在粮食生产能力逐渐稳定和粮食流通体制市场化改革不断深化的双重推力下，我国粮食供需安全的重心由最初的总体数量安全转为依托流通的区域性粮食供需安全。依据微观经济学理论，实现粮食流通安全的根本在于协调市场主体利益关系。现阶段，我国粮食流通市场主体利益的协调尚存在诸多问题：一是市场主体发育不成熟，这种不成熟不仅体现为数量不足，还体现在利益主体的经济实力上；二是粮食购销市场与粮食生产协调不力，表现为粮食主产区与主销区利益分配不均，不利于粮食在产销区之间的高效流通；三是政府政策目标与国有粮食购销企业市场化运行存在冲突，需要构建有中国特色的粮食流通体制调控措施。

第二，粮食收购市场中，企业收购的粮食数量与其交易效率成正比，即企业交易效率越高（M_C、M_c越小），其可获粮源越多。粮食收购方交易效率低下，会产生以下几种不良影响：一是生产者剩余减少；二是粮食收购者给出的收购价格下降、收购量减少，其在收购市场中的竞争力下降，在销售市场中的利润有限，获得的总利润减少；三是市场有效供给不足、消费者面对的粮食价格高，消费者剩余减少；四是社会承担的粮食收购成本上升，国家粮食安全得不到保障。因此，降低市场交易费用、提高交易效率是协调粮食收购市场各主体利益、稳定市场秩序的突破口。

第三，理论上，实行粮食最低收购价政策能取得较好的经济效益和社会效益。执行最低收购价政策对于消费者是不利的，但其经济损失不会太大；对于国家和整个社会来说，交易效率提高，交易费用下降，农民种粮积极性得到提高，粮食安全得到保障。该政策的实际执行也得到了社会各界的认可，但是，从笔者调研和实证研究的结果来看，粮食最低收购价政策的应有绩效并未充分体现、对粮食流通企业效率提升效果并不显著。因此，有待于从政策自身之外寻求答案。

第四，降低购销企业交易费用、提升粮食购销企业交易效率是协调粮食销售市场各主体利益、顺畅跨区域粮食流通的关键。研究运用双层市场模型分析得出：①在具有买方市场性质的粮食销售市场中，向粮食主销区提供粮食的大型粮食购销企业为了支付较少的交易费用往往倾向于降低粮食交易量；②在具有卖方市场性质的粮食销售市场中，随着粮食交易量的增加，充当粮食需求方的私营粮商支付的边际交易费用不断增加，其最终将拒绝购买更多的粮食，不利于市场交易的完成。

第五，粮食流通行业交易效率有不断提高的趋势，但是效率提升的背后仍存在诸多隐患。随着行业环境的优化、企业技术和制度的发展，粮食流通行业整体交易效率处于较高水平且在不断提升，但是处于不稳定的曲折性提升状态；企业之间的交易效率差距有不断缩小的趋势，但是单个企业交易效率的提升缺少稳定性，与行业整体交易效率水平的提升不协调；政府对个别粮食购销企业的优惠政策并未对其交易效率的提升产生明显的积极作用。

第六，近年来我国粮食流通行业发展迅速，但在企业资源配置、政策绩效、行业经济技术实力均衡发展、规模效率、可持续发展等方面仍不足，有待于进一步改进。通过对湖北省 21 家粮食流通企业的实证研究，得出以下结论：多数粮食流通企业资源要素配置不合理，企业对要素配置的优化过程比较随意；政府针对部分企业的政策优惠措施对行业效率影响力较小；政策倾斜和优惠有助于受惠企业经营效率的全面提升，但是这种正面影响缺乏持续性；随着时间的推移，粮食企业之间在经济实力和技术实力方面的差距逐年拉大；粮食流通行业内基于技术效率增加的生产是可持续的，但是规模效率却呈逐年下降的态势；企业经营的可持续性是增强的，但是这种趋势并不稳定。

第二节　粮食流通政策方案设计

综合前文对我国粮食流通市场发展、现状及国外粮食流通政策的深入剖析，笔者提出建设有中国特色的粮食流通机制：政府宏观调控下的粮食流通体制的市场化改革，政府不直接干预市场但是对粮食市场具有绝对影响力。基于以上思考，提出市场角度的国家粮食保护方案，见图 10 - 1。

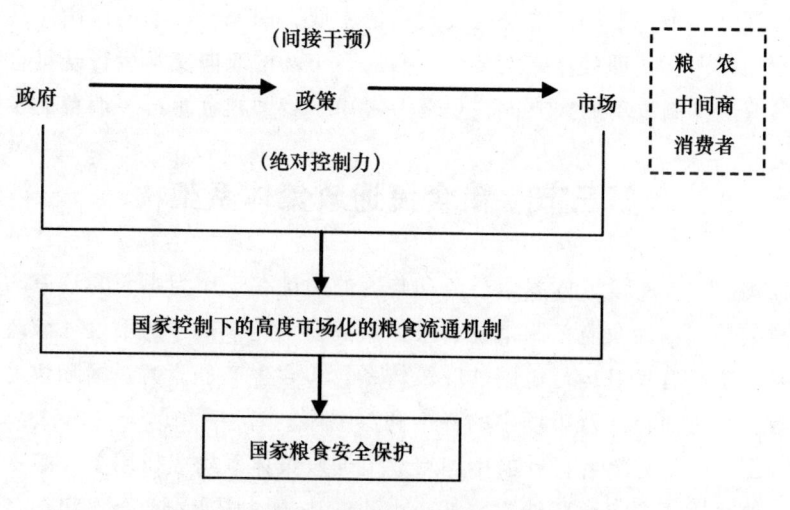

图 10 - 1　中国粮食流通市场政策设计方案

粮食流通市场政策方案的设计新点主要体现在以下几方面：

（一）着重强调政府与市场的关系。粮食流通市场独立于政府之外，但是处在政府的控制之中。首先，我国粮食流通体制改革的方向为高度的市场化，因此，剥离政府对市场的行政干预是首要切入点。其次，中国粮食安全保护不能离开也离不开政府的控制。如前所述中国粮食有其区别于欧美发达国家的特殊性：多年的工农产品价格"剪刀差"、二元经济结构的大环境、人口大国粮食安全保护的艰巨性、粮食刚性需求的长期性。因此，笔者强调粮食流通市场独立于政府之外，但是处在政府的调控之下。

（二）完善的粮食流通市场配套政策体系是实现上述市场与政府关系的媒介。一方面，通过政策措施的制定实施，政府为粮食流通主体创造公平的、法制化的市场环境，有利于粮食流通体制市场化改革的快速、深入推进；另一方面，当国际粮食环境发生变化、国内粮食生产或消费出现重大转变时，政府可通过相应政策措施或经济手段对市场进行调控，以达到调节市场供需关系、稳定市场粮价的目的。这两方面的内容概括起来就体现了政府通过政策对市场的"间接干预、绝对控制"。

（三）强化政府与市场对保护国家粮食安全双重力量。脱离了政府的粮食安全保护，是没有保障的，必然发生粮食安全的"公共悲剧"（鲁靖，2002）；脱离了市场经济机制的粮食安全保护是缺乏活力的，计划经济时代的中国经济已经充分证明了这一点。

该方案中，市场经济是粮食流通的主线，国家对市场的作用体现在维持市场秩序、处理粮食突发事件，政府与市场的双向交叉运行既符合我国粮食流通体制改革的大方向，也充分考虑了我国粮食生产、消费的实际。

第三节 粮食流通政策体系架构

图10-1的设计方案运行成功与否的关键在于作为媒介的政策。需要注意的是，作为政府控制市场、维持市场公平竞争秩序的手段，该政策必然是一个具有良好运行机制的政策体系，包含生产、流通、国际贸易、消费等多个方面，涉及市场中的各个利益主体。

图10-2为笔者设计的中国粮食流通政策体系构成作用图。粮食流通政策体系以国家行政职能为依托，由法律法规、扶持农业合作组织、培育粮食购销市场主体、建立粮食补贴政策体系四部分组成。法律法规的完善

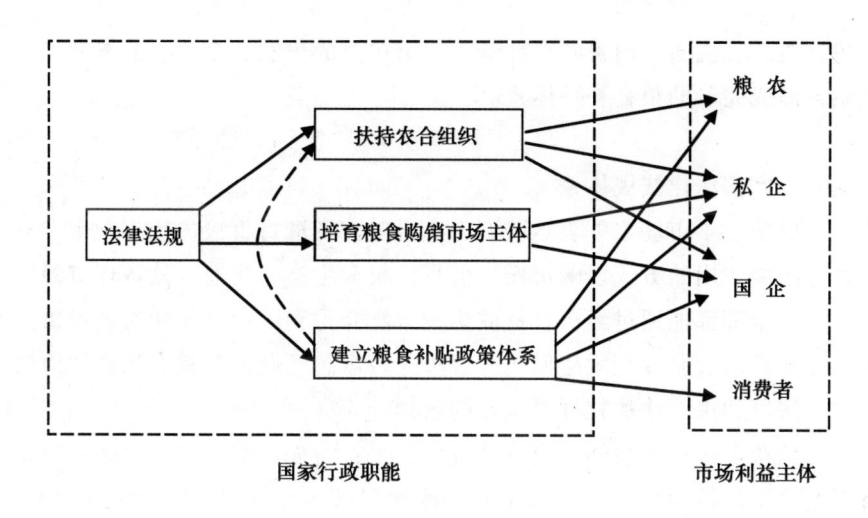

图 10-2　中国粮食流通政策体系构成作用图①

是政策体系作用图的第一层,为粮食流通体制市场化改革提供法制化环境,既有了法律执行的强制性又剥离了政府在市场中的直接干预,有助于解决粮食安全保护过程中的难点问题。扶持农业合作组织、培育粮食购销市场主体、建立粮食补贴政策体系是次于法律法规之后的第二层,即国家制定的法律法规直接作用于这三项政策措施,推进政策措施的实施。第二层次内部,建立粮食补贴政策体系对农合组织发展和"培育粮食购销市场主体"培育都有直接作用。因此,这三项政策措施既是并列关系又相互作用,构成一个完整的政策体系。

粮食流通政策与流通市场中各主体联系紧密。农业合作组织代表粮农利益在市场中与粮食企业(私营粮食企业、国有粮食企业)进行谈判交易,有助于改变目前粮农的弱势市场地位。图中"培育粮食购销市场主体"主要是私营粮食企业和国有粮食企业,通过设定市场准入条件、给予优惠政策鼓励私营粮食企业不断发展壮大,形成富有竞争力的市场主体,同时,继续推进国有粮食企业改革,明确企业产权,培育大型国有粮食企业,参与国际竞争并执行国家粮食安全保护任务。粮食补贴政策作用

---

① 中国的农业合作组织中有一类是政府牵头、农民加入的政府主导型的农业合作组织,其相对于农民自发组建的农合组织更加普遍,因此,本设计将农业合作组织归入政策体系类,而不是市场利益主体类。

于粮食生产、流通、消费各个环节，与市场中的粮农、企业、消费者均有联系，形成完善的粮食补贴体系。

一 完善法律法规体系

政府独立于市场之外表示政府无法再对市场进行直接的行政干预，只能通过间接作用的方式影响市场。但是，粮食生产、流通、储备环节的问题并不是全部都能通过经济杠杆或第三方媒介得到解决，比如耕地保护问题、储备粮问责制度等敏感问题。解决这些敏感问题需要具有强制性的措施对其进行约束，法律杠杆是最好的选择。

完善粮食法律法规体系应从两方面着手：首先，完善相关法律，建立针对粮食生产耕地保护、土地流转、粮食市场运行机制、粮食国际贸易、消费者权益保护等的法律。其次，完善与法律相配套的促进法律执行的具体法规。最后，制定辅助其他政策措施高效实施的法规，如农合组织保护制度、农业生产资料管理规定、粮食补贴发放规定等。如此措施，不仅在内容上丰富完善了法律法规本身，并使各项政策措施在法律法规的保护下较好的实施。

二 扶持农合组织

中国农业合作组织与发达国家的农业合作组织不同，其有两种产生途径：一种是农民按照自愿互利原则建立起来的社区和专业性合作经济组织；一种由政府部门牵头、农民参与的政府主导型的农业合作组织。相对于前者，后者在中国更为普遍，是一种特殊的适合中国农业生产实际的农合生存模式。基于此，本研究在政策体系设计时将其归在政策类，而不是市场利益主体类。应该注意的是，政府主导型的农业合作组织可以成为农业高新技术推广、组织农户调整农业生产、逐渐转变中国粮食生产小而分散现状的中坚力量。长远来看，粮食市场高度市场化实现之后，政府主导型农业合作组织的政府主导性质可以根据需要去掉，完全转化为市场利益主体的一部分。

两种不同产生途径的农业合作组织都是符合中国粮食生产、流通实际的，在维护农民利益、解决小生产与大生产之间的矛盾、降低农民进入市场的交易成本等方面均有积极作用。因此，政府应该对它们进行扶持，并鼓励其积极参与市场粮食流通。扶持方式主要包括信息支持、技术支持、适当的资金支持和优惠政策等。

大力培育适应农业规模化的社会化服务系列农业合作组织。规模化生产是化解"农村空洞化、农业兼业化、农民老龄化"现状的唯一路径，同时，农村社会化服务体系的完善程度是决定规模化经营效益的关键因素。政府应该集中精力适时的推动农业社会化服务体系性质的合作社，业务包括育苗、播种、病虫害治理、收割、烘干、仓储等。

三 培育粮食购销市场主体

我国自2004年放开粮食收购市场后，粮食购销市场主体逐渐呈现多元化态势，但是市场主体的发展在数量和质量上均存在发育不完全的情况。

第一，为私营粮食企业和粮食经纪人成为市场主体提供条件，培育一批市场竞争力强的大型私营粮食购销企业，搞活市场竞争和流通局面。首先，建立适当的粮食购销市场准入制度，对进入市场的粮食购销企业和业主进行定期资格审查。粮食购销企业必须具备以下资格：一是要达到规定的最低资产额，固定资金和流动资金符合一定的比例；二是保证一定的收储量；三是企业不得租赁、转包，必须由企业法人自己经营；四是企业兼并、拍卖和停业须事先上报工商等主管部门（鲁靖，2002）。其次，对购销企业的违规操作行为进行严厉打击，规范市场竞争秩序，运用市场机制强化私营粮食企业的国家粮食安全保护意识。

第二，继续深化国有粮食企业改革，明确企业产权归属，发挥其在粮食购销市场中的主渠道作用。从市场化的角度分析，主观上强调国有粮食企业的市场"主渠道"地位是有悖于粮食流通体制的市场化改革的，但是出于国家粮食安全、私营粮食企业缺乏保护国家粮食安全意识的考虑，发挥国有粮食企业的"主渠道"作用是切合实际的。化解这种矛盾的关键在于理清国有粮食企业的产权问题，建立现代企业制度。首先，产权制度问题。短期内，政府在国有粮食企业中的股份还需要保持在一个较高的水平。从长期来看，为了促进大型国有粮食企业参与国际竞争，政府在企业中的股份可以适当缩减，但要保证国家对企业的绝对控制，这是保证国家粮食安全的底线。其次，企业经营模式。完善企业法人治理结构，建立企业内部约束机制，根据《公司法》形成协调运转、有效制衡的公司法人治理结构。

四　完善粮食补贴政策体系

我国施行的粮食补贴政策主要涉及粮食生产、粮食流通环节，且粮食流通环节的补贴政策主要针对兼业政策性粮食购销、储藏企业，不具备普遍性。此外，粮食生产补贴政策只有主体政策，缺少相关的配套政策对其进行支持，没有形成较为完善的补贴政策体系，由此引发了一系列问题严重抵消了粮食补贴政策应有的绩效。

建立粮食补贴政策体系应该贯穿粮食生产、流通、储备和消费多个环节，并起到协调各主体利益的作用。第一，逐步建立并完善农产品目标价格制度，有步骤地推动粮食最低收购价、粮食补贴政策逐步向其转变。同时，建立起主要农产品目标价格随国际市场价格变动的波动机制。第二，粮食流通体制市场化改革深化阶段，需要加强对粮食流通企业的扶持，尤其是对已经具有一定实力的私营粮食购销企业，有必要打破国有粮食企业的垄断地位，规避因粮食最低收购价政策带来的价格障碍对流通企业的挤压，促进粮食市场竞争力量的均衡发展。第三，建立消费者补贴方式和标准，以应对即将来临的粮食价格全面上涨。第四，及时调整现行粮食补贴方式和标准，实行区域差异化补贴政策，允许补贴方式和标准的多样化发展。第五，加强对粮食主产省的补贴投入，缓解粮食产销区利益差距，促进粮食产销区购销协作关系的健康发展。

第四节　粮食流通市场硬件设施配套建设

粮食流通体制市场化改革的深化不仅需要政策体系，还需要建立完善的粮食流通硬件设施，加强市场内部企业效率的提升，形成内部良性循环的市场机制。如此内外兼修的双重措施能更快更好的推进流通体制的市场化改革，促进粮食生产者、中间商、消费者等各方的利益协调，最终实现社会效率的提升和国家粮食安全的保护。

粮食流通市场硬件设施主要指促进粮食区域性流通的物资基础。目前，我国粮食流通环节存在的主要问题有硬件设施不齐备、流通渠道有限、粮食运输时间集中等，突出表现为粮食收获季粮食运销费用上涨、运力不够、农民"卖粮难"等。如2008年，在国际粮食供需严重失衡、价格大幅上涨的大背景下，我国东北等粮食主产区的粮食却面临销售难的问题。基于此，适当的资金支持和优惠政策等。

大力培育适应农业规模化的社会化服务系列农业合作组织。规模化生产是化解"农村空洞化、农业兼业化、农民老龄化"现状的唯一路径，同时，农村社会化服务体系的完善程度是决定规模化经营效益的关键因素。政府应该集中精力适时的推动农业社会化服务体系性质的合作社，业务包括育苗、播种、病虫害治理、收割、烘干、仓储等。

三　培育粮食购销市场主体

我国自 2004 年放开粮食收购市场后，粮食购销市场主体逐渐呈现多元化态势，但是市场主体的发展在数量和质量上均存在发育不完全的情况。

第一，为私营粮食企业和粮食经纪人成为市场主体提供条件，培育一批市场竞争力强的大型私营粮食购销企业，搞活市场竞争和流通局面。首先，建立适当的粮食购销市场准入制度，对进入市场的粮食购销企业和业主进行定期资格审查。粮食购销企业必须具备以下资格：一是要达到规定的最低资产额，固定资金和流动资金符合一定的比例；二是保证一定的收储量；三是企业不得租赁、转包，必须由企业法人自己经营；四是企业兼并、拍卖和停业须事先上报工商等主管部门（鲁靖，2002）。其次，对购销企业的违规操作行为进行严厉打击，规范市场竞争秩序，运用市场机制强化私营粮食企业的国家粮食安全保护意识。

第二，继续深化国有粮食企业改革，明确企业产权归属，发挥其在粮食购销市场中的主渠道作用。从市场化的角度分析，主观上强调国有粮食企业的市场"主渠道"地位是有悖于粮食流通体制的市场化改革的，但是出于国家粮食安全、私营粮食企业缺乏保护国家粮食安全意识的考虑，发挥国有粮食企业的"主渠道"作用是切合实际的。化解这种矛盾的关键在于理清国有粮食企业的产权问题，建立现代企业制度。首先，产权制度问题。短期内，政府在国有粮食企业中的股份还需要保持在一个较高的水平。从长期来看，为了促进大型国有粮食企业参与国际竞争，政府在企业中的股份可以适当缩减，但要保证国家对企业的绝对控制，这是保证国家粮食安全的底线。其次，企业经营模式。完善企业法人治理结构，建立企业内部约束机制，根据《公司法》形成协调运转、有效制衡的公司法人治理结构。

四　完善粮食补贴政策体系

我国施行的粮食补贴政策主要涉及粮食生产、粮食流通环节，且粮食流通环节的补贴政策主要针对兼业政策性粮食购销、储藏企业，不具备普遍性。此外，粮食生产补贴政策只有主体政策，缺少相关的配套政策对其进行支持，没有形成较为完善的补贴政策体系，由此引发了一系列问题严重抵消了粮食补贴政策应有的绩效。

建立粮食补贴政策体系应该贯穿粮食生产、流通、储备和消费多个环节，并起到协调各主体利益的作用。第一，逐步建立并完善农产品目标价格制度，有步骤地推动粮食最低收购价、粮食补贴政策逐步向其转变。同时，建立起主要农产品目标价格随国际市场价格变动的波动机制。第二，粮食流通体制市场化改革深化阶段，需要加强对粮食流通企业的扶持，尤其是对已经具有一定实力的私营粮食购销企业，有必要打破国有粮食企业的垄断地位，规避因粮食最低收购价政策带来的价格障碍对流通企业的挤压，促进粮食市场竞争力量的均衡发展。第三，建立消费者补贴方式和标准，以应对即将来临的粮食价格全面上涨。第四，及时调整现行粮食补贴方式和标准，实行区域差异化补贴政策，允许补贴方式和标准的多样化发展。第五，加强对粮食主产省的补贴投入，缓解粮食产销区利益差距，促进粮食产销区购销协作关系的健康发展。

第四节　粮食流通市场硬件设施配套建设

粮食流通体制市场化改革的深化不仅需要政策体系，还需要建立完善的粮食流通硬件设施，加强市场内部企业效率的提升，形成内部良性循环的市场机制。如此内外兼修的双重措施能更快更好的推进流通体制的市场化改革，促进粮食生产者、中间商、消费者等各方的利益协调，最终实现社会效率的提升和国家粮食安全的保护。

粮食流通市场硬件设施主要指促进粮食区域性流通的物资基础。目前，我国粮食流通环节存在的主要问题有硬件设施不齐备、流通渠道有限、粮食运输时间集中等，突出表现为粮食收获季粮食运销费用上涨、运力不够、农民"卖粮难"等。如2008年，在国际粮食供需严重失衡、价格大幅上涨的大背景下，我国东北等粮食主产区的粮食却面临销售难的问题。基于此，笔者提出从以下几方面加强我国粮食流通市场硬件设施建设：

一 发展产区粮食加工业，促进粮食错季运销

改革开放以来，我国粮食流通最大的变化是"南粮北调"变"北粮南运"。粮食生产的季节性、地域性导致每年粮食收获季就出现粮食流通量成倍增加，给流通渠道和运输设施造成巨大压力。为缓解这种情况，有必要对我国的粮食加工、流通进行调整：一是改运原粮为运成品粮，将粮食加工业放在主产区，在粮食主产区对粮食进行加工；二是改运粮为运粮食工业品，在粮食主产区建立养殖基地，就地用饲料粮喂养禽畜。主产区粮食加工业的发展对减轻粮食运输量和运输成本、带动主产区经济发展均有积极意义，更重要的是，运输对象的转变延长了原粮在主产区的停留时间，有助于粮食的错季运输。

二 合理规划粮食储备点、粮食批发市场布局

合理的粮食储备点、粮食批发市场布局对于减少粮食流转次数、降低粮食交易费用作用显而易见。我国粮食储备偏向于原粮储备，不利于降低粮食交易成本和提高储备粮应急效率。粮食批发市场布局偏向于粮食主销区，忽略了主产区粮食销售市场的需要。应根据需要密化、细化粮食储备点和粮食批发市场，建立完整的粮食收储网络，为粮食物流提供支点。同时，提升储备点和批发市场中粮食品种结构与当地市场需求的相关性，增强市场敏感度高的粮食品种的收储，降低全社会粮食运输成本。

三 促进粮食运输途径多元化发展

首先，建立铁路、公路、海运等多种方式并行的运输体系。加强粮食主产区到粮食主销区的铁路建设，尤其是东北粮食主产区往南方粮食主销区的铁路，提升铁路整体运力。在粮食收获季节为粮食运输开通绿色通道，加快粮食由产区向销区的运输速度。对于成本较高的公路运输，继续推进粮食"绿色通道"，降低粮食交易成本，让利于生产者和消费者。

第五节 研究展望

（1）可考虑用多层市场模型深入研究粮食购销市场中间商之间的关

系及利益协调问题。本书第六章运用双层市场模型分别探讨粮食购销市场中粮农、私营粮商、国有粮食购销企业等各利益主体之间的关系以及我国实施粮食最低收购价政策的综合效益。双层市场模型是多层市场模型的简化，因本研究着重分析私营粮食企业与国有粮食企业的交易效率问题，且对粮食在市场中的流通做了"原粮从粮农到一个中间商到消费者"的单向流程假设，因此，运用双层市场模型足够做出解释。而实际中，粮食流通市场中的中间商是多种多样的，粮食从生产者到消费者经历了多级周转，如粮食——粮食经纪人——粮食加工企业——小型粮食批发商——产区大型粮食批发市场——销区经销商——销区粮食批发市场——超级市场——消费者，说明粮食流通市场实际上是一个典型的有多级中间商的多层市场。后续研究中，拟将粮食批发市场和粮食期货市场考虑进粮食流通环节，此时双层市场模型将失去解释力，必须采用多层市场模型进行理论分析和推演。

（2）后续研究中，交易效率测算方法有待进一步深究。第八章采用萨缪尔森的"冰山交易费用"模型，用交易费用推导出仅考虑商品价格因素的交易效率计算模型，然后利用交易效率模型计算湖北省21家粮食流通企业在2006—2008年三年间的交易效率。该章的主要目的在于比较企业之间交易效率的高低，且所选企业处于同一区域内、企业之间经济实力相差不大，故在选择影响交易效率的因素时未将外部因素考虑在内，因为推导出的交易费用模型足以给出解释。

若选定的企业不在同一区域内、经济实力相差悬殊，则影响粮食流通企业交易效率的主要因素则来自于外界，届时本书推导出的模型就不再适用。测算国有粮食企业和私营粮食企业交易效率并进行比较，是后续研究的重点之一。与之相适应的，需要重新选定交易效率测算方法，将企业经济实力、交通运输成本等内外部因素均纳入其中进行综合衡量。

（3）考虑构建粮食流通效率评价指标体系。本书从粮食流通市场主体利益协调的角度测算粮食企业的交易效率和经营效率，只涉及粮食流通效率中的流通经济效率，没有将流通质量效率和流通速度效率考虑在内。在后续的研究中，可考虑从流通质量效率角度、流通速度效率角度研究粮食流通效率。此外，研究中涉及的粮食流通环节仅仅包含了收购、销售、仓储、加工处理四个环节，运输和配送环节不在其内。后续研究中可将以上六个环节合并考虑，构建粮食流通效率评价指标体系，进而建立粮食流通效率综合评价模型。

  在本书的写作和实际调研中，我国粮食市场中存在的诸多问题一个个展现在我面前，令我感到自己所做的研究是多么的微不足道，期望今后再接再厉，进一步深入研究中国的粮食市场，为我国粮食市场体制改革和国家粮食安全保护作出些许贡献。

参考文献

1. 岸根卓郎：《粮食经济 未来21世纪的政策》，南京大学出版社1999年版。
2. 奥利弗·E.威廉姆森：《资本主义经济制度——论企业签约于市场签约》，商务印书馆2002年版。
3. 陈阿兴、岳中刚：《试论农产品流通与农民组织化问题》，《农业经济问题》2003年第2期。
4. 陈卫平：《中国农业生产率增长、技术进步与效率变化：1990—2003年》，《中国农村观察》2006年第1期。
5. 陈永福：《中国省别食物供求模型的开发与预测》，《中国农业经济评论》2004年第3期。
6. 陈永福：《中国食物供求与预测》，中国农业出版社2004年版。
7. 程漱兰：《论粮食流通体制改革的政府动力机制》，《经济研究》1997年第8期。
8. 崔伟、刘桂平：《世界粮食形势及对我国粮食安全的影响》，《经济研究参考》2005年第11期。
9. 崔晓迪、田源、程国宏：《信息化的粮食供应链管理》，《中国储运》2005年第5期。
10. 道格拉斯·诺斯：《经济史中的结构与变迁》，上海三联书店1991年版。
11. 蒂莫西·J.科埃利、D.S.普拉萨德·拉奥、克里斯托弗·J.奥唐奈、乔治·E.巴蒂斯：《效率与生产率分析引论（第二版）》，王忠玉译，中国人民大学出版社2008年版。
12. 丁声俊：《居安思危，确保国家食物安全》，《调研世界》2004年第1期。

13. 丁竹：《我国农业上市公司效率及其影响因素分析》，硕士学位论文，南京农业大学，2006年。
14. 董富胜：《粮食生产与流通协调发展才能确保粮食安全》，《商业经济文萃》1998年第3期。
15. 董全海：《中国粮食市场：波动与调控》，中国物价出版社2000年版。
16. 范丽霞：《中国乡镇企业增长与效率的实证研究》，博士学位论文，华中农业大学，2008年。
17. 冯海发：《世界农产品贸易及价格波动趋势》，《经济纵横》1996年第10期。
18. 冯志强：《日本粮食政策研究》，《粮食科技与经济》2010年第5期。
19. 高帆：《交易效率、分工演进与二元经济结构转化》，上海三联书店2007年版。
20. 高瑛、李岳云：《我国粮食产销利益平衡长效机制构建——来自欧盟共同农业政策的启示》，《世界经济与政治论坛》2008年第5期。
21. 高瑛：《基于粮食安全保障的我国粮食产销利益协调机制研究》，博士学位论文，南京农业大学，2006年。
22. 高莹：《黑龙江垦区粮食供应链物流体系存在的问题与对策研究》，硕士学位论文，黑龙江八一农垦大学，2008年。
23. 顾海、孟令杰：《中国农业TFP的增长及其构成》，《数量经济技术经济研究》2002年第10期。
24. 郭丽华、张明玉：《基于利润分配机制的农产品供应链分析》，《物流技术》2006年第6期。
25. 国家粮食局赴加拿大、日本考察团：《对加拿大、日本粮食流通体制考察及对我国粮食工作的思考》，《粮食科技与经济》2003年第4期。
26. 韩晶：《中国钢铁业上市公司的生产力和生产效率——基于DEA—TOBIT两步法的实证研究》，《北京师范大学学报（社会科学版）》2008年第1期。
27. 何蒲明：《基于粮食安全的主产区和主销区的利益协调机制》，《安徽农业科学》2007年第4期。
28. 贺庆祝、王明哲：《我国粮食物流网络体系的构建和优化分析》，《粮食流通技术》2005年第6期。
29. 洪岚、尚珂：《我国粮食供应链问题研究》，《中国流通经济》2005年第 2 期。
30. 胡小平、涂文涛：《中美两国小麦市场竞争力比较分析》，《管理世界》2003 年第 9 期。
31. 黄祎：《基于 DEA 的多子系统单元相对效率评价模型研究》，博士学位论文，哈尔滨工业大学，2009 年。
32. 黄赜琳、王敬云：《地方保护与市场分割：来自中国的经验数据》，《中国工业经济》2006 年第 2 期。
33. 黄赜琳、王敬云：《基于产业结构区及贸易壁垒的实证分析》，《财经研究》2007 年第 3 期。
34. 冀名峰：《粮食流通体制改革中的政企分开问题》，《农业经济问题》2001 年第 5 期。
35. 江波：《农产品供应链垂直协作关系研究》，硕士学位论文，四川农业大学，2008 年。
36. 蒋华东：《加快建立健全农产品流通体系的思考》，《农村经济》2007 年第 1 期。
37. 亢霞：《主要国家的粮食流通政策发展及其对中国的启示》，《粮食科技与经济》2007 年第 6 期。
38. 柯炳生：《健全农产品市场体系提高农产品流通效率》，《农村经营管理》2003 年第 2 期。
39. 柯炳生：《粮食流通体制改革与市场体系建设》，《中国农村经济》1998 年第 12 期。
40. 冷崇总、姜瑞红、陈文君：《全球粮食价格上涨及其原因与效应分析》，《价格月刊》2008 年第 7 期。
41. 冷志杰：《集成化大宗农产品供应链模型及其应用》，博士学位论文，大连理工大学，2006 年。
42. 李成贵：《大国之忧：中国的粮食问题》，中国选举与治理网，http：//www.chinaelections.org/NewsInfo.asp? NewID = 11137. 2005 - 03 - 11。
43. 李成贵：《粮食价格补贴不能代替价格支持——欧盟、美国的经验及中国的选择》，《中国农村经济》2004 年第 8 期。
44. 李春成、李崇光：《完善我国农产品流通体系的几点思考》，《农村经济》2005 年第 3 期。

45. 李贺军：《从粮食商品的特殊属性看如何发挥国有粮食购销企业市场主渠道作用》，《中国粮食经济》2008年第9期。
46. 李经谋主编：《2009中国粮食市场发展报告》，中国财政经济出版社2009年版。
47. 李克成：《国内寿险公司经营效率实证分析》，《保险研究》2005年第2期。
48. 李仁良、邹文斌：《江西省粮食产业化中的利益协调管理探讨》，《中国集体经济》2009年第22期。
49. 李晓锦：《农产品物流组织模式研究》，博士学位论文，西北农林科技大学，2007年。
50. 李秀敏、赵晓旭：《基于边界效应模型的我国市场一体化问题研究》，《兰州商学院学报》2008年第1期。
51. 李芸：《基于DEA对我国寿险公司效率的实证研究》，硕士学位论文，首都经济贸易大学，2006年。
52. 李泽华：《我国农产品批发市场的现状与发展趋势》，《中国农村经济》2002年第6期。
53. 李周、于法稳：《西部地区农业生产效率的DEA分析》，《中国农村观察》2005年第6期。
54. 厉伟、李志国：《创建农产品经纪人制度与农产品流通》，《中国农村经济》2000年第2期。
55. 廖丹清：《评我国1985—1999年粮食购销体制的改革》，《企业导报》2000年第5期。
56. 林毅夫：《关于制度变迁的经济学理论：诱致性变迁与强制性变迁》，上海人民出版社1989年版。
57. 刘爱军：《基于企业角度的农产品物流发展研究》，博士学位论文，南京农业大学，2007年。
58. 刘立仁：《"配额"生产 定额补贴——探索粮食发展的长效机制》，《世界农业》2005年第2期。
59. 刘强、赵振全：《股票投资价值分析的DEA方法》，《工业技术经济》2004年第1期。
60. 刘勺佳、李骥：《超产权与企业业绩》，《经济研究》1998年第8期。
61. 刘遂宪：《管理信息系统在粮食物流领域的应用与分析》，《粮食流通技术》2008 年第 2 期。

62. 刘先才：《粮食安全：产销区如何对接》，《江苏农村经济》2005 年第 1 期。
63. 刘秀玲：《农业产业化经营中农产品原料供应链的协调管理》，《郑州航空工业管理学院学报（社会科学版）》2005 年第 6 期。
64. 刘彦平、刘玉海：《中国钢铁产业动态生产效率分析——基于 Malmquist 生产力指数》，《学习与探索》2008 年第 1 期。
65. 刘颖：《基于国际粮荒背景下的国家粮食流通研究》，中国农业出版社 2008 年版。
66. 刘颖：《市场化形式下我国粮食流通体制改革研究》，博士学位论文，华中农业大学，2006 年。
67. 龙方、曾福生：《论粮食产区与销区关系的协调》，《农业现代化研究》2007 年第 5 期。
68. 隆国强：《大国开放中的粮食流通》，中国发展出版社 1999 年版。
69. 卢锋：《我国棉花国际贸易"贱卖贵买"现象研究》，《经济研究》2000 年第 2 期。
70. 卢现祥、朱巧玲：《新制度经济学》，北京大学出版社 2007 年版。
71. 卢现祥：《西方新制度经济学（第二版）》，中国发展出版社 2003 年第 6 期。
72. 鲁靖：《中国粮食市场运行与政府宏观调控政策耦合研究》，博士学位论文，华中农业大学，2002 年。
73. 罗必良、王玉蓉、王京安：《农产品流通组织制度的效率决定：一个比较分析框架》，《农业经济问题》2000 年第 8 期。
74. 罗必良：《农业经济组织的效率决定》，《学术研究》2004 年第 8 期。
75. 罗守全：《按市场经济原则建立粮食产销区供销协作机制》，《宏观经济研究》2005 年第 6 期。
76. 罗守全：《中国粮食流通政策问题研究》，博士学位论文，首都经贸大学，2005 年。
77. 马凤才：《农产品流通通道与流通效率研究》，博士学位论文，沈阳农业大学，2008 年。
78. 马进晓：《稳定生产规范市场构筑粮食安全体系——对宁夏近几年粮食流通体制改革的思考》，《农村金融与市场经济》2001 年第 6 期。

79. 马玉忠、崔晓林：《揭密"粮贩子"》，《中国经济周刊》2008 年第 28 期。
80. 聂辉华：《新兴古典分工理论与欠发达区域的分工抉择》，《经济科学》2002 年第 3 期。
81. 聂振邦：《现代粮食流通产业发展战略研究》，经济管理出版社 2008 年版。
82. 聂振邦主编：《现代粮食流通产业发展战略研究》，经济管理出版社 2008 年版。
83. 潘劲：《流通领域农民专业合作组织发展研究》，《农业经济问题》2001 年第 11 期。
84. 秦代红、刘学：《加快发展农产品物流业提高农产品竞争力》，《农村经济》2002 年第 12 期。
85. 秦宛顺、欧阳俊：《我国国有独资商业银行的费用与规模偏好》，《金融研究》2002 年第 1 期。
86. 秦中春：《中国粮食流通体制：宜管？宜导？宜放？》，《中国农村经济》2003 年第 3 期。
87. 任迎伟：《农产品供应链中小型生产组织管理问题研究》，《农村经济》2005 年第 6 期。
88. 诺斯：《制度、制度变迁与经济绩效》，上海三联书店 1994 年版。
89. 尚军：《欧盟：内外两手齐抓，确保粮食安全》，《经济参考报》2008 年 1 月 29 日，第 3 版。
90. 邵立民：《我国粮食安全与粮食流通体系研究》，《中国农业资源与区划》2007 年第 4 期。
91. 施勇杰：《新形势下我国粮食最低收购价政策探析》，《农业经济问题》2007 年第 6 期。
92. 石磊：《农产品流通体制改革的目标模式选择》，《农业经济问题》1999 年第 5 期。
93. 帅传敏、刘松：《中外粮食政策的比较与启示》，《农业经济》2005 年第 9 期。
94. 帅传敏、张琦：《粮食安全和粮食流通体制改革探讨》，《经济问题》2005 年第 6 期。
95. 宋华盛、张旭昆：《用多层市场模型分析当前粮食购销体制》，《中国农村经济》2000 年第 2 期。
96. 宋则、袁永康：《粮食流通体制改革政策评析》，《经济学家》1998 年第 2 期。
97. 苏东水：《产业经济学》，高等教育出版社 2000 年版。
98. 孙定东：《欧盟共同农业政策与地区政策及其经验借鉴》，博士学位论文，上海社会科学院，2009 年。
99. 孙宏岭、高詹：《粮食供应链的时代已到来》，《中国粮食经济》2007 年第 6 期。
100. 谭涛：《农产品供应链组织效率研究》，博士学位论文，南京农业大学，2004 年。
101. 谭向勇、魏国辰、寇荣等：《北京市主要农产品流通效率研究》，中国物资出版社 2008 年版。
102. 谭向勇、辛贤：《中国主要农产品市场分析》，中国农业出版社 2001 年版。
103. 唐建华、曾亚涛：《健全粮政工作体系确保粮食流通安全——对新时期粮食工作有关问题的思考》，《粮食科技与经济》2006 年第 4 期。
104. 陶昌盛：《中国粮食定价机制研究》，博士学位论文，复旦大学经济学院，2004 年。
105. 王常伟：《基于供应链的粮食大企业发展研究》，硕士学位论文，南京财经大学，2006 年。
106. 王德文、黄季焜：《双轨制度对中国粮食稳定性的影响》，《管理世界》2001 年第 3 期。
107. 王德文、黄季焜：《双轨制度下中国农户粮食供应反应分析》，《经济研究》2000 年第 12 期。
108. 王杜春：《发展营销型农业企业是构建农产品现代流通体系的关键环节》，《商业研究》2007 年第 7 期。
109. 王国顺等：《交易、治理与经济效率——O. E. 威廉姆森交易成本经济学》，中国经济出版社 2005 年版。
110. 王凯：《中国农业产业链管理的理论与实践研究》，中国农业出版社 2004 年版。
111. 王明利、吕新业：《我国水稻生产率增长、技术进步与效率变化》，《农业技术经济》2006 年第 6 期。

112. 王薇薇、王雅鹏：《湖北省农业生产结构与食品消费结构的关系探讨》，《统计与决策》2008 年第 8 期。
113. 王薇薇、谢琼、王雅鹏等：《粮食收购市场各主体利益协调的经济学分析》，《中国农村观察》2009 年第 4 期。
114. 王雅鹏、叶慧：《中西部城镇化加速期粮食安全长效机制研究》，中国农业出版社 2008 年版。
115. 王雅鹏：《警惕粮食问题再起风波》，《中国农村经济》2001 年第 3 期。
116. 王雅鹏：《粮食安全保护与可持续发展》，中国农业出版社 2005 年版。
117. 王亚坤、王杜春：《国外农产品批发市场发展经验对黑龙江省的启示和借鉴》，《商业经济》2008 年第 1 期。
118. 王焰：《论我国粮食流通安全系统的建立》，《粮食问题研究》1997 年第 6 期。
119. 王玉斌、蒋俊朋：《我国粮食产量波动及地区差异比较》，《农业技术经济》2007 年第 6 期。
120. 王玉峰：《日本粮食流通体制的基本情况》，《农业发展与金融》2002 年第 2 期。
121. 王玉蓉、孙良媛：《"不吉模式"与中国农产品流通体制改革会议综述》，《中国农村经济》1999 年第 12 期。
122. 王玉兴：《产权和超产权理论与国企改革路径》，硕士学位论文，西南财经大学，2008 年。
123. 王征、彭青秀：《中国粮食安全的应对策略》，《河南科技大学学报社会科学版》2005 年第 3 期。
124. 王志伟：《现代西方经济学主要思潮及流派》，高等教育出版社 2004 年版。
125. 魏煌、王丽：《中国商业银行效率研究：一种非参数的分析》，《金融研究》2000 年第 3 期。
126. 魏权龄：《数据包络分析（DEA）》，科学出版社 2004 年版。
127. 闻学良：《世界粮价上涨对我国粮食安全的影响及对策》，《中华魂》2008 年第 9 期。
128. 吴娟、陈娟、王雅鹏：《湖北粮食生产发展与大户经营思考》，《农业现代化研究》2009年第6期。

129. 夏绍模：《中国钢铁产业的效率与生产率研究》，博士学位论文，重庆大学，2009年。

130. 肖海峰、李鹏：《美国、欧盟和日本粮食生产能力保护体系及其对我国的启示》，《调研世界》2004年第11期。

131. 肖海峰：《粮食保护价格政策的基本原理及其运行机制的国际比较》，《中国农村经济》1999年第2期。

132. 谢辉明：《日本粮食流通的考察与思考》，《商业经济文荟》2003年第1期。

133. 熊本国：《关于购销市场化改革后粮食若干问题的思考》，《农业经济问题》2005年第10期。

134. 杨春、陆文聪：《中国玉米生产率增长、技术进步与效率变化：1990—2004》，《农业技术经济》2007年第4期。

135. 杨道兵：《发达国家粮食流通安全政策及启示》，《粮食储藏》2007年第4期。

136. 杨为民、蒲应奭、吴春霞：《中国蔬菜供应链优化研究》，中国农业出版社2007年版。

137. 杨小凯、张永生：《新兴古典经济学与超边际分析》，中国人民大学出版社2000年版。

138. 杨兴龙：《基于效率视角的吉林省玉米加工业竞争力研究》，博士学位论文，南京农业大学，2008年。

139. 杨兴龙：《玉米加工业的效率与竞争力研究》，中国农业出版社2009年版。

140. 仰炬、王新奎、耿洪洲：《我国粮食市场政府管制有效性：基于小麦的实证研究》，《经济研究》2008年第8期。

141. 叶兴庆：《对我国农业政策调整的几点思考》，《农业经济问题》2005年第1期。

142. 叶兴庆：《改革以来我国粮食保护价政策的回顾与思考》，《调研世界》1998年第12期。

143. 尹义坤、刘国斌：《日本粮食生产补贴政策演进对我国的借鉴》，《现代日本经济》2010年第3期。

144. 于爱芝：《中国小麦进口与国际小麦市场价格变动的因果关系研究

——对"大国"贸易模型的一个检验》,《内蒙古财经学院学报》2004 年第 3 期。
145. 曾福生:《粮食大省的粮食安全责任及实现途径分析》,《湖南农业大学学报(社会科学版)》2006 年第 3 期。
146. 张波:《基于供应链思想的东北稻米物流模式研究》,硕士学位论文,大连交通大学,2007 年。
147. 张闯、夏春玉:《农产品流通渠道:权力结构与组织体系的构建》,《农业经济问题》2005 年第 7 期。
148. 张健华:《我国商业银行效率研究的 DEA 方法及 1997—2001 年效率的实证分析》,《金融研究》2003 年第 3 期。
149. 张雷宝:《粮食流通体制改革与中国期货市场发展》,《中国农村经济》2002 年第 9 期。
150. 张莉侠、刘荣茂、孟令杰:《中国乳制品业全要素生产率变动分析——基于非参数 Malmquist 指数方法》,《中国农村观察》2006 年第 6 期。
151. 张敏:《现代物流与可持续发展》,博士学位论文,山东农业大学,2004 年。
152. 张晟义:《涉农供应链浅析》,《物流技术》2003 年第 3 期。
153. 张旭昆、郑少贞:《多层市场模型:用交易费用解释商人和商业的作用》,《浙江大学学报(人文社会科学版)》2000 年第 6 期。
154. 张旭昆:《交易费用:交易方式多样化的一个解释》,《浙江社会科学》1997 年第 1 期。
155. 赵昌文、Nigel Swain:《欧盟共同农业政策研究》,西南财经大学出版社 2001 年版。
156. 赵福成:《构建吉林省粮食现代物流体系建设》,硕士学位论文,长安大学,2010 年。
157. 赵攀英:《三级粮食供应链协作定价研究》,硕士学位论文,黑龙江八一农垦大学,2010 年。
158. 赵新国:《市场经济与中国财政制度变迁》,中国财政经济出版社 2008 年版。
159. 赵旭、凌亢:《影响我国银行业效率因素的实证研究》,《决策借鉴》2001 年第 2 期。

160. 郑京海、刘小玄、A. Bigsten,《1980—1994年期间中国国有企业的效率、技术进步和最佳实践》,《经济学（季刊）》2002年第3期。
161. 中国粮食研究培训中心编（张来武主编）：《中国粮食安全发展战略与对策》,北京大学出版社2009年版。
162. 周小珍：《现代流通经济学》,兵器工业出版社1997年版。
163. 朱传福：《基于核心企业的粮食供应链整合研究》,硕士学位论文,南京财经大学,2008年。
164. 朱毅华：《农产品供应链物流整合实证研究》,博士学位论文,南京农业大学,2004年。
165. 朱泽：《建立和完善我国粮食安全体系》,《红旗文稿》2004年第20期。
166. 朱治国：《对产区粮食企业库存居高不下的思考》,《管理世界》2002年第9期。
167. 朱钟棣、李小平：《中国工业行业资本形成、全要素生产率变动及其趋异化：基于分行业面板数据的研究》,《世界经济》2005年第9期。
168. 邹凤羽：《中国粮食流通与粮食安全的长效机制研究》,《河南工业大学学报（社会科学版）》2005年第1期。
169. 邹薇、庄子银：《分工、交易与经济增长》,《中国社会科学》1996年第3期。
170. Aeam Lindgreen, "The impact of food safety and animal welfare policies on supply chain management", *British Food Journal*, 2003, 106 (6).
171. Alan McKinnon, *Analysis of TransportEfficiency in the UK Food Supply Chain* (PH D dissertation), Logistics Research Center Heriot-Watt University, April 2003.
172. Amjiad Hadjikhani and Peter Thilenius, "The impact of houizontal and vertical connections on relationship's, commitment and trust", *Journal of Business & Industrial Marketing*, 2005, 20 (3).
173. Andrew Feame and David Hughes, "Sucess factors in the fresh produces supply chain: insights from the UK", *Supply Chain Management*, 1999, 4 (3).
174. Bing Li, *Logistics Management—A systems Integration of Physical Distribu-*

tion, *Manufacturing Support and Materials Procurement* (3rd Edition), Macmillan Publishing ComPany, 1986.

175. Blume, L., D. Rubinfeld and P. Shapiro, "The Taking of Land: When Should Compensation Be Paid?", *Quart. J. Econ*, 99 (February 1984).

176. Charnes, A., Cooper, W. W. and Rhodes, E., "Measuring the efficiency of decision making units", *European Journal of Operational Research*, 1978 (2).

177. Coelli, T. J. and S. Perelman, "A Comparison of Parametric and Non-parametric Distance Functions: With Application to European Railways", *European Journal of Operational Research*, 1999, 117.

178. Collins, R. A., "Expected Utility, Debt-Equity Structure, and Risk Balancing", *American Agricultural Economics Journal*, 1985 (10).

179. Cook, W. D., Seiford, L. M., "Data Envelopment Analysis (DEA) – Thirty Years On", *European Journal of Operational Research*, 2009, 192 (1).

180. Cramer, G. L., Wailes E. J. and Shui, S., "Impacts of Liberalizing Trade in the World Rice Market", *American Journal of Agriculture Economics*, 1993, 75 (1).

181. David Burt, Dnald Dobler and Stephen Starling,《世界级供应链管理》, 2003 年。

182. Downer, W. D., "The Challenges of Food and Agri-Products Supply Chains", Proceedings of the 2nd International Conference on Chain Management in Agribusiness and the Food Industry, Wsgeuingen Agricultural University, The Netherlands, 1996, May.

183. E. G. 菲吕伯顿、R. 瑞切特:《新制度经济学》, 上海财经大学出版社 1998 年版。

184. Emrouznejad, B. R., Parker, G., Tavares, "Evaluation of research in efficiency and productivity: a survey and analysis of first 30 years of scholarly literature in DEA", *Socio-Economic Planning Sciences*, 2008 (42).

185. Fare, R., S. Grosskopf, M. Norris and Z. Zhang, "Productivity Growth,

Technical Progress and Efficiency Changes in Industrialized Countries", *American Economic Review*, 1994 (84).

186. Fischel, W. and P. Shapiro, "A Constitutional Choice Model of Compensation for Takings", *Reviews of Law and Econ*, 1989 (9).

187. Gaucher et al, "Modeling Supply Chain Management in the Sugar Industry", *Proc S Afr Sug TeChnol Ass*, 2003 (7).

188. Gidari, A., "The Endangered Species Act: The Impact of Section 9 on Land owners", *Environ. Law*, 1994 (24).

189. Hirshleifer, J., "Exchange Theory: the Missing Chapter", *Western Economic Journal*, 1973, 11 (2).

190. Hobbs, J. E., "A transaction cost approach to supply chain management", *Supply Chain Management*, 1996, 1 (2).

191. J. L. Gattorna and D. W. Waiters, *Managing the Supply Chain: A Strategic Perspective*, London: LondonMacmillan Business Press, 1996 (12).

192. Johnson, M. B., "Planning Without Prices: A Discussion of Land Use Regulation without Compensation", *Planning Without Prices*, B. Siegan, ed., Lexington, MA, Lexington Books. 1977.

193. Kenneth H. Wathne & Jan. B. Heide, "Relationship Govemance in a Supply Chain Network", Journal of Marketing, Vol. 68, 2004.

194. Kliebenstein, J. B. and Lawrence, J. D., *Contracting and vertical coordination in the United States Pork*, 2002 (5).

195. Miceli, T. and K. Segerson, *Compensation For Regulatory Takings: An Economic Analysis*, Greenwich CT: JAI Press, (chap. 6), 1996.

196. Nishimizu, M. and J. M. Page, "Total Factor Productivity Growth, Technical Progress and Technical Efficiency Change: Dimension of Productivity Change in Yugoslavia, 1965 – 1978", *Economic Journal*, 1982, 92.

197. Otsuka, K. and Hayami, Y., "Goals and Consequences of Rice Policy in Japan, 1965 – 80", *AmericanJournal of Agricultural Economics*, 1985, 67 (3).

198. Qiao Yao and Leif Soderlund, "China's WTO Entry and the Reform of Grain Circulation System", *Agrifood Research Reports*, 68.

199. Robert B. Handfield, Emest L. Niches, *Introduction to Supply Chain Man-*

agement, *Upper Saddle River*, N. J.: Printice Hall, 1998 (2).

200. Ruttan Vernon W., *Agricultural Research Policy*, Minneapolis: Univ. Minnesota Press, 1982.

201. Samuelson, P. A., "The Transfer Perform and Transport Costs: The Terms of Trade When Impediments are Absent", *Economic Journal*, 1952, 62.

202. Sandra Pancet, "A Fragmented China: Measure and Determinants of Chinese Domestic Market Disintegration", *Review of International Economics*, 2005, 13 (3).

203. Simon Groom et al, "Supply Chain Management: An Analytical Framework for Literature Review", *European Journal of Purchasing & Supply Chain Management*, 2003 (6).

204. Spencer Henson, Rupert Loader, Bruce Trail, "Contemporary food policy issues and the food supply chain", *Eur Rev Agric Econ*, 1995, 22.

205. Stuart D. Frank and Dennis R. Henderson, "Transaction Cost as Determinants of Vertical Coordination in the U. S. Food Industries Amer", *Agricultural Economic*, 1992, 78 (11).

206. Thomas J. Miceli and Kathleen Segerson, "Government Regulation and Compensation for Takings: Implications for Agriculture", *American Agricultural Economics Journal*, 1995 (10).

207. Ulrich, A., W. H. Furtan and Andrew Schmitz., "The Cost of a Licensing System Regulation: An Example from Canadian Prairie Agriculture", *Journal of Political Economy*, 1987 (95).

208. W. D. Heffeman, *Contermpoary Logistics* (4th edition), Macmillan Publishing Company, 1990.

209. Yossi Sheffi, "The establishment of agile supply chain", http://www.ftc-chinese.com/sc-static-reg/story/story-001001258.html, 2005-10-19.

210. Young, Alwyn, "The Razor's Edge: Distortions and Incremental Reform in the People's Republic of China", *Quarterly Journal of Economics*, 2000, (CXV).

附 件

调查问卷

企业名称：
企业性质：a、民营　　b、国有及国有控股　　c、外商及港澳台投资
主营业务：
员工人数（常年在职员工）：

表1　　　　　　　　　　利润及利润分配表　　　　　　　（单位：元）

年份	项目	本年累计数
2009	主营业务收入	
	营业费用	
	管理费用	
	财务费用	
	利润总额	
	净利润	
2008	主营业务收入	
	营业费用	
	管理费用	
	财务费用	
	利润总额	
	净利润	

附件　201

续表

年份	项目	本年累计数
2007	主营业务收入	
	营业费用	
	管理费用	
	财务费用	
	利润总额	
	净利润	
2006	主营业务收入	
	营业费用	
	管理费用	
	财务费用	
	利润总额	
	净利润	

表 2　　　　　　　　　　　资产负债表　　　　　　　　　　（单位：元）

年份	项　目	年初数	期末数
2009	固定资产净额		
	应付职工薪酬		
	应付福利费		
	所有者权益（或股东权益）合计		
2008	固定资产净额		
	应付职工薪酬		
	应付福利费		
	所有者权益（或股东权益）合计		
2007	固定资产净额		
	应付工资		
	应付福利费		
	所有者权益（或股东权益）合计		

续表

年份	项　目	年初数	期末数
2006	固定资产净额		
	应付职工薪酬		
	应付福利费		
	所有者权益（或股东权益）合计		

表3　　　　　　　　　　**粮油分品种经营数量统计表**　　　　　　（单位：吨）

年份	粮油经营总量	稻米	小麦	大豆
2009				
2008				
2007				
2006				

后 记

本书是国家自然科学基金项目《粮食安全目标下我国粮食生产、流通与储备协调机制研究》（项目编号：70673027）的研究成果之一，首先感谢该项目对本研究的资助。2011年，笔者以本书申报湖北省社会科学基金，获得立项、资助（项目编号：2011LJ015）。书中的核心章节已于攻读博士学位期间发表在相关学术刊物上，其中第六章发表于《中国农村观察》2009年第4期，标题为《粮食收购市场各主体利益协调的经济学分析》，第七章发表于《农业现代化研究》2010年第1期，标题为《跨区域粮食销售市场中各主体利益的协调分析》，第四章的部分内容则主要发表在《统计与决策》、《农村经济》等刊物上。为适应近年来我国粮食流通领域相关形式的变化，笔者在博士论文的基础上加入了新的章节，并对原有内容进行了修改和完善。

2011年6月，我从滋养我九年的母校华中农业大学毕业，一转眼，离开校园已三年有余，本研究也随之成为整个学生生涯最重要的成果和见证之一。工作之后，我得闲就会回到华农，独自一人走在熟悉的校园里，尽情享受那一份静谧和纯净。硕博的五年是我人生中最重要的五年，华农浓厚的学术氛围指引我一路前行，导师们潜心研究的态度坚定了我执着于三农研究的信念，也正是这五年，我的人生目标和价值观得到重塑和洗礼。华农人的朴质和勤奋对我影响至深。说到此，首先得提我的导师王雅鹏教授。本研究是在我的导师王雅鹏教授的悉心指导下完成的，从选题、架构、思路形成到方法的选取、数据的搜集，再到论文的修改及定稿，无不凝聚了导师的智慧与付出。回首硕博研究生学习的五年，导师王雅鹏教授为我的成长倾注了大量心血，导师渊博的学识、对粮食经济研究的热情以及学术高度激励我以浓厚的兴趣研究中国的粮食问题并最终完成博士论文的写作；导师的信任、提供的学习和锻炼机会，为我顺利走上工作岗位铺平了道路。

在本书的撰写过程中，我还得到了很多同仁的帮助。特别感谢枣阳市汪厚安市长、枣阳市政研室陈主任、湖北省粮食局和枣阳市粮食局各位领导以及枣阳市各粮食企业在本研究调研过程中给予的大力支持。感谢王雅鹏教授指导下的研究生团队，叶慧博士、丁文斌博士、谢琼博士、孙凤莲博士对研究思路、结构及方法选用提出了有益建议，师妹闵锐、师弟周正亮为数据收集给予了重要帮助，陈娟老师在定稿及校订中付出了艰辛的劳动，此外，该书的完成还离不开众位已毕业师兄师姐优秀的研究成果及各位师弟师妹在生活和学习中给予的关心、支持与帮助。

我还要感谢湖北省社会科学院的各位领导和同事，正是在你们的支持和鼓励下，研究中的许多成果才得以进一步完善并获得更多的认可。很幸运成为社科院农经所的一员，邹进泰研究员心系三农研究的情怀、宽厚待人的处事态度，曾建民研究员的平和泰然，彭玮副研究员对工作的执着和对同事的体贴，各位同事的真诚与热情，给予我继续前行在三农研究道路上的力量与信心。

特别感谢家人对我的无私付出和支持，你们是我潜心研究的坚实后盾。奶奶、爸爸妈妈、公公婆婆及弟弟无私的爱为我提供了最为宽松的环境，每逢最困难的时候，首先想到的是拨通爸爸的电话，谢谢爸爸妈妈陪我度过每一个人生的节点。我的先生张虎一直以来对我的求学道路给予默默的鼓励和支持，谢谢你独自承担起建设小家庭的重担，让我没有后顾之忧。感谢可爱的儿子张琪芃，是你激励我更加认真、更加努力，因为我期待成为你的榜样。

王薇薇

二零一四年十月，武汉